書山有路勤為徑
學海無崖苦作舟

文經閣

書山有路勤為徑
學海無崖苦作舟

文經閣

讀諸子百家 悟人生智慧

輕鬆閱讀經典中的智慧

一口氣讀完：

孔子、孟子、老子、莊子、墨子、孫子、韓非子、鬼谷子等儒家、道家、墨家、法家傳世經典

感悟最古老的智慧，愈讀愈美妙的文化經典。

為什麼斑駁的歲月並未使它綻放的花朵凋零；無際的歷史長空更未令它包含的哲思在傳遞中蒙受損失？

讓我們用另一種不同的心情輕鬆閱讀吧！

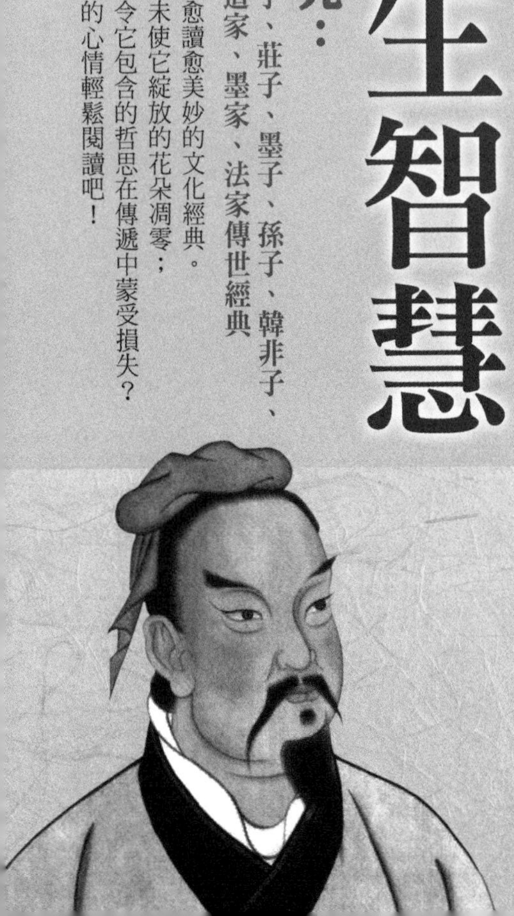

秦漢唐◎著

序 言

在遙遠的歷史星空，孔子、孟子、老子、莊子、墨子、孫子、韓非子、鬼谷子等，這些先秦諸子的重磅名字，始終閃爍著神秘而深邃的光輝。不可否認，在那個時局動盪的時代，造就了這些善於思考的智者，他們各抒己見，極力維護著自己的學派主張，在激烈的爭辯當中，撞擊出一道道智慧之光，為後人留下了一份愈久彌香的智慧盛宴，讓我們受益無窮。從某種角度來說，這是對後人的一種恩賜。

毫不誇張地說，這是中國文化絕無僅有的黃金時期，是中華智慧在特殊年代的靈光閃現。諸子各自以獨特的視角，對宇宙、社會、政治、人性、教育、科學、軍事、邏輯等諸多領域，作了深入的探討。他們以別開生面的創新精神，編織出了一幅絢麗多彩的文化畫卷；他們之間的激烈爭辯，形成了令人關注而又嚮往的百家爭鳴的格局。儒、道、墨、兵、法、縱橫家等各家是形成百家爭鳴的主要因素。

儒家以「窮則獨善其身，達則兼善天下」為處世修身原則，以「正心、修身、齊家、治國、平天下」為完美的人生理想，是塵世間最真、善、美的理想體系，是千百年來中華兒女完善自我的行為準則。儒家思想是中國古代的主流意識流派，自漢代以來在相當長的歷史時期中作為中國的官方思想，至今也是華人的主流思想基礎。儒家學派對中國、東亞乃至全世界都產生過深遠的影響。儒家的代表人物有：孔子、孟子、荀子等人，思想著作有《論語》、《孟子》等。孔子是偉大的教育家，他首開私人講學之風，教出了一大批才冠古今的弟子；他整理編訂的古代典籍成為中國古代文化的元典，被後世尊為「經」。這些成績，確立了孔子在中國文化史上開創者和奠基人的地位。孔子也是偉大的思想家，他提出了一整套仁學理論，創立了中國思想史上第一個富有人文特色的哲學體系，從而在很大程度上確立了中國哲學的總體面貌，影響了中國人的價值觀念和思維方式。

道家思想核心是「道」，認為道是天地萬物的本源，道自然而無為，無形而實存，無所不在，無時不在。道家在天道自然無為、人道順其自然的天人關係的構架中展開自身的思想體系；以幽深微妙的語言、高蹈隱逸之士的心態關懷世情；具有獨任清虛、超凡脫俗、追求返璞歸真的精神氣質，使人身心得到真正的釋放。道家思想是我們取之不盡的精神財富，在現代生活節奏快捷的今天，道家的思想可以幫我們卸下生活的壓力，回歸本真。道家代表人物有：老子、莊子等，其學派的著作有《老子》（《道德經》）、《莊子》等。《老子》一書中含有精彩的辯證色彩，如「有與無，柔與剛」等，早已為我們所知。其他關於社會、關於人生的種種思考，也都耐人品味。

墨家的「兼愛」、「非攻」思想，要求人們平等互愛，也互相幫助，突出了互利互助的精神；墨家的「尚賢」思想，對於激勵現代人加強自我修身、力爭成為完美的人有積極的作用；另外，墨家的「節儉」思想，對於現代人而言，具有非常重要的借鑒價值，也更值得我們提倡。

兵家思想是中華民族燦爛文化的重要組成部分，是我國歷代軍事家對戰爭決策、指揮、統籌及其規律方面的理性認識的總和。兵家思想包括若干科學的管理觀點，它既把政治、經濟、軍事、天文、地理、國際關係等客觀因素作為決定勝負的條件，看成是相互關聯的管理決策的統一整體，同時又把戰爭主觀因素即主體的決策、指揮、組織、運籌等軍事管理素質作為一項基本因素，由此而引出爭取戰爭勝利的一連串戰法。《孫子兵法》是最為著名的兵家著作。

法家主張法治，法家認為，社會是需要秩序的，只有擁有良好的秩序，社會才能在穩定的環境中向前發展，因此，法家總是推崇法律的至高無上，認為社會就必須要有嚴格的法律，違法必糾，做到法律的絕對權威。法家的代表人物有韓非子等，學派代表著作有《韓非子》等。

縱橫家出現於戰國至秦漢之際，縱橫派人物多為策辯之士，可稱為中國五千年中最早也最特殊的外交家。他們的出現主要是因為當時割據分爭，王權不能穩固統一，需要在國力富足的基礎上利用聯合、排斥、危逼、利誘或輔之以兵之法不戰而勝，或以較少的損失獲得最大的收益。他們的智謀、思想、手段、策略基本上是當時處理國與國之間的問題的最好辦法，更是在特定歷史條件下所創造的獨特智慧。《鬼谷子》一書，實際上就是一部研究言談、談判謀略權術的智慧之書，是弱者的生活寶典。

國學大師南懷瑾對諸子百家作了一個形象的比喻，他說：「道家是個藥店，生了病才可以去。儒家是個糧食店，天天少不得。」

正是諸子百家獨有的魅力深深地吸引著我們，經過長時間地準備和籌畫，我們精心編撰了《品諸子百家悟人生智慧》一書。本書共分為八部分：孔子直解、孟子正道、老子講道、莊子洗心、墨子清談、孫子詭道、韓非御法、鬼谷子詭道。當然，我們的編撰落腳點絕不是漫無目的、毫無針對性的，而是針對諸子百家最為關鍵部分，精心摘取、篩選了其中精華，同時，巧妙結合生活中的各個方面，讓讀者邊讀邊悟，啟迪人生，打造美好的生活。

感悟最古老的智慧，越讀越美妙的經典。為什麼斑駁的歲月並未使它綻放的花朵凋零，無際的歷史長空更未令它包含的哲思在傳遞中蒙受損失？讓我們用另一種讀法，以別樣的心情輕鬆閱讀《諸子百家》吧！只有這樣才會讓我們繞開品讀古代哲學的陷阱，不會徒勞地圍繞理論轉圈。在你最困惑的時候，當暗黃的紙頁間錯落的文字會成為我們靈魂的一部分，瞬間醒悟：原來這才是我們生活的全部！

但願生活中的每一個人，生活得越來越出色！

第六章　孫子詭道

正大光明
表正萬邦慎厥身脩思永
弘敷五典無輕民事惟難
克寬克仁皇建其有極
惟精惟一道積于厥躬

第一章 孔子直解

面對恭維時要有所提防

巧言令色，鮮矣仁。

孔子說：「巧言令色，鮮矣仁。」這句話意思是說，花言巧語，裝出和顏悅色的樣子，這種人的仁愛之心就很少了。巧言令色，是指為了個人的私利，刻意討好別人。其關鍵就在於一個「私」字，致使他仁心不存，因為當別人危及到他的利益，就會頓生殺機，必除之而後快。

巧言令色的人巧舌如簧，對人特別是對上司獻媚，他的目的就是討得上司歡心，從那裡撈得好處。這種人有一套「理論」：現在的裝孫子獻媚是為了將來能夠作威作福。

三國時魏國東亭侯劉曄（曄ㄧㄝˋ）就是這樣一個人。劉曄是「釣魚」高手，他懂得要釣到君王這條大魚，得到寵信，就要「巧言令色」，要順著君王的話來說話。即使君王的話是錯的，也要順著他的話來說話。君王被他唬弄住了，旁觀的大臣看得清楚，有的人就向魏明帝曹睿揭發劉曄的「巧言令色」，魏明帝這才看清了劉曄的真面目。魏明帝就疏遠了他，這對他的打擊極大。不久，劉曄就發狂了，得了精神病，憂鬱而死。

劉曄的「巧言」不過是邀寵，而有的人則是黃鼠狼給雞拜年——不安好心。巧言令色都是他們的偽裝，用來麻痹你，讓你看不出或看不透他的黑心腸。等到他的害人罪惡目的達到了，你才看清他的真相，但一切都晚了。

在現實生活當中，善於偽裝的人必然會在言辭和神態上下一番工夫。他們往往把見不得人的意圖掩藏在巧言令色之下，對人造成麻痺，使人疏於防備，以利於自己動手腳。所以，保持清醒的頭腦和敏銳的判斷力，對於識人做事，都是極其重要的。否則，你就有可能被花言巧語和諂笑令色迷惑，以致做出糊塗的事來，到時候後悔也沒有用。

巧言令色式的小人心術不正，人格低下，利用人性弱點，用花言巧語騙取別人信任，來達到自己的目的。孔子對這種人表示鄙視和厭惡，並做了「鮮矣仁」的定性，同時又極精采地為之畫了「像」：假話說得很動聽，讚歌唱得很悅耳，臉色裝得很和善，對人過分地恭敬。在生活中，可以用這幅「畫像」作為識別巧言令色者廬山真面目的鏡子，碰到那種會吹會拍、恭敬過頭的傢伙，就要提高警惕，用這面鏡子來對照，以防上當受騙、受傷害。

【人生感悟】

害人之心不可有，防人之心不可無。在這個世界上，我們常常容易受到傷害，常有人利用我們的善良，常常有人討好我們又出賣我們。所以，要當心取悅你的人會給你帶來凶險。在現實生活中，特別是一些身居一定位置的人就會出現這種情況，這就需要你小心了。和你說得最好的不一定就是真心為你好。這就是當時只圖享受而渾然不覺危險已逼近的結果。

人，「會說話」很重要

邦有道，危言，危行；邦無道，危行，言孫。

孔子說：「邦有道，危言，危行；邦無道，危行，言孫。」孔子告誡他的學生，國家政治清明，說話要正直；國家政治黑暗時，說話要謹慎。

孔子為什麼要說這些話呢，因為他對歷史中的人和事非常瞭解，他能從歷史之中總結經驗和教訓，來指引學生如何在生活中做人處世。

商紂王是個無惡不作、專制殘忍的無道暴君。為了滿足他的私欲，大肆掠奪民脂民膏，誰敢有怨言，就抓來施以傷天害理、滅絕人性的炮烙之刑。設酒池肉林，供他和寵妃妲己享樂。他不理朝政，終日沉湎酒色，昏天黑地，以致不知當天是什麼日子，左右隨從也記不清楚，找人去問箕子。箕子知道這件事後，對徒弟說：「紂作為天下的君主竟不知道今天是什麼日子，天下將面臨危險。大家都不知道而只有我知道，我也將有危險。」他擔心因自己頭腦清醒而被紂王加害，就假裝醉酒，對紂王派來問日子的人說：「我也不知道今天是什麼日子。」天下被紂王搜刮得無法忍受，紛紛起來反抗。大臣勸他改邪歸正，他根本不聽，說：「我是有命在天，其他人能把我怎麼樣！」

臣子比干為人性情耿直，屢次勸諫，均遭斥責，但他仍不灰心。他在紂王尋歡作樂的地方，向紂王痛陳國家的危難，建議紂王施行德政、善待諸侯。紂王聽得不耐煩，大怒道：「我聽說聖人的心有七竅，你就是這樣的聖人嗎？」隨後，紂王下令衛士剖開比干的胸膛挖出他的心臟。箕子懼怕，裝瘋為奴隸，被紂王囚禁。太師、少師帶著祭樂器具逃到周武王那裡。比干的遭遇並非偶然，夏朝的忠臣關龍逢也是因為向夏王桀直諫，被處以極刑，先斬其四肢，再殺頭，其慘狀與比干相似。

歷史這些人和事，孔子是非常清楚的，他自己身處亂象環生的時代，擔心學生步入官場的時候重蹈比干、關龍逢的覆轍，所以提醒學生在亂世說話要謹慎，注意保護自己。這並不是說孔子就是個膽小怕事的人，他對能夠直言的人還是大加讚賞的。當時的衛靈公無道，重用寵信小人彌子瑕，而不用正直忠臣蘧伯玉。大夫史魚多次向衛靈公建議起用蘧伯玉，靈公不聽。史魚臨終前告訴兒子，要用自己的屍體向靈公直諫。靈公終於被感動，起用蘧伯玉，罷退彌子瑕。孔子對這件事大加稱讚。這就是孔子的智慧之處，他能夠靈活變通地傳授人生的智慧給學生。

孔子說的「危言」、「言孫」，都是原則，至於具體怎樣說話，還需要細心琢磨。人有一張嘴，除了吃飯，就是說話。誰都想用好這張嘴，成為一個會說話的人。可是，往往由於說話的對象、目的、時機、分寸等方面沒有把握好，結果說話的效果不好。

首先，說話時要瞭解說話的對象。我們在知道說話對象的好惡、性格之後，就會明白什麼話能說，什麼話不能說。如果不能清楚說話對象的情況，僅憑一片好心、善心或忠心，直言直語，就不可能收到好的效果。

其次，說話時要選擇好說話的時機。說話對象在不同的時間其關注點是不同的，對話題的興趣也是不一樣的。選擇說話對象最感興趣的話題、心情最佳的時候，說話的效果一般比較好。

第三，說話要把握好分寸。

孔子一再強調「慎於言」，就是要把握好說話的分寸。不要強迫別人接受自己的意見。子游說：「事君數，斯辱矣；朋友數，斯疏矣。」意思就是多次向君王提意見，就會招致羞辱；對朋友多次提意見，就會造成疏遠。這就是說話的分寸把握不好的一種表現。

孔子認為，說話不可太隨意，應該想著說，不要搶著說。想明白了才說，則是避免失言，乃至避禍所必須的。

【人生感悟】

說話能說得恰到好處，確實不容易，若是要想招致災禍，倒是唾手可得。所以，聰明的人在說話的時候，總是先看對象、場合和時機，然後再選擇最好的方式把話說出來，這就是我們平常所說的「會說話會來事」。但是生活中，有一種人只憑口才好，不管什麼場合，總是毫無顧忌地暢議一番，這樣的人也是很惹人厭的。他們常會因為「能言善辯」而忽略收斂的重要性，因為他們把「逞口舌之快」當成一種「快樂」，這是他們最大的悲哀。

用反省給自己的心靈一面鏡子

吾日三省吾身。為人謀而不忠乎？與朋友交而不信乎？傳不習乎？

《論語》中說：「吾日三省吾身。為人謀而不忠乎？與朋友交而不信乎？傳不習乎？」這句話的意思是，我每天多次反省自己，我為別人辦事是不是盡心竭力了呢？與朋友交往是不是做到誠實可信了呢？老師傳授給我的知識是不是好好複習了呢？

孔子為什麼要主張人要善於反省自己呢？他認為，一個人如果失去反省的能力，他就看不見自己的問題，更不能自救。假如一個人不常常反省或管理自己，便很容易把責任推給別人，犯了自以為是的錯誤。

反省讓人更清醒地認識自己。在安靜的心靈狀態下，人可以看清事情，包括自己對問題應負的責任，以及對待自己的方式。反省讓人們察覺到自己所設下的限制，以及我們思考中的某些盲點。

魯國公問顏回：「我聽到你的老師孔子說，同樣的錯誤你絕不犯第二回。這是真的嗎？」

顏回說：「我一生都在努力做到這一點。」

魯國公又問：「這是很難的事情啊。你是怎樣做到的呢？」

顏回說：「要想做到這一點並不難。我經常反省自己，看看自己哪些是對的，哪些是錯的；做對的要堅持下去，做錯的要引以為戒。這樣堅持久了，就能夠做到無二過了。」

魯國公讚嘆地說：「經常反省，從無二過，這可以說是聖人了。」

孔子十分重視個人的道德修養，以求塑造成理想人格。而這裡所說的自省，則是自我修養的基本方法。孔子非常注重弟子的自身修養，他教導自己的弟子要主動地進行自我反省，來實現提高自我修養的目的，盡可能地避免出現言行舉止方面的錯誤。這種自我反省是具備主動性和自覺性的，所以對今天的我們仍然有極好的借鑑價值。

從來不犯錯誤的人是沒有的，但不犯同樣的錯誤是可以做到的。所以，這種經常反省的精神是十分可貴的。尤其是在浮躁的環境裡，人更需要自我反省，這樣會使你更接近成功。

一個人應時時反省，檢討自己，做到這些就會化險為夷。其實，在每一個人的內心深處，多少都隱藏了一些不易察覺的弱點，這種內在的弱點常常會驅使一個人做不利於自己和別人的事情。

比如有這樣一些人，他們生活漫無目標，整日無所事事，只會嫉妒別人的成就，自怨自艾為什麼好運永遠不會落在自己的頭上；他們嗜酒如命、沉湎於物、貪財成性、飲食不知節制、消費成癖、縱情聲色等，這些都是人性的弱點。如果對自己的弱點渾然不覺或者不加反省，結果只會把自己一步一步推向災禍的境地。「憂勤惕厲」，是進取與反省的結合，也是現代人的護身之寶，立業之道。

我們身處嘈雜浮躁的現代社會，往往會被許多表面現象所迷惑。所以，我們必須時刻保持清醒的頭腦，靜下心來不斷反省和總結，才能有所進步。

其實，反省是一面最可靠的鏡子。在日常生活中，每個愛美的人都喜歡照鏡子，而照鏡子的目的是為了找出不足之處，從而加以修正，來完善自己。反之，如果只看見自己的長處和優點，也就失去了照鏡子的意義。而大多人照鏡子，只是為了在鏡子的世界裡欣賞自己，自我陶醉。

生活也是這樣，當你得意之時，沾沾自喜，孤芳自賞，沉浸在自我陶醉之中，忘卻了自己的不足。此時，自己的缺點展露無遺，而你毫無知覺，如此快樂和幸福會長久嗎？

【人生感悟】

反省是改過的前提，如果沒有反省的前提，就沒有誠心改過的結果。不會反省自我的人，即使有了錯誤，也不會從自身找原因，總是把犯錯誤的原因歸結到別人身上，繼而怨天尤人，抱怨自己命不好，社會不公平，這樣的人一生能做出什麼成績來？還是給自己一面心靈的鏡子吧，時時為自己照一照，反省自己，調整自己，會及時發現自己的短處。人難免會有過失，只要及時發現，從而下定決心及時改正。這樣，人生的道路才會走得更順心如意。

勇於正視、改正自己的缺點

過，則勿憚改。

子曰：「過，則勿憚改。」孔子認為，有了過錯，就要有改正錯誤的勇氣。在這裡，孔子提出了正人君子應當具有的品德，主要包括莊重威嚴、認真學習、慎重交友、過而能改等。

作為具有理想人格的人，從外表上應當給人莊重大方、威嚴深沉的形象，使人感到穩重可靠，可以付之重託。他必須重視學習，不自我封閉，善於結交朋友，而且有錯必改。同樣，對於現代人的修養這四條原則是相當重要的。作為具有高尚人格的人，「有了過錯，就不要怕改正。」這就是對待錯誤和過失的最佳態度，可以說，這一思想閃爍著真理光輝，反映出孔子理想中的完美品德。

孔子也說過，「過而不改，斯謂過矣。」人犯了一回錯不算什麼，錯了不知悔改，才算真的錯了。孔子認為，一個有勇氣承認自己錯誤的人，他可以獲得某種程度的滿足感，這不僅可以消除罪惡感和自我保護的氣氛，而且有助於解決這項錯誤所造成的問題。讓我們先看看下面這個故事，或許對你有所啟示。

周處是晉朝人，他年輕的時候，脾氣粗暴，好惹是生非，經常與人打架鬥毆，危害鄉里，被當地人們視為禍害，用現在的話說就是個混混。

那時候，義興縣境內的大河裡出現了一條蛟龍，同時在義興縣山裡又有隻猛虎，牠們時常侵害老百姓。當地人們都把周處和蛟龍、猛虎一起看作是「三個禍害」，可見周處在人們心中的形象是多麼的惡劣。為了除掉侵害老百姓的禍害，曾經有人勸說周處上山去殺死那隻斑額吊睛猛虎，到河裡去斬除那條危及鄉里的蛟龍。那個人的初衷是想讓這三個禍害相互殘殺。

周處聽人勸說後，立即上山去殺死了那隻猛虎，接著又下山來到有蛟龍作惡的河邊。當蛟龍露出水面準備向他撲過來的那一瞬間，周處轉眼間便跳下河去舉起手中鋒利的砍刀，向蛟龍頭上砍去。那蛟龍為了躲避周處的刺殺，時而浮出水面，時而沉入水底，在大河裡游了很遠。周處一直緊緊地跟著牠，同樣是時而浮出水面，時而沉入水底。就這樣，三天三夜過去了，地方上的人都認為周處已經死了。人們都在為這「三個禍害」的滅亡而奔相走告，互相慶賀。

誰知周處在殺死了蛟龍後，又突然浮出水面，游到了岸邊。當他上到岸上時，看到人們正奔相走告，都認為他已不在人世而互相慶賀，這時他才曉得自己早已被人們認為是禍害了。這是為什麼呢？他捫心自問，經過一番仔細的反省之後終於有了改過自新的念頭。於是，他到吳郡去尋找陸機、陸雲兩兄弟。因為陸家兄弟是當時遠近聞名的受人尊敬的大文人、大才子，周處想請陸家兄弟開導教誨，指點迷津。

周處心中帶著疑惑來到吳郡陸家的時候，陸機不在家，正好會見了陸雲，於是他就把義興縣人為什麼恨他的情況全部告訴了陸雲，並說明自己想要改正錯誤重新做人，但又恨自己年紀已經不小了，恐怕不能做出什麼成就，因此請陸家兄弟指點迷津。陸雲開導他說：「一個人如果能在早晨懂得真理，那麼即使是在晚上死去，也是可貴的。何況你現在還年輕，前程還是很有希望的。」

陸雲接著說：「一個人怕只怕沒有好的志向。有了好的志向，又何必擔心美名不能夠傳播開去呢？」

周處聽了陸雲這番話後，從此洗心革面、改過自新。經過自己艱苦的努力，後來終於成了名揚四方的忠臣孝子。這不就是一個很好的例子嗎？

一個人有了缺點錯誤並不可怕，只要敢於正視、敢於改正自己的缺點，重新確立好的志向，同樣可以成為一個有用之才。孔子強調在一個人修身正己的過程中，要把能不能改正錯誤作為重要內容，並且明確指出「過則勿憚改」，不但問題抓得準，切中要害，而且也符合人們成長進步的規律。

世界上沒有不犯錯的人，差別是錯誤的大小和多少，更大的差別在於對待錯誤的態度上。錯誤人人難免，但犯了錯不能改正，那就錯上加錯；犯了錯，能正視錯誤，改正錯誤，不但對事情有所補救，而且也能從錯誤中吸取教訓。從某種意義上說，人就是在不斷犯錯誤，又不斷改正錯誤中進步的。

現實中人人都會犯錯，人人都會有失誤的時候，關鍵是能不能及時認識到錯誤，能不能及時改正，精明之人總能夠做到迷途知返。人生在世，知錯能改，則為君子之道。有錯不思改正，或者口是心非，人前一套，人後一套，那只會在錯誤的道路上愈走愈遠。

常言道：「臨崖勒馬收韁晚，船到江心補漏遲。」人生在世，總有犯錯的時候，重要的是能否及時地改正，尋找到正確的路走。古人說得好：「改過宜勇，遷善宜速。」有許多人有自識的能力，但是如果只是停留在自識階段而不落實於行動，那只能是自我作繭式地品味痛苦。

【人生感悟】

人無完人，人不可能沒有錯，有時甚至還一錯再錯，既然錯誤是不可避免的，那麼可怕的並不是錯誤本身，而是知錯而不肯改，錯了也不悔過。這是一種最可怕的態度，也是對自己極度不負責任的態度。其實，如果你能坦誠面對自己的弱點和錯誤，再拿出足夠的勇氣去承認它、面對它，這不但不是「失」，反是最大的「得」。

誠信是人的第二生命

人而無信，不知其可也。大車無輗，小車無軏，其何以行之哉？

孔子說：「人而無信，不知其可也。大車無輗，小車無軏，其何以行之哉？」這句話意思是說，一個人不講信用，不知他還能做什麼。就好像大車沒有輗（**輗**ㄋㄧˊ）、小車沒有軏（**軏**ㄩㄝˋ）一樣，它靠什麼行走呢？」

「信」是儒家傳統倫理準則之一。孔子認為，「信」是人立身處世的基點。在《論語》中，「信」的含義有兩種：一是信任，即取得別人的信任；二是對人講信用。

做人的道理，處世的道理，最重要的就是要誠信。「誠」，一般是指「真實無妄」，它是儒家的核心概念之一。儒家的「誠」是從人的道德實踐中抽象概括出來的，其實質是指在道德實踐中高度自覺的品質或心理狀態。在儒家思想的發展中，「誠」的概念經歷了一個逐步完善的過程，孔子、孟子、荀子及《大學》、《中庸》都有關於「誠」的思想或論述，而尤以孟子和《中庸》最為明顯，之後的宋、明時期的儒者則更有進一步的拓展和發揮。

在孔子看來，「誠」就是真誠地去內省人的仁、義、禮、智等先天所具有的善性，而當「誠」達到極致境界的時候，那就可以感動一切，所謂「精誠所至，金石為開」。

「誠」和「信」是儒家的核心觀點。我們平常所說的「三綱五常」中的「五常」是指仁、義、禮、智、信。所以就有了我們現代使用的「誠信」這個詞語。其實在儒家中「誠」和「信」並不完全相同，但誠的位置要比信重要。

因為，繼承發展儒家之道的孟子有這樣一句話「大人者，言不必信，行不必果，唯義所在。」意思是說，修養高人的說話也不會句句都是大實話，做事也不是步步能夠做到守信，他們堅持的是一個「義」字。

這就是儒家的智慧之處，堅持原則，但又絕不會自縛手腳。在這裡，我們先放下儒家中的「誠」和「信」哪個更重要的問題，來談談誠信對我們現代人的重要作用。

孔子曾經用輗和軏做過了一個形象的比喻，目的就是想說明誠信對一個人的重要性。也就是說，做人也好，處世也好，管理也好，言而有信，是關鍵所在，而且是關鍵中的關鍵。信用對於實施政策或制度來說，有如大車的橫桿，小車的掛鉤，如果沒有了它們，車子是絕對走不動的，這個政策也是絕對執行不下去的。

現代，社會愈來愈開放，人際交往愈來愈頻繁，我們要獲得別人的認同，不斷取得信任，就應該從小事做起，誠信待人。

要知道，不管時代怎麼變，為人處世的基本準則不會變，也不能變。「人敬我一尺，我敬人一丈」，你真誠地對待別人，別人也會真誠的對待你，否則，「針尖對芒刺」，只會兩敗俱傷。流露出每個人的真情，展現出每個人的誠信，生活怎能不美好！

誠信是一種巨大的力量。誠信是一種高貴的姿態。誠信是一種現實的需要。誠信也是一種重要的資源。

【人生感悟】

俗話說：人心要實，火心要虛。這句話被人們公推為交際處世的經典。與人共事要「言必信，行必果」，這樣才能讓別人相信你。如果你拿誠信開玩笑，當面允諾，過後又忘得一乾二淨，別人追究，你又一再搪塞，如此對人對事，一定會得罪朋友，傷害他人，也會使你的人際關係惡化。

現代人不僅要求是專才還必須是通才

君子不器。

孔子說：「君子不器。」意思是說，君子不像器具那樣，只有某一方面的用途。

孔子認為，能成大事的人應該擔負起重大的職責。對內可以妥善處理各種政務；對外能夠應對四方，不辱君命。所以，孔子說，君子應當博學多識，具有多方面才幹，不只侷限於某個方面，因此，他可以通觀全局、領導全局，成為合格的管理者。這種思想在今天仍有可取之處。

長久以來，人們提起諸葛亮，往往都把他看成「神人」。其實他也是肉身凡胎，但為何他又能神機妙算、料事如神呢？大概原因就在於他不僅勤學精通書本上的知識，更通曉世間一切事情的規律，活學活用，絕對不做一個沒有第二條路可走的「器皿」，這才成為「神人」。

關於諸葛亮的本事，正如《三國演義》中他致曹真的信中所說：「竊謂夫為將者，能去能就，能柔能剛；能進能退，能弱能強。不動如山嶽，難測如陰陽；無窮如天地，充實如太倉；浩渺如四海，眩耀如三光。預知天文之旱澇，先識地理之平康；察陣勢之期會，揣敵人之短長。」諸葛亮的知識，正如《三國演義》中所說：「為將而不通天文，不識地利，不知奇門，不曉陰陽，不看陣圖，不明兵勢，是庸才也。」這些雖有文學家的藝術渲染成分，但也是以生活的真實作為依據的。從現有的《諸葛亮集》裡可以看到，諸葛亮對經史子集、天文地理、兵書器械、農工計算、醫卜星相等，都相當精通，多有著述。

那麼，為什麼諸葛亮如此的博學呢？是天生就這樣嗎？當然不是。在《誡子書》裡他寫道：「夫學須靜也，才須學也，非學無以廣才，非志無以成學。」可見這是他長期專心致志、刻苦讀書並多方學習的結果。

而且，他學習的指導思想是學以致用，即為了「治性」、「接世」。他不僅要做辯士，而且要做豪傑；不僅要成為博學家，而且要成為實幹家。他學習的方法是「獨觀其大略」，反對「務于精純」，即不主張採取拘泥一家的縱向式方法，因而做到了涉獵廣，領會深，有獨到見解，能融會貫通，舉一反三，為我所用，有所創新。

他在《論諸子》一文中，曾以寥寥數語，精闢地褒貶了百家之學：「老子長於養性，不可以臨危難。商鞅長於理法，不可以從教化。蘇（秦）、張（儀）長於馳辭，不可以結盟誓。白起長於攻取，不可以廣眾。子胥長於圖敵，不可以謀身。尾生長於守信，不可以應變。王嘉長於遇明君，不可以事暗主。許子將長於明臧否，不可以養人物。此任長之術者也。」

在這裡，他所評論的既有先秦時代的老子、商鞅、蘇秦、張儀、白起等人，又有稍前於他的哀帝時以敢諫聞名的丞相王嘉，還有與他同時代的那個曾說曹操是「治世之能臣，亂世之奸雄」的許劭，從而使他能取人之長，避人所短，成為智慧、道德的一代楷模。

正是根據這些事實，《三國演義》的作者才創作了「舌戰群儒」這場精采的好戲。當以嚴峻挑戰的口氣問諸葛亮「治何經典」時，諸葛亮回答：「尋章摘句，世之腐儒也，何能興邦立事？且古耕莘伊尹，釣渭子牙，張良、陳平之流，鄧禹、耿弇之輩，皆有匡扶宇宙之才，未審其生平治何經典……豈亦效書生，區區於筆硯之間，數黑論黃，舞文弄墨而已乎？」批駁得嚴峻低頭喪氣而不能對。當程德樞譏笑他：「公好為大言，未必真有實學，恐適為儒者所笑耳」時，他痛快淋漓地斥責了那種「唯務雕蟲，專工翰墨；青春作賦，皓首窮經；筆下雖有千言，胸中實無一策」的「小人之儒」，指出這種人「雖日賦萬言，亦何取哉！」

可見，諸葛亮的「通才」並不僅僅是從書本上學來的，也不侷限於某一專業和領域，而是百事皆學皆通，凡事都能洞若觀火。諸葛亮的魅力，相信也深深吸引著每一個現代人。我們在羨慕「諸葛風采」的同時，要明白他之所以能夠如此的原因，從而更踏實更靈活地充實自己。只有如此，才有可能讓自己擁有登山涉海的本領。

在瞬息萬變的社會，任何人不可能在同一位置靜止不動。而當某種變化把人從一個熟悉的環境中拋到另一個完全陌生的地方時，許多人就會不知所措了。其原因就在於在現實中，單憑一隻腳走路是不牢靠的，人必須學會多種生存本領，做一個能文能武的通才，不僅「專業」要精通，其他的「行業」也要能懂、能做。只有具備這樣的素質，這樣的知識結構，才能在生活中處變不驚，遊刃有餘。這是任何一個現代人所不可缺少的本領。為人不應該只像某種器物那樣狹隘地保有某種特定功能，而應當具有一種貫通的理解包容精神，這樣才能打通人我、物我的間隔，成為包容廣大，有所作為的通達之人。

在現代社會中，專業化、個性化的傾向愈發明顯。人們往往習慣於從自身需要或自己從事的專業方向來思考問題、發表看法。這本來沒什麼不對，問題是如果僅僅固執於自己的見解，只從自己的專業角度出發來評判事物，且固執己見、不通權變的話，那就會很自然地演變成為一種偏見，進而害人害己了。

我們在這裡提出「不器」就是希望，尤其是年輕人，為人處世要善於從自我中，從專業化中超越出來、解脫出來，站在更高、更遠處對世界有一個全景式的觀照，以便更全面地理解外在更廣闊的世界，避免由於自我狹隘的侷限和短見而帶來錯誤的言行和認知。

所謂「不器」的精神也可以體現為彼此的理解和相互包容。求知如此，做人也是這樣。然而在現代社會中，知識專業化已成為一種潮流。在一定範圍內，思想上的自我偏執已成為一種時尚。盲目自信和狹隘崇拜使人們彼此間築起堅固的壁壘。從這個角度來說，愈是所謂的專家愈可能無知。因為他們往往被自己的專業知識所限制，而無法達到智慧圓融的境地。

【人生感悟】

現代專業化發展的一個不良後果，便是我們的生活很容易被切割得七零八落、面目全非，乃至最終可能有一天我們發現，生活中的我們竟被關進一個個自我專業的牢籠中，無法解脫。這樣看來，「君子不器」的精神一方面體現了生生不息的生存之道，另一方面又體現出了寬博宏大的人格境界。它對於我們獲得精神上的自由，成為一個通達之人無疑是很重要的！

事前準備工作不可少

工欲善其事，必先利其器。

孔子說：「工欲善其事，必先利其器。」這句話的意思是說，要想把事做好，就要先把做事的工具準備好。

子貢是孔子學生中頗有外交天才者。田常想在齊國作亂，但又懼怕齊相國惠子、高昭子等人，於是想移兵攻打魯國。孔子得到這個消息後，就派子貢救魯。子貢先去說服田常不要攻魯而去攻打強大的吳國，接著遊說吳王夫差救魯攻齊，吳王擔心越國乘機攻吳。子貢到了越國，為越王分析了形勢：吳王打敗齊國必攻打晉國，吳國空虛，此滅吳必矣。您現在要對吳國表示順從，打消吳王的後顧之憂。越王感謝子貢，並向吳國奉獻大批武器，表示願隨吳王伐齊。子貢勸吳王不要讓越王跟隨伐齊，吳王接受了子貢的建議，興師攻齊。子貢又到晉國，告訴晉君吳打敗齊國以後必攻晉，要他們做好迎戰吳軍的準備。果然，吳國伐齊又攻晉，越王起兵攻吳。「子貢一使，使勢相破，十年之中，五國皆有變。」子貢不僅有外交才能，還是一位經商的好手。《史記》中記載他「好廢舉，與時轉貨資」。意思是貨物價賤的時候把貨買進貯存起來，貴的時候再把它轉賣出去，從中漁利。經商是不被孔子看重的，他認為那是小人所為。

孔子對子貢的外交才能很欣賞，子貢向他請教仁的時候，他根據子貢的品格才能，告訴子貢要侍奉賢能的大夫，與有仁德的士人交朋友。這樣，一方面，可以受他們的影響，提高自己的道德修養。另一方面，賢能的大夫和有仁德的士人都是從政的資源。他們有權力推薦和提拔人做官，做了官又得到這些人的支持和幫助，這官才做得穩，升得上去。他們就像《紅樓夢》中說的「護官符」。從政者是需要花時間和精力與這些人做好關係的，孔子用「工欲善其事，必先利其器」作比喻，把這些人比做是「器」，與這些人做好關係就是「利其器」，「器」利了，這官就好做了。

從事手工勞動的人，要把工作做好，就要先把工具準備好，這是生活常識，就像俗話說的「磨刀不誤砍柴工」一樣。磨刀雖然花了不少時間，但是，刀磨快了，就提高了砍柴的效率。有的人不願在磨刀上花時間、下工夫，帶著鈍刀去砍柴，效率不高，甚至砍不動柴。這個道理用在做其他事情上，也是很適用的。

在現實生活中，要做好一件事，就要事先做好準備工作。做可行性研究，分析利弊得失，制訂規劃，籌集資金，組織實施，等等，這些準備工作有一項有疏漏，都會影響辦事的順利進行，甚至產生不良後果。要辦成一件大事，更不是一個人可以獨力完成的。它需要各方面的支援，這就需要有公關的能力，處理好上下左右的關係。這些都是「利其器」的工作，需要花時間和成本的。美國學者卡耐基認為，現代人的成功，專業知識只佔百分之十五，其他非專業知識佔百分之八十五，其中人際關係佔相當大的比例。這百分之八十五大多是「磨刀」即「利其器」的準備工作。

從政也是一樣。要進入政壇和在政壇上有所作為，在古代社會，就要結交名流和政府官員。

政府官員不僅手中有權，而且熟悉官場情況，結交他們既可以得到有價值的資訊，又可能得到他們的引薦。三國時期的諸葛亮隱居隆中的時候，就與徐庶、孟公威、龐德公、司馬徽等一些名人關係密切，又與荊州牧劉表有親戚關係。他受到徐庶的推薦，引起劉備的重視，才有劉備三顧茅廬的佳話。進入劉備陣營，諸葛亮與這個陣營的文武官員關係很好，得到了大家的信任和支持，使他成就了一番大事業。

處理好人際關係，包括上下級關係，為自己創造一個良好的工作環境，這是必要的。但是，如果不從事業出發，而是為了營私，甚至與貪官污吏相勾結，那種關係就是不正常的。

【人生感悟】

與人建立良好的人際關係，是我們行走社會的依賴。愈來愈多的人開始重視自己的人際關係價值了。人際關係不是金錢，但它卻是一筆無形的資產，更是一筆潛在的財富。人的生存本質就是社會關係的總和。人通路路通，人和才能萬事興！你的人際關係直接決定著你的成功。組建一個有價值的人脈關係網，就是為你自己插上一雙騰飛的翅膀。從現在開始，培養你的成功「利器」吧，這將是你人生中最具影響力的巨大轉變。

忠言不必讓它一定逆耳

忠告而善道之，不可則止，毋自辱也。

孔子說：「忠告而善道之，不可則止，毋自辱也。」孔子認為，忠誠地勸告人，恰當地引導人，如果他不聽也就罷了，不要自取其辱。其實，孔子這裡所說的，是對別人作為主體的一種承認和尊重。

所謂「良藥苦口利於病，忠言逆耳利於行」，可謂千古訓條。可惜它的作用力早已在蠻不講理的封建時代消耗殆盡，在當今人權時代，如果還把這句話當成訓誡，未免把人性降到了很低的層次。

忠言，對於幫助他人和建立真誠的人際關係，確實有重要作用。反過來說，不能給予他人忠言的人不是真誠的人，這種人不會將自己的真實感受和有價值的想法告訴對方。也就是說，不愛別人的人不會給予他人忠言，不被愛的人也同樣得不到忠言。因此，我們應該歡迎忠言，更應該給人忠言。

問題是，我們為什麼一定要說逆耳的忠言呢？為什麼不說順耳的忠言呢？

這就像一種藥丸，外甜內苦，含在嘴裡的時候，外邊一層先融化，病人嘗到一股甜甜的味道，所以才有勇氣吃下去，等到藥丸吞到胃裡，藥丸裡面的部分融化，也就是真正的藥力部分，才發揮作用。這是利用了人本能的趨吉避凶的特點。同樣，具體到對別人進規勸之言時，我們要有意識地多運用這種方式。讓人不因忠言而苦，不僅是對人權的尊重，也是對自身修養的尊重。

眾所周知，蘇東坡和王安石在政治上是死對頭，在生活上卻是好朋友，那麼，他們是怎樣處理這種複雜的關係呢？

有一次，蘇東坡去拜訪宰相王安石，進門一看，王安石不在，但發現書桌上壓著一張尚未寫完的詩，詩只寫了兩句：「西風昨晚過園林，吹落黃花滿地金。」

年輕氣盛而又自負的蘇東坡心想：「這西風只有秋天才會刮，而菊花具有傲霜氣骨，只有到了深秋季節才漸漸枯萎，豈會花落滿地，更何談『吹落黃花滿地金』呢？王公啊王公，好不自負，好不糊塗，竟然鬧出如此笑話！」於是，拿起桌上的筆，接著王安石未寫完的詩，信筆寫下：「秋花不似春花落，說與詩人細細吟。」然後帶著幾分得意神情回去了。

王安石回家後，見桌上的詩，知道蘇東坡來過，而且見筆跡也知道是他所寫，心裡暗想：「這蘇東坡年輕自負，我得想法子用事實教訓教訓他，讓他明白到底是誰鬧笑話！」

王安石心生一計，即刻向宋神宗建議將蘇東坡調到湖北黃州府做團練副使。蘇東坡接旨後，心裡很不痛快，心想這王安石就因為我揭了他的短，便上奏皇上叫我去湖北當苦差，但皇上已降旨，又不敢違抗。

蘇東坡到任後，心裡耿耿於懷，無心做事。有一天，他邀請好友陳季常一道在後花園飲酒賞菊，殊不知兩人來到後花園一看，居然見不到一朵盛開的菊花，只見黃色的花瓣掉了一地，恰似「滿地鋪金」。原來前幾天正好颳了大風，就將菊花紛紛吹落了。此時，蘇東坡才恍然大悟。陳季常見蘇東坡有些驚詫，便問：「你為什麼驚訝呢？」蘇東坡才將前不久在王安石家錯改菊花詩一事告訴了陳季常。接著，蘇東坡感嘆道：「我真是錯怪了王公，我是只知其一，不知其二。今日之事給了我很深刻的教訓，凡事都要謙虛謹慎，知之為知之，不知為不知，切不可自作聰明，驕傲自負。」後來，蘇東坡主動向王安石賠禮道歉。

王安石「教而不語」，用客觀事實來教育蘇東坡，真是無言勝有言，收到了良好的效果，使驕傲自負的蘇東坡從自己所犯的錯誤中得到了深刻教訓，從此謙虛謹慎，並成為聲名超過王安石的一代大文豪。

這樣的忠告方式豈不是更好呢？如果王安石採取直言忠告的方式，那麼蘇東坡想必是很難接受的，即便是接受必然是勉強的，而且達不到這樣的效果。

其實，僅有好的願望還是不行的，忠告也需要一定的技巧，否則就不可能收到效果。如果我們能做到以下幾點，你的忠告就容易被人接受，「忠言」也就不會逆耳了。

首先，態度一定要謙和誠懇。大家其實心裡都明白，忠告說到底還是為對方著想，這是忠告的根本出發點，因此，要儘量讓對方明白你的一番好意，就必須謹慎自己說話時的語氣、表情、措辭等，千萬不可疏忽大意，草率行事。說話時，態度要注意自然，不要表現出你對他已經失去信心的樣子，用語不要太過於激烈，但也不能太委婉，否則他會認為你是在求他，或是讓他覺得你是在假惺惺的表演。

其次，要選擇適當的場合和時機。如果是你的下屬儘管做了最大的努力，但事情最終沒有辦好，此時最好不要向他們提出忠告。如果你這時說：「你如果當時不那樣做就不會發生現在的事了」之類的話，即便你真的指出了問題的要害，而且說得也很在理，但你要注意，當對方正在努力做這件事的時候，而你自己沒有做。如果是這樣，對方雖然口中不說什麼，但在他心裡可能就會這麼想：「有本事，當時你為何不自己做」，「只會教訓人，那麼難，你不一定也能做好」等，對方有了這樣的心理，那你的忠告就沒有任何用處了。

反之，如果此時你能多說這樣的話：「辛苦你了」「我知道你已經做了最大的努力了」「這件事確實不好辦，要是我做也不一定做得好啊」。先安慰對方一下，讓他調整自己的情緒，然後再不失時機的與他一起分析失敗的原因，最終他就會很樂意接受你的忠告。

當然，選擇在什麼場合提出忠告，也應當值得注意。原則上來說，提出忠告最好是一對一，沒有第三人在場，如果在辦公室，大家都埋頭認真工作的時候，你就當面說他，即使你當時覺得很氣憤，但對方不管你的感受，他在乎的是自己的感受和其他在場人的感受，他會覺得很沒面子，那麼你就無形中傷害了他的自尊心和自信心，對以後的工作也就沒有任何的熱情和積極性了。

最後，不要以事與事、人與人相互比較的方式提出忠告。因為在比較兩個人的時候，總有意無意的會將別人的長處和對方的短處做比較，這樣就更加容易傷害對方的自尊心了。

我們看一個例子：有一位母親是這樣忠告自己兒子的：「我說兒子，你看看隔壁家的小明多有禮貌，多乖啊！你和他是同歲，你怎麼就不如他呢？兒子，你可要好好向他學習、做個好孩子啊。」

這是中國最經常出現的家庭式教育，我們來看兒子是怎麼回答的：「哼！嘴裡整天就說他這好、那好，妳幹嘛要把我生下來啊？妳乾脆讓他做妳兒子算了！」

可見，忠告有時候是令人難堪的，但是只要多站在對方的角度上想一想，言行舉止中多一點關愛和尊重，那麼，你的忠告就不可能「逆耳」了，才有可能取得效果。

【人生感悟】

「規過勸善」是和朋友相處之道的核心，朋友是用來幹什麼的？不是吃喝玩樂的夥伴，而是在關鍵時刻幫助你走出困境的人。但是，朋友之間，當意見有分歧時，需要你去直言相勸的時候，也需要注意方式，再好的朋友也需要這樣做。這樣做，是對你的朋友負責，對你自己負責，對你們的友情負責。否則，只會規勸不成反而使朋友翻了臉，得不償失。

尊重別人就像愛護自己

己所不欲，勿施於人。

孔子說：「己所不欲，勿施於人。」這句話的意思是，自己不願意做的，也不要強加給別人。「仁」是孔子思想的核心，內容非常豐富，包含了孝、忠、恕、禮、智、勇、恭、寬、信、敏、惠等道德觀念。

孔子經常講解他的這個思想，在不同的情況下，對仁的解釋的側重點不同。他的學生不是一下子就能理解的，所以經常向他請教。

仲弓出身微賤，但德行很好，很得老師的賞識，孔子說：「仲弓可以做大官。」還有一次，孔子談到仲弓的時候說：「雜色牛的兒子長著赤色的毛和端正的雙角，雖然不想用牠作祭品，山川之神難道會捨棄牠嗎？」孔子喜歡仲弓之情，溢於言表。

仲弓問他仁是什麼，孔子從為政的角度來向他講解「仁」的含義：對為政者來說，仁集中體現在施政上。要懷著對人民尊敬和愛護的心情，謹慎地做好每件事，要施行仁政，處理好人際關係，與人交往，要學會尊重別人，見了人把人當作貴賓一樣對待，不可輕慢。尊重別人，別人才會尊重你。自己做事和讓別人做事，都要有高度的責任感。說話做事多為他人著想，推己及人，自己不喜歡做的事情，不要強加給別人。這樣，就不會惹別人怨恨了。

尊重別人，寬恕別人，「己所不欲，勿施於人」，孔子把這些看作實現仁德的一個標準，是仁者愛人的又一層次的體現。

「己所不欲，勿施於人」，是一種人生哲學，也是社會安定和諧的思想基礎，其指導思想就是尊重人，寬恕人。其結果是尊重了別人，自己也被別人所尊重；寬容了別人，自己也被別人所寬容。

戰國時，梁國與楚國交界，兩國在邊境上各設界亭，亭卒們也都在各自的地界裡種了西瓜。梁亭的亭卒勤勞，鋤草澆水，瓜秧長勢極好；而楚亭的亭卒懶惰，對瓜事很少過問，瓜秧又瘦又弱，與對面瓜田的長勢簡直不能相比。

楚人死要面子，在一個無月之夜，偷跑過去把梁亭的瓜秧全給扯斷了。梁亭的人第二天發現後，氣憤難平，報告縣令宋就，說我們也過去把他們的瓜秧扯斷好了。宋就聽了以後，對梁亭的人說：「楚亭的人這樣做當然是很卑鄙的，可是，我們明明不願他們扯斷我們的瓜秧，那麼為什麼再反過去扯斷人家的瓜秧？別人不對，我們再跟著學，那就太狹隘了。你們聽我的話，從今天起，每天晚上去給他們的瓜秧澆水，讓他們的瓜秧也長得好。而且，你們這樣做，一定不可以讓他們知道。」

梁亭的人聽了宋就的話後覺得有道理，於是就照辦了。楚亭的人發現自己的瓜秧長勢一天好似一天，仔細觀察，發現每天早上地都被人澆過了，而且是梁亭的人在黑夜裡悄悄為他們澆的。

楚國的邊縣縣令聽到亭卒們的報告後，感到非常慚愧又非常敬佩，於是把這事報告給了楚王。楚王聽說後，也感於梁國人修睦邊鄰的誠心，特備重禮送梁王，既以示自責，也以示酬謝，結果這一對敵國成了友鄰。

從這個故事可以看出，「恕」的核心是由己度人，推己及人的方式處理問題。這樣可以造成一種重大局、尚信義、不計前嫌、不報私仇的氛圍，以及雙方寬廣而又仁愛的胸懷。人是有感情的，人性不論善惡，人的感覺都是一樣的。人都希望得到理解，受到尊重，得到關愛。如果這些得不到，或者受到傷害，就可能產生報復心理。

「己所不欲，勿施於人」，一方面不要施害於人，另一方面也是防止自己不受害的方法。你想讓別人如何對待你，你就要如何對待別人。你需要別人尊重，你就要尊重別人。

曹操羞辱禰衡，才被禰衡所羞辱。同樣，禰衡自高自大，瞧不起別人，所以也被別人瞧不起，後來又被黃祖所殺。

【人生感悟】

有人說，寬容是一把健康的鑰匙，是一個人修養和為人善良的結晶，是生活幸福的一劑良藥。寬容別人，無論走到哪裡，都會帶去一片和煦的春風，不能寬容別人，往往只會給自己留下痛苦。寬容是一種豁達和摯愛，可以令冰冷的心牆慢慢融化。寬容是一種涵養，它是一種善待生活，善待自己的人生境界，它能陶冶人的情操，帶給你心靈的安寧和恬靜。

以身作則

其身正，不令而行；其身不正，雖令不從。

《論語》中說：「其身正，不令而行；其身不正，雖令不從。」

孔子的這句名言意思是說，身為管理者，只要自己的行為端正，就算不下任何命令，部下也會遵從；如果自己的行為不端正，那麼無論制定什麼政策規章，部下也不會遵從。推而廣之，我們做人也一樣，要嚴以正己，以正服人。

俗話說：「正人先正己。」孔子把「正身」看作是修身的重要規則，是有深刻的思想價值的。這一點對於那些身處領導地位的人而言是十分重要的。

據說，齊靈公有一個非常奇怪的癖好，他非常喜歡讓宮內的侍女身穿男人的衣服。在齊靈公的影響下，頓時全國上下，女扮男裝成了一股潮流。女扮男裝讓婦女頓時快活了不少，既可以不受一些朝廷對婦女的種種限制，還可以像男人一樣，吃喝玩樂。

齊靈公聽說了這些事，就派官吏禁止民間婦女女扮男裝，還下令說：「凡是女扮男裝的，一旦被發現就撕毀她所穿的衣服，扯斷她所繫的帶子，讓她當眾出醜。」

齊靈公之所以想出這麼一個損招來禁止民間婦女女扮男裝，可見他的決心，他認為，愈損的辦法，愈讓婦女們害怕，禁令才會生效。但是，結果卻出乎齊靈公的意料，禁令的效果並不明顯，仍然有人敢女扮男裝，頂風破浪。

這件事讓齊靈公大傷腦筋，鄰國聽說齊國女人愛女扮男裝，都嘲笑齊國沒男人了，拿女人來充數。這些話傳到齊靈公的耳朵裡，對他刺激很大，感覺自己失了顏面，有損國威。

正在齊靈公無計可施的時候，他的智囊晏子求見。齊靈公對晏子說：「我讓官吏們嚴禁女扮男裝，還撕了她們的衣服，扯了她們的衣帶，甚至還當眾羞辱她們，即便是這樣的辦法還不能達到禁止女扮男裝的目的，這是為什麼呢？我真是想不通，到底百姓們是怎麼想的？」

晏子回答說：「大王的禁令只是針對宮外的百姓，而內宮的人依然可以女扮男裝，這樣的法令怎麼能很好的執行呢？大王可以給百姓做一個表率，先從內宮開始整頓，禁止女扮男裝，這樣，百姓才能接受您的禁令啊！」

於是齊靈公下令內宮所有妃子、宮女都不得再穿男裝，果然，沒過多久，民間女扮男裝的風氣得到了制止。

齊靈公禁止民間婦女女扮男裝，可是卻還允許宮內婦女女扮男裝，雖然對民間違禁的婦女給予了最難堪的懲罰，但是違禁之人仍舊絡繹不絕。其原因就是因為他不事先懲戒自己身邊的人。

對於領導者而言，不允許別人做的事情，自己首先不要做，以身作則，才能取信於人。切不可「只許州官放火，不許百姓點燈」，這樣只會導致失信於人，其令不行，而讓自己的工作無法開展下去。

同樣，做人如果僅僅以自我存在於小我的圈子內，以自我的成就存在於小我之中，這是一種自私自利的行為，不能做到「正直」「正氣」，則將一事無成，也得不到別人的尊敬。所以，做人要有道德。道德最好的表現形式是公平待人，也就是公正。諸葛亮有句名言：「我的心就像一桿秤，不為他人做輕重。」他自己一生的功業，全都體現著「公正」二字。不能做到「公正」二字，就無以取得人心而成功。

我們常說：「榜樣的力量是無窮的。」我們只有先給別人樹立一個光輝的榜樣，整個社會才會逐漸形成一種積極向上、團結合作的良好風氣，煥發著無限的生機。

【人生感悟】

在電影中，我們常常看到這樣的畫面：在敵軍陣地上，軍官站在後邊，聲嘶力竭地命令士兵：「給我上！」可是不管他用槍擊斃了多少個臨陣退縮者，也無法逼迫士兵們勇猛地去殺敵；而在我軍陣地上，軍官高喊一聲：「跟我上！」率先向敵人衝去，那麼在他身後，就會有一大群戰士勇敢地跟上。「跟我上」遠遠強於「給我上」，這就是身先士卒的力量，這就是以身作則所帶來的必然結果！

交朋友一定要守住的原則

益者三友，損者三友。友直，友諒，友多聞，益矣。友便辟，友善柔，友便佞，損矣。

孔子說：「益者三友，損者三友。友直，友諒，友多聞，益矣。友便辟，友善柔，友便佞，損矣。」

孔子認為，有益的交友有三種，有害的交友有三種。和正直的人交友，和誠信的人交友，和見聞廣博的人交友，這是有益的。和慣於走邪道的人交朋友，和善於阿諛奉承的人交朋友，和慣於花言巧語的人交朋友，這是有害的。

那麼，什麼樣的朋友才能靠得住呢？也許人心隔肚皮，難以臆測，但如果能依照孔子的這種親益遠損的原則去結交朋友，也許能夠盡可能得到真正的朋友，而遠離奸詐小人的傷害。

友直、友諒、友多聞，這已成為交好朋友的準則，第一種「友直」，是講直話的朋友能說出並勸止你的錯誤，即所謂「諍友」；第二種「友諒」，是比較能原諒人，個性寬厚的朋友；第三種「友多聞」，是知識淵博的朋友。孔子將這三種人列為對個人有益的朋友。

另外在朋友中，對自己有害處的三種人定要戒之。第一，「友便辟」。就是有怪癖脾氣的人，有特別的毛病。第二，「友善柔」。就是個性非常軟弱，依賴性太重。甚至一味依循迎合於你。你要打牌，他就陪著你玩牌；你要下棋，他就陪著你下棋；你要犯法，他不會阻攔，甚至為你加油助威，等等。這類人可以說是成事不足，敗事有餘。第三，「友便佞」。這種人更壞，可以說是專門逢迎的「拍馬屁」能手，絕對是成事不足，敗事有餘的傢伙，特別要當心。

人的一生不可無友，但交友不可不慎重選擇。我們看到許多人由於朋友的幫助克服了困難，或事業上取得了成就。也看到許多人，特別是年輕人，由於交友不慎而誤入歧途。交友應該「友直、友諒、友多聞」，這樣的朋友可以使你長善救失，開拓心胸，德業學問日進於高明。反之，如果交上壞朋友，不但不能長進，反而可能走上犯罪的道路。由於朋友的薰陶濡染，不知不覺就被同化了，它有時比父母和老師的教導更有影響。

交朋友是我們生活中不可少的一部分，是我們的生活中心之一，所以我們一定要能交友，但交友並不是不加區分，不分對象的亂交，在選擇朋友進行交往時一定要謹慎，要有一定的心機，選那些志同道合，談得來，說得開，信得過的朋友而交。

一．多交必濫

交友結友不在多，而在於品質，多交必濫，這是中國古代人對交朋友的經驗總結。人們常說：「朋友遍天下，知心有幾人」，的確，知音難覓呀！況且，一個人的精力是有限的，如果不加選擇，一味地以多結交朋友為榮，則會整日忙於應酬，把大部分精力都放在與朋友的周旋上，必然影響自己的正常工作、學習和生活。再者，結交的人多了，也必然影響到對朋友的觀察和鑑別，如果所結交的人中有品行不端或用心不良者，也很可能給你帶來危害。在社會上，確實有這麼一種人，以廣泛結交朋友為榮，可以說三教九流，無所不交。嚴格地說，這不是在交朋友，只不過是不負責任的一般交際行為。真正的朋友不在於相互利用，而在於共同的志向和思想，在於互相幫助，使生活增加樂趣，讓友誼為你的生活再添加一些光彩。

二．不可輕率

當你在結交朋友時，一定要認真對待，絕對不可輕率。在與對方交往的過程中，要注意觀察其思想、興趣、愛好、品質和行為，掂量一下是否值得結交。當然，這裡並不強求朋友是各方面都比自己強的人。「無友不如己者」，孔子是說不要和不如自己的人交朋友，這種觀點雖然帶有很大的片面性，但也說明了交友的道理不可輕率。因為朋友之間本是互有短長的，在這方面你有優點，在其他方面他有特長，朋友相處，長短互補，這也是交朋友的益處之一。請不要誤會，孔子的意思是要交思想純淨、品德高尚的人，向這樣的人看齊。還要注意，看朋友是否值得結交並不是不允許朋友有缺點。人無完人，朋友也是如此。只要你所結交的朋友品行端正，能夠真心幫助你，不至於對你有害，就可以了。

三．謹慎擇友

我們在擇友時，首先一定要明確自己的標準，且結交品行端正、心地善良、樂於助人、勤奮上進的人。這樣的朋友就是益友，一生中都會對你有很大幫助。有的人以興趣相投作為唯一標準，而不論對方的思想品行，只講朋友義氣，只要你對我好，我也對你同樣好。你敬我一尺，我敬你一丈。你肯為我赴湯蹈火，我也會為你兩肋插刀。至於是否有利於自己，有利於他人和社會，則根本不考慮了。在他的朋友中，既有講吃講喝者，又有講玩講鬧者，甚至還有為非作歹、流氓地痞之類的人。「近朱者赤，近墨者黑」。這樣一來，難免影響到自己。因此，我們一定要慎重選擇朋友，切不可濫交，一定要避免和那些道德品行不端的人結交，免得沾染惡習。

交朋友還是有大學問的，尤其是步入社會以後，各種不同的人聚在一起，沒有想像的那樣單純。所以交友一定要謹慎，不能亂交以防被小人利用而栽入火坑。

【人生感悟】

人以類聚，物以群分。結交什麼樣的朋友，才能讓自己終生受益呢？當然，結交朋友不能毫無原則、毫無是非之分，我們要結交那些對自己有益的朋友。真正的朋友，可以共患難，壞朋友只能同富貴。擁有一份真正的友誼是我們人生最幸福的事情。交友重在交心。真正的朋友不僅可以與你分享快樂好時光，還會在你灰暗的日子裡給予慰藉，是能夠完全站在你的立場上想問題的人。

第二章　孟子正道

利益不是人生追求的最終目標

王何必曰利？亦有仁義而已矣。

孟子說：「王何必曰利？亦有仁義而已矣。」這句話的意思是說，大王只要講仁義就行了，何必談利呢？

孟子尚「義」，講「捨生取義」。但在日常生活中，「義」與「生」的衝突並不常見，常見的倒是「義」與「利」的衝突。孔子早就提出要「見利思義」而不能「見利忘義」，認為「君子喻以義，小人喻以利」。這一「義利之辨」的思想，在孟子那裡得到了特別的發揮，但由此也多為後人所誤解。孟子「義利之辨」的針對性實可分為幾個層次，而以其論治理國家即政治層面的內容為最明顯。

惠王所問的「利」，是指富國強兵、征戰奪地等治國之術。他所以這麼急，是因為當時魏國的處境確實不妙。魏國本是春秋末年從「三家分晉」而來的。惠王之祖魏文侯、父魏武侯，在文治武功方面都頗有建樹，使魏國成為當時的主要強國，即所謂的「戰國七雄」之一。惠王即位後，開始還做得還不錯，曾打敗過韓、趙、宋諸國；曾迫使魯、宋、衛、韓諸國來朝拜；曾與秦國達成短暫的和平；又在諸侯中第一個自稱為「王」；還率領諸侯「逢澤之會」朝見周天子等。但到了他統治的中後期，形勢卻每況愈下：與東面的齊國交戰慘敗，太子和大將被殺；與西面的秦國交戰屢敗，被割去了不少土地；與南面的楚國交戰又敗，土地也被割去。你說惠王心裡能不著急嗎？他急於想使自己的國家重振雄風、強大起來，急於想雪恥，急於想報仇。因此，見到以賢、智聞名的孟子，他劈頭就問如何能使國家強盛起來的問題。

但在孟子看來，富國強兵、征戰奪地這種急功近利，不是治國的上策，反而是引起動亂的根源；要想使國家強盛起來，最好的辦法就是講求仁義，積極推行王道，實施仁政。所以，孟子的回答不是要否定「利」，他只是告訴惠王，富國強兵、征戰奪地僅是政治上的小利，且副作用很大；只有講求仁義，才是政治上沒有副作用的大利、根本之利。至少在孟子的想法中，「仁義」這個大利已包含了富國強兵等小利，講了大利，小利自在其中，不必多說。

對這句話的內容，過去常有誤解。誤解的原因有古文太過簡約，也有語句理解的歧義，但最主要的還是後儒們的過度理解乃至歪曲詮釋。如對惠王問「利」的誤解：惠王所問，並不是一般狹義所說的利益，而是國家的大利。惠王之舉，舊時常被讀書人罵，說他是個急功近利的「小人」。但如果能瞭解當時魏國的實情，設身處地、平心而論，應該說那不過是人之常情，無可厚非，儘管他確實是急功近利了一點。至於對孟子答以「義」，那誤解就更大了，簡直就以為孟子是只講「義」不講「利」。實際上，孟子在回答中從未否定過「利」。孟子甚至連齊宣王「好勇」、「好貨」、「好色」都沒有完全否定，又豈會完全否定「利」？

宋輕與孟子同時，也是「稷下學宮」學者。當時秦楚交戰，宋輕想去勸兩國罷兵。孟子對其用心表示讚賞，問他將如何勸。宋輕答以雙方交兵的不利來勸。孟子認為這不好，會造成秦楚君民重利輕義之弊。所以應勸以義，何必曰利。這一段與孟子見惠王時說的內容相通，衍生的意義是：同樣的實際效果，可能有不同的出發點，因此動機問題也是君子所應重視的。

不過，朱熹說得好：「君子不言利並不是完全不想利，只不過不唯利是圖而已。」孟子之所以說得這麼堅決，是因為當時的人唯利是圖，不知世上有「仁義」二字。

對於現代人而言，的確也不可能只說仁義而不說利，這已不合乎我們今天的現實，應該是既說利也說義，或者，還是用聖人孔子的那句話來調節，叫做「見利思義。」

君子愛財，取之有道。經商既要講究義字，也要講究利字。兩者要兼顧，千萬不要顧此失彼，走極端。財富取得的方式多種多樣，絕大多數人取之有道，透過自己的努力奮鬥，發揮自己的聰明才智，合理合法地發家致富，不少創業英雄成了人們崇拜的偶像。如世界富豪比爾蓋茲、股神巴菲特、香港富豪李嘉誠等。

小人往往只講利益，不顧仁義道德，進而不擇手段。社會上透過不光彩手段致富的也不少見，如此牟利，卻違反了仁義道德的底線，顯然是不可取的。我們對金錢的作用要有正確的認知，世界上的東西不是樣樣可以用錢買到的。

一位學者列舉了錢可以買到和買不到的東西，他所說的還是有一定道理的：錢可以買到房屋，但買不到家；錢可以買到藥物，但買不到健康；錢可以買到美食，但買不到食欲；錢可以買到珠寶，但買不到美；錢可以買到娛樂，但買不到愉快；錢可以買到書籍，但買不到智慧；錢可以買到諂媚，但買不到尊敬；錢可以買到夥伴，但買不到朋友；錢可以買到奢侈品，但買不到文化；錢可以買到權勢，但買不到威望；錢可以買到服從，但買不到忠誠；錢可以買到虛名，但買不到實學；錢可以買到小人的心，但買不到君子的志，等等。

因此，我們既要重視「利」的功能，取之有道，用之有方，會使人感到幸福和快樂，又要重視「義」的功能，兩者兼顧才算是真正的君子。反之，則使人感到痛苦和不幸，甚至毀了自己的一生。這就要求我們用平常的心態來對待財富，用道德的標準來取捨財富、衡量財富。道德可以約束財富，財富也可以約束道德。我們必須同時擁有清白財富和高尚的道德。

【人生感悟】

「取之有道，用之有方」是每個現代人應該樹立的正確金錢觀。但在現實生活中，有些人為了獲取利益而不擇手段，最終只能落得悲慘的下場。這種「利義」觀應該引起我們的警惕。所以在生活中，按規矩出牌，良心才是我們安身立業的根本。

快樂因分享而更快樂

樂民之樂者，民亦樂其樂；憂民之憂者，民亦憂其憂。

孟子說：「樂民之樂者，民亦樂其樂；憂民之憂者，民亦憂其憂。」

統治者如何能得民心？孟子認為，能「與民同憂樂」也算是很重要的一個方面。「與民同憂樂」，簡稱「與民同樂」。為了勸說梁惠王，尤其是齊宣王能與民同樂，推行「王道」、「仁政」，孟子可說是用心良苦，很費了一番口舌。

孟子去見梁惠王。惠王站在水池邊，眺望著鴻雁和麋鹿，以一種居高臨下的口氣問孟子：「賢德之人也喜歡享受這些東西嗎？」其中隱含著輕視孟子的意味，意思是你們這種講求仁義道德的人是根本不懂得享樂的。

孟子不客氣地回答說：「只有真正賢德的人，才能享受這些東西；不是賢德的人，有了這些東西也享受不了。」

更進一步，孟子藉這個話題，為惠王上了一堂嚴肅的「政治課」。他藉文獻的記載，透過歷史上賢君周文王與暴君夏桀的鮮明對比，說明了統治者應該「與民同樂」的道理：統治者必須與民眾憂樂相通，體恤下民；百姓高興了，統治者自然也可以高興。這是「仁政」才能引出的上下和諧的政治局面。反之，把自己的享樂建立在百姓的痛苦之上，這種享樂不僅難以持久，而且即使具備了享樂的條件，也沒有什麼快樂可言。

與梁惠王相比，齊宣王對孟子還算有足夠的尊重。儘管對孟子的勸說，他一樣不願聽，但態度較好，也比較坦白。不過，宣王又是個滑頭人物，很會打岔，轉移話題。他們之間有好幾次關於這方面的有趣對話：

宣王說自己喜歡聽世俗的流行音樂。孟子提出娛樂本身不是問題的關鍵，同樣是娛樂，施恩惠於百姓的君主還是能得到百姓的擁戴，使百姓困苦的君主得到的卻是百姓的反感乃至唾罵。宣王說自己遊獵的花園百姓嫌太大。孟子提出花園的大小不是問題的關鍵，文王的花園比你大近一倍，但百姓還嫌太小，因為文王能與百姓同享花園之利。

宣王一問政事，孟子就往「王道」、「仁政」上靠。宣王受不了了，經常一面給孟子戴高帽子說「這太好了」，一面趕緊打岔開溜說自己素質不夠做不到。一次不行兩次，兩次不行三次，一次比一次厲害：先推說自己有「好勇」的毛病，孟子順勢就說周文王、周武王的「大勇」事蹟來宣傳「王道」、「仁政」。接著又推說自己有「好貨」的毛病，孟子順勢就說周朝開創者公劉也愛錢財，但能「與民同之」，不失為「王道」、「仁政」。最後乾脆推說自己有「好色」的毛病，看你這個自稱「聖人之徒」的孟子究竟如何應對。

這也沒難倒孟子，照樣舉出周文王祖父古公亶（音：亶ㄉㄢˇ）父也喜歡自己的妃子，但能「與民同之」，讓他所管轄的範圍內沒有找不到丈夫的老小姐，沒有娶不到老婆的窮光棍，亦不失為「王道」、「仁政」。

總之，孟子的態度是縱使你千變萬化，我自有一定之規，先舉個歷史上的例子給你看看，然後藉題發揮，運用「與民同樂」的原理，把話題引向他「王道」、「仁政」的主題上去。

「與民同樂」實際上是孟子仁政思想的一部分，具有濃厚的民本主義色彩。歷史上，與孟子「與民同樂」的人很多，其中春秋時期的齊國大夫晏嬰也持有類似的觀點。

晏嬰先後任齊靈公、莊公、景公三代正卿，執政五十多年。晏嬰身任齊相，多次勸諫貪圖享樂、不顧國政的齊王。有時犯顏直諫，有時笑談隱喻，多收到了較好的效果。他同情民苦，力行節儉，反對統治者的奢靡生活。

齊景公三十二年（前五一六），彗星出現。一般人認為彗星出現就會帶來災難；齊景公坐在柏寢台上嘆息說：「堂皇的亭台，將歸誰所有啊？」群臣潸然（潸然 ㄕㄢ ㄖㄢˊ）淚下，晏子卻笑起來，景公惱怒。晏子說：「我笑群臣過分諂諛您。」

景公說：「彗星出現在東北，正在齊國的範圍內，我正為此擔憂呢。」

晏子說：「您築高台造深池，賦斂唯恐少得，刑罰唯恐不盡，本將要出示凶兆，彗星還有什麼可怕呢？」

景公說：「可以禳除嗎？」

晏子說：「如果神靈可以祝禱而來，那麼也就可以祈禳而去了。百姓們苦毒怨恨者以萬數，而您讓一個人去祈禳，怎能勝過眾人之口呢？」

有一年冬天，接連下了三天鵝毛大雪仍不轉晴。景公穿著全用狐狸腋下的白毛集成的「狐裘」皮襖，坐在殿堂側面的台階上。晏子進去參見景公，站了一會兒，景公說：「奇怪呀！下了三天雪而天氣卻不覺得冷。」

晏子反問道：「天真的不冷嗎？」景公笑了。

晏子說：「我聽說古代的賢明國君雖然自己吃飽了但還知道有人挨餓，自己穿暖了卻還知道有人受凍，自己安逸時還知道別人的勞苦。現在您卻不知道啊！」

景公說：「好！寡人聽到您的指教了。」於是下令從國庫裡拿出錢貨，發放糧食，救濟那些飢寒的百姓。那些受救濟的百姓都高興得奔相走告。

有一年的春天，風和日麗，萬物吐翠，白楊絮像雪花一樣飄然而下，覆蓋在綠草的肩頭。一片片盛開的桃花、梨花，像彩雲一樣鋪滿了山腰。齊景公對花園裡的美景流連忘返。他微笑著轉過頭，對身邊的晏子說：「我想趁這春暖花開的季節，到轉附、朝俱兩座名山去遊覽，然後沿海邊南行，欣賞大海的波瀾壯闊，直抵風景秀麗的琅琊山。我怎樣做才能比得上過去聖王的巡遊呢？」

晏子笑著回答說：「您問的這個問題太好了。我先給您說一說古代的巡狩、述職制度吧！按照禮法，天子到諸侯國去視察，叫做巡狩。它的意思是天子巡察各諸侯國所守衛的疆土。諸侯定期去朝見天子叫做述職。它的意思是諸侯向天子會報自己職責內的事務。天子和諸侯的一來一往，都是政治上的大事。

「在春耕大忙季節，天子外出巡視百姓的耕種情況，補助貧困的農民；秋天考察百姓的收穫情況，補助歉收的農民。夏朝有一句諺語說：『我們的君王不出遊，我們的休息向誰求？我們的君王不出走，我們的補助哪會有？我們的君王出遊走走，是以作為諸侯的法度。』

「然而，現在的諸侯卻不是這樣。國君一出巡，便興師動眾，聲勢浩大，勞民傷財，搜刮民脂民膏，四處籌糧運米，使得飢餓的人沒有飯吃，勞苦的百姓疲憊不堪，四處被攪得雞犬不寧。人們怒目側視，怨聲載道，不少人被迫為非作歹。這樣的巡遊，違背天意，虐待百姓，吃喝揮霍，花費如同流水。流連忘返，荒亡無行，諸侯都為此而擔憂。什麼叫『流連荒亡』呢？從上游順流而下玩樂而忘記了歸返叫做『流』；從下游往上游遊玩而忘記了歸返叫做『連』；終日沉溺於外出打獵取樂叫做『荒』；無節制地狂飲美酒叫做『亡』。從前的聖賢君主都沒有這種流連荒亡的行為。現在，您是選擇外出巡察民苦呢？還是選擇外巡逸樂呢？由您自己決定吧！」

景公聽了晏子的勸諫，非常高興，立即下令改革政治，發佈告示而告知百姓，準備實行救濟百姓的措施，然後出城住在郊外，表示體恤百姓的困苦。實行仁政，打開糧倉，賑濟百姓。

晏嬰勸諫齊景公與民同樂的故事告訴人們，國君與民同憂同樂，就會得到百姓的擁護和支持。孟子的「與民同樂」的思想，無疑是對這一歷史經驗的概括和總結。

其實，只需要把與民同樂的「民」字稍加替換，改成「與人同樂」，對於我們立身處世都是具有非常積極意義的。我們的確看到，有的人透過千辛萬苦的拚搏和奮鬥，錢倒是賺了不少，可是晚景淒涼，並沒有親人乃至好友來與自己分享，結果是了無生趣，並不覺得人生有什麼快樂可言。

反之，倒是平家小戶，「人親喝口水也甜」一家人和樂融融，其樂也融融。「樂」的問題本來就不是一個物質問題，而是一個精神的問題。雖然物質條件和環境的好壞可以影響到精神和心理，但它畢竟不是決定的因素。

決定的因素是人而不是物。誰有快樂不願意與人分享呢？反過來說，只有當有人與你分享時，你才會真正感到快樂。這恐怕是人人都會有的體驗吧。

【人生感悟】

人生的樂趣，在於分享。當你擁有一份快樂，把快樂與他人一起分享的時候，你的快樂不會減少，反而使快樂增多，因為別人也擁有了快樂。只有與人分享快樂，你才能真正的擁有快樂，人生豐富，比不上濃濃溫情，而分享的快樂，在於讓溫情一路延伸。

凡事都要有規則，規則不可壞

不以規矩，不能成方圓。

孟子說：「不以規矩，不能成方圓。」孟子認為：即使有離婁那樣好的視力，公輸班那樣好的技巧，如果不用圓規和曲尺，也不能準確的畫出方圓；即使有師曠那樣好的審音力，如果不用六律，也不能校正五音。

晉國的大臣趙簡子有一次讓他手下一位很有名氣的駕軒能手王良為他最寵信的家童駕車去打獵。王良完全按照過去的規矩去趕車，結果整整一天這位家童連一隻禽獸也沒打到。於是，這位家童回來就向趙簡子報告說：「誰說王良是最優秀的馭手呢？照今天的情況看，他實在是一個最蹩腳的車夫。」

後來有人把這話偷偷地告訴了王良，王良便去找這位家童，說是希望再為他駕一次車。這位家童起初不肯，經王良再三請求，最後才勉強答應。誰料這一次與上次的結果大不相同，僅僅一個早晨就打到了好多獵物，家童很高興，趕緊跑去又向趙簡子稟報，說：「這回我明白了，王良確實是天下最好的車夫。」

後來趙簡子又讓王良替這個家童趕車，王良卻拒絕了，他對趙簡子說：「我替他按規矩駕馭車輛，這個人卻射不到獵物，我不按規矩辦，他卻能打到禽獸，這說明他是個破壞規矩的小人，我不習慣為這樣的人趕車，請允許我辭去這個差事。」其實王良是一個好馭手。他既能按規矩趕車，也能不按規矩趕車，但按照規矩駕車符合國家制度的大局利益，所以王良守規矩而不計小利，是值得敬重的。

自古以來凡是成功的人，都特別講究規矩，就拿清朝大臣曾國藩來說吧，他就是個極為講究規矩之人。

曾國藩指出，軍中以規矩為治兵的根本，而規矩不可更改更是曾國藩治軍成功的關鍵。為建立一支有戰鬥力的軍隊，曾國藩為軍隊制定了許多規矩，這些規矩最終目的，就是要把孔孟「仁」、「禮」思想貫穿於士兵的頭腦之中，把封建倫理與尊卑等級觀念融合在一起，將軍法、軍規與家法、家規結合起來，父子、兄弟、師生、友朋等親誼關係強化調劑上下尊卑之間的關係，使士兵或下級易於尊敬官長、服從官長、為官長出生入死、賣命捐軀，在所不惜。

曾國藩的規矩就是要將士兵訓練成合格的「王良」，駕馭著湘軍這駕馬車，沿著他所指引的道路前進。這才是曾國藩定規矩的目的所在，也是曾國藩治軍的高明所在。

所以，無論是在官場、商場或最普通的人際交往中，都要有合理的「遊戲」規則，而且每個人都要懂規矩，否則人與人之間明爭暗鬥，社會也隨之失去平衡，當然那些人的行為也就違背了現實規則。

經濟有經濟的規則，文化有文化的規則，當然，我們日常生活、工作、人際交往，都有它內在的規則，人們也只有遵循這一規則，才能更加體會到其中的樂趣，如果人們都不顧這些規則，各行其是，那社會必然會紛亂不堪。

「不以規矩，不能成方圓」的說法已經成為人們在日常生活中常用的格言警句，特別是在當今日益緊張激烈的社會競爭中，許多新生的事物不斷地湧現，所以有時，是與非、正與邪，人們並不能夠分清，往往感到困惑或明知道是非卻又難以評說，這個時候，人們對「不以規矩，不能成方圓」的感受和需要就更加真切和深刻了。所以，我們要健全各項法律，讓所有能夠遵循規則的人生活在法制法規的社會中。

【人生感悟】

有人說「人生如棋」，每一步都不能超越這盤「棋」的內在法規，總得按部就班、一步一步的走，不可打破這個規則。其實，人生如棋也好，「遊戲人生」也罷，每個人在這個社會中都會扮演著他自己的角色，千萬不要試圖打破這個「遊戲」的規則。

時時懷抱一顆仁愛的心

仁者無敵。

孟子說：「仁者無敵。」在孟子眼裡，仁德的人是無敵於天下的。

孟子擲地有聲的論點，就是今天聽起來，也是相當地具有說服力，引人深思。所謂的「仁者」，在中國古籍中通常用來形容有仁德之人。在孟子以前，孔子便曾按人格的境界，將人分為智者、勇者和仁者三類，並且在多處提及這三類人的人格特質，例如《論語．憲問》篇中所言，「仁者必有勇，勇者不必有仁」，「仁者不憂、知者不惑、勇者不懼」，以及「仁者樂山、知者樂水」。

至於「無敵」二字，運用的範圍就更為廣泛了，它意指不可對抗、不可比擬。自從孟子說出「仁者無敵」後，已成為一種文人用來自勉或者對人格高尚之人的讚頌。不過要注意的是，「無敵」不是指實質上的戰無不勝、攻無不克，而是形容一種精神狀態，一種無人可擬、無人能及的壯闊胸懷。就像是曾獲諾貝爾和平獎而現已辭世的德蕾莎修女，人們便常以「仁者無敵」來稱頌她對全人類一視同仁的無私之愛。

簡而言之，仁者無敵，就是說，人只要心懷仁愛之心，他就能暢行天下而無敵。

范蠡（蠡 ㄌㄧˊ）是一位足智多謀的人物，並且他深諳散財與聚財之道，所以，人們在敬佩他的同時，又大加讚揚他的高尚品行。

自從范蠡急流勇退以後，從越國悄然出走，在民間隱姓埋名從事經商活動，在短短的幾年間，就賺得了大量錢財。當時，齊國很窮，人民生活困苦不堪，范蠡見此狀，心有不忍，他決定把多年來辛苦賺來的錢散發給貧民，為他們解決溫飽問題。當地百姓只要生活拮据、無錢買米或農耕用具的人，都可以向范蠡尋求幫助，只要是找到他的人都可以滿足而歸。對於貧民的要求，范蠡一向是有求必應，當然前提要在自己的能力範圍內。不久，范蠡的名聲在當地廣為流傳，人們紛紛稱他為大善人，無論是街頭還是巷尾，只要提到「范蠡」這個名字，人人紛紛豎起大拇指，異口同聲的說他是一位仗義疏財的「仁義之士」。

不久，范蠡的事蹟傳到了齊王的耳朵裡。齊王聽說在他的國度裡有這種高尚品德的大善人，便派人請范蠡到朝中擔任宰相一職，而且還特地派使者來聘請他。齊王有命，使者自然不敢怠慢，便捧著相印，帶了聘禮，一路打聽尋找范蠡家的所在地。當使者尋到范蠡家並出現在他面前時，范蠡非常詫異，不明白使者的來意，也不知自己所犯何事，一時間如丈二金剛摸不著頭腦。使者見范蠡的表情，立即說明了來意。

范蠡聽完嘆息道：「我在家經商，曾力致千金；至於做官，曾貴至卿相；我只是一個普通的商人，能取得今日顯赫的財富，我認為自己的運氣已經到了極點，我為百姓解決溫飽問題，沒有其他想法，只是想替百姓著想，不曾想過做官，更何況是身居宰相職位了。」於是，他婉言謝絕了使者，並把自己的產業全部分給了貧民，而自己卻帶著家人離開了齊國。

一路上范蠡遊山玩水，最後在陶邑住了下來，之所以選擇陶邑這一地點，是因為陶邑是一個商業中心，是南北交通的要道，是經商最理想的地點。於是范蠡又自稱為「陶朱公」，利用農耕之暇，開始了他的商務買賣。沒過幾年，他又獲得了一筆可觀的財富。樂善好施是范蠡的本性，他雖然喜歡聚財，但他同樣喜歡散財。他在齊國幫助貧困百姓，在這裡也不例外。他經常致力於慈善事業，只要自己有能力他一定會幫助別人。凡是有關於賑災、愛幼、養老、恤貧等慈善福利事業，他都積極主動的將自己的財產拿出來與大家一同分享。

所以，我們要像范蠡那樣，也要有仁愛之心。我們應該承擔社會公益職責，樂於付出，做仁善義舉。有人說：「付出是它自己的回報。」這是一條真實的自然法則。給予別人無私的關愛，是至關重要的。為那些永遠不能報答你的人做些事，你的每一天會過得更加完美。無意識的善意行為將快樂傳播。透過與別人一起分享你的財富，你才會讓這個世界更加美好。

【人生感悟】

不管我們的能力是大還是小，只要我們願意去做，都可以造福於社會。當我們為社會做出了奉獻，毫無疑問會有一個精神上或物質上的客觀價值，這實際上就是回報。只有以仁愛回報社會，社會才會為我們大行方便之門，我們才能夠暢行天下而無阻。

要知權衡、機巧、變通

嫂溺不援，是豺狼也。男女授受不親，禮也；嫂溺，援之以手者，權也。

孟子說：「嫂溺不援，是豺狼也。男女授受不親，禮也；嫂溺，援之以手者，權也。」

儒家有一種「經」與「權」的思想，叫做「反經行權」或「執中行權」。這裡，「經」或「中」指基本原則，也是是非判斷；「權」則是在原則和是非判斷基礎上所做出的權衡與選擇；「反經」或「執中」意即堅持原則，「行權」意即要懂得權變。「經權之辨」要告訴我們的是，在通常情況下應該堅持原則，但不排斥在特殊情況下、在條件允許的範圍內，做出適當的調整或變通。孟子「嫂溺則援之以手」之說，可謂儒家「經權之辨」的經典之一。

孟子之所以會有「嫂溺則援之以手」的說法，還得拜一位名叫淳于髡（髡）的人所賜。淳于髡與孟子同時，是齊國一位很有名的辯士，先後在齊威王、齊宣王朝做官。淳于髡身「長不滿七尺」，生性「滑稽多辯」，所以司馬遷寫《史記》時把他列入《滑稽列傳》。

當時，淳于髡與孟子一樣也在齊國的「稷下學宮」。善於察顏觀色、揣摩齊王心事的滑稽大師淳于髡，發覺齊宣王不愛聽孟子老說的那些「王道」、「仁政」、「保民」等政治理念，卻又改變不了孟子堅持自己政治原則的做法。淳于髡實際也早就對孟子的做法很不滿，認為他迂腐而不知變通。所以自恃有「三寸不爛之舌」，存心要給孟子出難題，讓他難堪。於是便就有了一場十分有趣的辯論。

淳于髡問：「男女間不親手遞接東西，是禮制嗎？」

孟子說：「是禮制。」

淳于髡又問：「要是嫂嫂掉入水中，是不是用手去援救她呢？」

孟子說：「嫂嫂掉入水中不去援救，這是豺狼。男女間不親手遞接東西，是禮制；嫂嫂掉入水中，用手去援救，是變通。」

淳于髡說：「現在天下人都掉入了水中，但先生卻不去援救，這是為什麼？」

孟子說：「天下人掉入水中，要用道去援救；嫂嫂掉入水中，要用手去援救。難道你想用手去援救天下人嗎？」

淳于髡果然「博聞強記」，更不愧是個有名的辯士。他熟悉儒家重視並尊行的關於「男女授受不親」的古禮，因此一上來就拋出一個兩難的話題，想扣住孟子。針對淳于髡的這個倫理難題，孟子答以守原則與行變通之間的常理。這對淳于髡說來是正中下懷，他想要的也就是這麼個答案。所以他話鋒一轉，馬上點出主題：現在天下正在急難之中，你孟大人怎麼老說一些「不著邊際」的理想，而不伸手去援助呢？

這一問厲害！以子之矛，攻子之盾，你既然這樣明理，就不應該死抱原則而不求變通。然孟子何許人也，豈能讓你淳于髡難倒？所以他的回答更妙！他先把倫理問題與政治問題的界限分清楚，指出對這兩者援救的方法和途徑是完全不同的，前者可以援之以「手」，後者只能援之以「道」。然後，順著淳于髡轉換話題的做法，孟子反唇相譏，反問他道「欲手援天下」？把難題扔回給了對方。因為「援天下」只能以「道」而不能以「手」，這同樣也是常識。至於「援天下」的「道」是什麼「道」？孟子這裡雖然沒有明說，但根據孟子的一貫主張卻是很清楚的，那就是「先王之道」、「王道」之「道」。這裡，讓我們又一次領略到了孟子的辯論技巧。

孟子論「經權之辨」的內容十分豐富，而且都非常精采，我們不妨再引一段以饗讀者：

有個任國人問孟子的學生屋盧子說：「禮儀和飲食哪個重要？」

屋盧子說：「禮儀重要。」

這人又問：「性欲和禮儀哪個重要？」

屋盧子說：「禮儀重要。」

這人便說：「按照禮儀去謀食，就得餓死；不按照禮儀去謀食，就能得到食物，那一定要按照禮儀嗎？行親迎之禮，就得不到妻子；不行親迎之禮，就能得到妻子，那一定要行親迎之禮嗎？」

屋盧子不能回答，第二天便跑到鄒國去，把這些問題告訴孟子。

孟子說：「回答這個又有何難？不度量根基是否一致，卻只比較它們頂端的高低，即使寸把厚的木塊擱在高處，也可以高過尖頂高樓。金子比羽毛重，難道說一丁點金子也比一車羽毛重？拿飲食的重要方面與禮儀的細微方面去比，豈止是飲食重要？拿性欲的重要方面與禮儀的細微方面去比，豈止是性欲重要？你去回答他說：『扭折兄長的胳膊而奪去他的食物，就能有吃的；不扭折，就得不到吃的，那你會去扭嗎？翻過東鄰的牆去摟抱他家的姑娘，就能有妻室；不去摟抱，就得不到妻室，那你會去摟抱嗎？』」

可以說，「經權之辨」不僅是儒家的一個重要思想，也是智慧的一種具體表現，它既有助於我們避免絕對主義，也有助於我們避免相對主義。

【人生感悟】

孟子給我們的最大啟示是：在日常生活中，我們為人處世要懂得靈活變通的道理。因為，社會複雜，人性各異，在交際之中，由於種種原因，我們有時不得不違心地做自己不願意做的事，說自己不願意說的話，在這種情況下，我們需要採取方中有圓的策略。以正直克己持身，貴在處世有靈活變通的權變思維，不知變通的人如同木頭人一般，無論走到哪裡，都被人排斥。

以德服人，才能讓人心悅誠服

以力服人者，非心服也，力不贍也，以德服人者，中心悅而誠服也，如七十子之服孔子也。

孟子說：「以力服人者，非心服也，力不贍也，以德服人者，中心悅而誠服也，如七十子之服孔子也。」用武力征服別人的，別人並不是真心服從他，只不過是力量不夠罷了，用道德使人歸服的，是心悅誠服，就像七十個弟子歸服孔子那樣。

儒家強調攻心為上，以柔克剛的治世策略。對於這一點，孟子極其重視。以德服人中的德就是德行、品質、德政。以德服人，並非是對以理服人的否定或取代，而是讓理更具說服力、有可信度。一個人，尤其是官居要位的當政者，倘若無德硬講理，其理必然黯然失色，人們不僅心裡不服，口也不服。只有「德」正，再曉之以「理」，人們疑團消了，疙瘩解了，顧慮沒了，別人才口服心服。

成都武侯祠有這樣一幅對聯「能攻心則反側爾肖，從古知兵非好戰」。所表達的也正是孟子的這種思想。說得簡單一點，孟子這段話的主旨是以德服人。談到使人心悅誠服，我們都會想起歷史上有名的諸葛亮七擒孟獲的故事。

三國時期，魏、蜀、吳三國鼎立。蜀國丞相諸葛亮受劉備託孤遺詔，立志北伐，以重興漢室。就在這時，蜀南方之南蠻又來犯蜀，諸葛亮當即點兵南征。到了南蠻之地，雙方首戰諸葛亮就大獲全勝，抓住了孟獲。孟獲不服地說：「我中了你們的埋伏才被捉住的。如果是正大光明地打，你們不是我的對手。」諸葛亮笑道：「好，那就放你回去，我們再打一仗。」

孟獲被抓住又被放走，許多將領有些不解。諸葛亮說：「我之所以放孟獲回去，是因為他是個人才，只有他才能安撫南中的百姓，如他歸附我們蜀漢，那麼南中也就歸順我們了，以後就不會再發生叛亂。」

孟獲回到自己軍隊，收拾殘兵敗將渡過瀘水，將所有船筏都渡靠南岸，命令大、小酋長率本部人馬修築土城，企圖藉瀘水天險和土城死守。諸葛亮從當地人那裡瞭解到瀘水下游一百五十里處的沙口水淺，可以紮筏渡過去，於是派大將馬岱率領三千人馬在土人的帶領下夜半渡水，奇襲孟獲，再次把孟獲活捉。孟獲仍舊不服，諸葛亮再次將孟獲釋放。

諸葛亮一連六次活捉孟獲，又一連六次釋放孟獲。孟獲屢戰屢敗，他所帶的兵卒都認為諸葛亮胸懷寬廣，無心再戰，願意歸附蜀漢，但孟獲還有點不服氣，便向馬戈國王請來三萬藤甲軍。藤甲軍身穿藤甲，刀槍不入，弩箭射在藤甲上也不能穿透，蜀兵接連吃了敗仗。但是，藤甲軍的藤甲有一個致命弱點，藤甲是用油反覆浸泡過的，怕火。諸葛亮發現了藤甲軍的致命弱點後，將藤甲軍引入一個狹窄的山谷中，截斷藤甲軍的退路，在山谷中放起火來，藤甲軍被燒得焦頭爛額，全軍覆沒，孟獲再一次被活捉。

奇怪的是，諸葛亮又一次讓人把孟獲放回去。這已經是第七次了。孟獲滿面慚愧地說：「七擒七縱，這是自古以來從沒有過的事情。我雖然不是讀書人，但也懂得做人的道理，怎能這樣？」「你真心願意臣服嗎？」孟獲回答：「我們世世代代要銘記丞相的再生之恩，怎敢不服。」諸葛亮於是傳令擺下酒宴，宴請孟獲及各路酋長，依然讓孟獲任南中地區各少數民族的頭領。

七擒孟獲的故事，說明以德服人才能真正讓人心悅誠服。諸葛亮以自己高尚的品德贏得了孟獲的忠心，收復了南中的黎民百姓，使南中成為蜀漢的強大後盾。

值得提出來討論的是：以德服人到底還要不要「力」？從歷史和現實的種種情況來看，似乎還是離不開力。以德服人需要強大的實力作為後盾。比如，在七擒孟獲中，諸葛亮如果沒有強大的軍隊實力和卓絕的智慧作為後盾，就不能抓住孟獲，抓不住他，又怎能感化他呢？

所以，在現代的管理工作中，我們需要把以德服人和以力服人兩者結合起來。只不過以力是手段而不是目的，「打，是為了談」。但是，以德服人，要遠遠勝於以力服人。

【人生感悟】

人的影響力和威嚴感，不是取決於外力的強大，而是依靠人內在的德性和智慧。以力服人，並不能讓人心悅誠服，只是一時實力不夠的屈從。以德服人，才能使人心悅誠服。我們只有透過修身而達到道德的示範效應，透過自身的魅力示範、人格感染力，以上行下效的導向影響身邊的人，從而實現服人的目的。這對於那些處於領導位置的人尤為重要。

只知奉養衣食住行不稱為真孝順

下順於父母，如窮人無所歸。

孟子說：「下順於父母，如窮人無所歸。」

儒家說「孝悌也者，其為仁之本」，說「事親為大」。那如何來事奉父母呢？不用說，首先當然是要負起贍養的義務，盡可能使父母衣食無憂。但這只能算是最最起碼的事。如果僅僅做到這樣，那遠遠不夠！

孔子早就說過：「今之孝者，是謂能養。至於犬馬，皆能有養；不敬，何以別乎！」意思是，現在人們講孝道，就說能夠養活父母就行了。你連狗啊、馬啊不都在餵養嗎？若你沒有恭敬順從父母的心，那與養條狗、養匹馬又有什麼兩樣？這話說得好！孟子繼續發揮這個話題，提出事奉父母絕不能僅僅滿足於「口體」之養，更關鍵的還在於要順從父母的意願——「養志」。

何為「養志」？簡而言之，就是讓父母心情愉悅。為了說明問題，孟子講了個很具體的故事：曾晳、曾子父子都是孔子的學生。曾子奉養他父親曾晳時，每餐飯一定會有酒和肉；曾晳吃完、將要撤除時，曾子一定要請示父親餘下的飯菜給誰；曾晳如問還有沒有剩餘，曾子一定會回答說有。曾晳死後，曾元奉養他父親曾子，每餐飯也一定會有酒和肉；曾子吃完、將要撤除時，曾元就不再請示餘下的飯菜給誰了；曾子如問還有沒有剩餘，曾元就回答說沒有了。曾元之所以如此，為的是將剩餘的飯菜再用於下次給曾子吃。

孟子說，曾元這就叫做奉養父母的口和體。只有像曾子那樣，才可以說是順從父母意願之養。事奉父母能做到像曾子一樣，那就算可以了。

孟子不僅把順從父母意願的「養志」作為衡量孝道的一個標準提出，甚至還推論出「養志」是取得朋友信任、得到上級信任進而能治理好百姓的基礎，而「養志」的具體方法就是反身而誠和明善。他還以不少篇幅來講述被儒家公認為「大孝」楷模舜的故事，以證明此點。

古代的舜帝出身很苦，他的父親狂妄自大，有些自私。他的生母不久便死去，父親便給他找了一個後母。後母生性殘暴，性格粗魯。他的弟弟嫉妒心很強，總是把舜視為假想敵，故意刁難。於是母子兩人就合夥陷害舜帝，但舜總是能躲過劫難，他並沒有報復後母和弟弟。除此之外，舜經常反省自己，他認為後母和弟弟之所以這樣對待自己，根本原因在自己的身上，是自己對待他們不夠好，否則，他們為什麼會陷害自己呢？所以，他就在田間放聲大哭。

舜的舉動讓堯帝很感動，堯帝就派人帶著牛羊和糧食去照顧舜。天下的人也聽說了舜的故事都紛紛來到他那裡。後來，堯帝將把整個天下都讓給舜。但因為不能使自己父母順心，舜還是覺得自己就像窮困的人沒有歸宿一樣。

但他堅持以誠心相待其父母、弟弟，最終感化了家人。大舜心中，只有父母，只求可得父母兄弟的歡心，始終不計較其不是處，也只有舜能做得到這個程度。可見只要盡了愛敬的誠意，糊塗妄為到瞽瞍的地步，也是能讓人轉變的。舜能人所不能，故被儒家視為「大孝」。當然，我們今天不必都做到如舜一般。但孟子提出的「養志」與「養口體」之別，卻值得我們好好思考和反省一下。現在大家的生活條件都不錯了，「養口體」一般說來不成問題，都能做到，也很普遍。但捫心自問，我是否想到過「養志」？我是否做到了「養志」？

還是那首流行歌曲唱得好：「常回家看看」。是的，真應該常回家看看父母，讓父母高高興興。對許多父母還健在的人來說，現在做還來得及，可千萬別落下個「子欲養而親不待」的終身遺憾！

【人生感悟】

如今，很多年輕人與父母分開生活，另立門戶，又都忙於自己的工作，顧及著三口之家，雖然有心盡孝，卻很少有時間照料父母。他們總想等條件好點再好好孝敬父母，但是，歲月不饒人，等到你認為條件好時，他們就可能已經走完了人生旅途。其實，孝敬父母不能只看物質條件，精神的贍養更為重要。閒時常回家看看，忙時不忘打個電話，父母的心裡就會覺得無比溫暖和欣慰，這比給父母金錢和美味佳餚更甜美得多。

只有知恥，才知上進

人不可以無恥，無恥之恥，無恥矣。

孟子說：「人不可以無恥，無恥之恥，無恥矣。」做人不可以不知羞恥，不知羞恥的那種羞恥，才真的是不知羞恥啊！

孟子強調「人不可以無恥」，儒家經典《中庸》也講「知恥近乎勇」，這都是我們民族流傳兩千多年的「古訓」、「箴言」。道理很平實也很簡單，因為人只有知恥，才會知道什麼該做，什麼不該做；只有知恥，才能知道自己的不足，從而成為改過的起點。

在中國歷史上，儒家是一貫強調人必須要有羞恥心、知榮辱的，認為這是人之所以為人的基本條件和基本素質，否則不是衣冠禽獸就是行屍走肉。在這方面，孟子就是很典型的一個代表。關於知恥和知榮辱，孟子不僅有上引精采的論述，他還講了一個傳神而生動的故事。

從前，有一個齊國人，家中娶了一妻一妾。他每次外出回來，都吃得酒足飯飽，然後東倒西歪、醉醺醺地跨進大門。每當妻子問他和哪些人在一塊吃喝時，齊國人搖頭晃腦地吹噓說：「和我一塊吃喝的都是一些有錢有勢、地位顯赫的人。」

有一天，齊人的妻子悄悄地對妾說：「我每次詢問他時，他都說是跟一些有錢有勢的人在一塊吃喝，但我從來沒有見過有什麼顯貴的人物到我們家裡來，這不能不讓人疑惑。我準備悄悄地看他究竟到了什麼地方。」

第二天清晨，齊人的妻子尾隨著丈夫出了大門，躲躲閃閃地跟在齊人後邊，以窺探丈夫的行蹤。她尾隨著丈夫走遍了全城，沒見一個人站住與丈夫說話。她走著走著，不知不覺出了城。只見丈夫鬼鬼祟祟地溜到城東郊外的墓地，走到掃墓人的面前，厚顏無恥地向掃墓的人乞討剩餘的祭品，接著用那又黑又髒的雙手抓起祭品狼吞虎嚥地大吃大喝起來。不一會兒，便把墳前的碗碟舔得乾乾淨淨，隨後，又東張西望地到別的墳前乞討去了。齊人的妻子看到眼前的情景才恍然大悟，這就是丈夫吃飽喝足的歪門邪道。

齊人的妻子心如刀絞，一路蹣跚地回到家裡，向妾講述了丈夫的醜行，並且說：「丈夫是我們一心仰望而終身依靠的人，想不到他竟是這般無恥。」於是，妻妾兩人在庭院中一邊失望地哭泣，一邊痛心疾首地咒罵。

亞聖孟子

這時，齊人還不知道自己的假面具已被揭穿，口中哼著小曲，得意洋洋、神氣活現地跨進大門，吆吆喝喝，滿嘴酒氣，向他的妻妾擺威風。孟子的這則「齊人有一妻一妾」的故事，深刻地揭露了齊人搖尾乞憐、狂驕妻妾的醜惡嘴臉，說明那些沒有羞恥之心的無恥之徒不擇手段地追求口腹之欲，是多麼的無恥之極。

「齊人有一妻一妾」是中國歷史上一則很有名也很有趣的寓言故事。當然，是屬於那種讀後讓人苦笑和深思的「黑色幽默」。丈夫本是妻妾要託付終身的人，但此人卻不知羞恥，天天扮兩面人，在外面裝孫子奴顏乞討，回到家裝大爺吹牛擺闊。孟子透過這則故事，鞭撻了當時那些求取富貴者卑鄙無恥的嘴臉，他們在光天化日之下衣冠楚楚、自我炫耀，暗中卻卑躬屈膝、無所不為。

實際上這樣的無恥之徒，什麼時代都有。

【人生感悟】

做人知恥才能有所上進。厚顏無恥的人是不會成大氣候的。一個人懷有一顆知恥之心，就像在自己心靈深處築起了一道「百毒難侵」的堤壩。

學會選擇，懂得放棄

魚，我所欲也；熊掌，亦我所欲也，二者不可得兼，捨魚而取熊掌也。生，亦我所欲也；義，亦我所欲也，二者不可得兼，捨生而取義也。

孟子說：「魚，我所欲也；熊掌，亦我所欲也，二者不可得兼，捨魚而取熊掌也。生，亦我所欲也；義，亦我所欲也，二者不可得兼，捨生而取義也。」這句話的意思是說，魚是我喜歡吃的，熊掌也是我喜歡吃的，如果不能兩樣都吃，我就捨棄魚而選擇熊掌；生命是我想擁有的，正義也是我想擁有的，如果兩樣不能同時擁有，我寧願捨棄生命而堅守正義。

「魚和熊掌」「生與義」，的確是我們在人生旅途中時常遇到的兩難境地。那究竟如何選擇，如何捨棄？「魚與熊掌」的確是我們的人生歷程中經常遇到的二難選擇。大而言之，想名又想利；想做官的權勢又想不做官的瀟灑自由。小而言之，想讀書又想玩樂；想工作又想休閒。如此等等，不一而足。之所以難，難在捨不得，難在那不可得兼的東西都是「我所欲也」，甚至，也是人人所欲的，不然的話，也就沒有什麼難的了。

在講理想人格時，孟子提出了「捨生取義」這一重要的價值選擇。眾所周知，人求生的欲望是極強的，厭惡死亡的心情也同樣強烈，俗諺有所謂「好死不如賴活著」之說。但儒家強調，當個體生存與道德原則發生衝突而又不能兩全時，應該是道德優先，即應該捨棄生命以維護理想中的原則。

孟子所提倡的理想人格，其思想的基礎就是人貴在「有義」這個價值觀念。它使得人類固有的理想意向，即在追求真善美的過程中，特別突出了人的道德精神和為理想而勇於犧牲的大無畏的精神境界。在孟子看來，人生的最高價值就在於實現自我的道德理想。他肯定了生命的可貴，但卻強調道德更可貴；生命誠然非常重要，但人有其比生命更重要的東西，那就是「義」，就是道德。所以，人應該追求道德理想的實現，當生命與道德發生衝突而又非此即彼時，人不應該苟且偷生。這是一種道德優先，或者說價值優先的原則。

孟子的「捨生取義」思想，上溯自孔子「志士仁人，無求生以害仁，有殺身以成仁」；下開於荀子「人之所欲生甚矣，人之所惡死甚矣，然而人有從生成死者，非不欲生而欲死，不可以生而可以死也」。因此是儒家一致認同的價值觀。

「捨生取義」的價值觀在培養中華民族的浩然正氣和愛國主義等高尚情操中，發揮了非常積極的作用，因此是中國傳統文化中的精華，在歷史上放射出經久奪目的光輝。中國歷史上無數志士仁人、忠臣英烈，他們為真理和正義而勇於獻身的壯舉，可以說都程度不同地受到了孟子的感染，都是在回應孟子「捨生取義」的召喚。如民族英雄文天祥在其臨刑前自書「衣帶贊」：「孔曰成仁，孟曰取義，唯其義盡，所以仁至。讀聖賢書，所學何事？而今而後，庶幾無愧。」這就是對「捨生取義」理想人格的一次具體實踐。

最後需要指出的是，我們充分肯定孟子「捨生取義」的價值觀，但也不要忘記孟子還有「經權之辨」的思想。任何事都不可絕對化，更不可僵化。過猶不及，真理再往前多邁半步可能就變成謬誤。所以，對「捨生取義」命題我們還需記住兩點：首先，「義」是可以有層次之分的，其代表的原則體系中也有高下、主次之別。一般說來，並不絕對要求人在生命欲望與每一個道德原則相衝突時都選擇後者，更不能把重要的「生」與次要的「義」作對比而強迫選擇後者。其次，事情並不總是非此即彼的，凡事當然以能兩全為最好。能吃到熊掌，也同時能吃到魚，何樂不為？能保持生，又不失義，何必硬要找死？

齊國遭到飢荒，黔敖準備了食物在路邊賑濟飢民。一個人飢餓不堪地走過來了，黔敖連忙左手端飯，右手端湯朝那人喊道：「嗟！來食！」那人瞪著眼睛對黔敖說：「我正因為不吃嗟來之食才餓成這個樣子！」儘管黔敖再三向他道歉，那人仍然堅決不吃，直到餓死。

這人真是太固執了！因為「嗟來之食，吃下去肚子會痛的。」

這算不算是「捨生取義」呢？當然不是，顯然做過了頭。

在物質基礎及其繁榮的現代社會，我們必須時刻警惕各種誘惑，防範陷阱。在取捨兩難的時候，要學會放棄，有所為有所不為，有所取有所不取。喜歡的東西不是都能得到的。綜觀人的一生，可供選擇的機會和東西並不多，而要放棄的東西卻很多。

有人說：「兩害相衡取其輕，兩利相權取其重。」學會選擇，就是學會權衡利弊，著眼全局，注重發展；學會放棄，就是學會審視自己，揚長避短，量力而行。但說起來很容易，實際做起來卻很難，只有真正洞察世相，徹悟人生，善於克制個人欲望，敢於超越自我，又能掌握取捨藝術的人，才有望既會選擇，又能放棄，才能有一個相對自由、相對超脫的人生。

在我們現實生活中，也需要有一種放棄的智慧。當你與人發生衝突時，只要不是什麼涉及大是大非的原則性問題，你完全可以放棄爭強好勝的心理，甚至甘拜下風，就可能化干戈為玉帛，避免兩敗俱傷；當你在家庭生活中發生摩擦時，放棄爭執，保持緘然，就可以喚起對方的惻隱之心，使家庭保持和睦溫馨。「魚與熊掌不可兼得。」生活也是如此。我們常常對傷心的往事念念不忘，滿心的不捨，說要讓這回憶永遠保存。其實不如放棄它，找回自己的快樂。要知道，當我們對一個即將消逝的機會惋惜、依依不捨時，另一個機會也即將逝去。

【人生感悟】

當魚和熊掌不能兼得的時候，繼續為了「兼得」而不做捨棄，這是愚蠢的行為。精明者敢於放棄，聰明者樂於放棄，高明者善於放棄。人，其實天生就懂得放棄，但放棄非盲目的，而是選擇放棄，重在選擇，次在放棄，不輕言棄。而是放棄失落帶來的痛楚，放棄屈辱留下的仇恨，放棄心中所有難言的負荷，放棄耗費精力的爭吵，放棄沒完沒了的解釋，放棄對權力的角逐，放棄對金錢的貪欲，放棄對虛名的爭奪——放棄的是煩惱，擺脫的是糾纏，收穫的是快樂，擁有的是充實。

堅持到底就是勝利

雖有天下易生之物，一日暴之，十日寒之，未有能生者。

我們都知道成語一暴十寒，其實這個成語出自《孟子》中的「雖有天下易生之物，一日暴之，十日寒之，未有能生者。」這句話的意思是說，即使有天下最容易生長的植物，曬它一天，又涼它十天，沒有能夠長大的。一暴十寒，或者如俗語所說「三天打魚，兩天曬網」，努力少，荒廢多，很難奏效。因此，貴在堅持，貴在有恆心。

世間萬事莫不如此。即以生活小事而論，無論是練習寫毛筆字，寫日記還是練習晨跑；堅持冬泳，真正能夠持之以恆的有多少人呢？

至於孟子所舉到的圍棋，在他的那個時代也許的確只是雕蟲小技，但在我們今天，可已是了不得的盛事了。所謂「曠代棋王」，所謂「棋聖」，其桂冠已大有與聖人比肩之勢。當然，這是題外話了。

題內的話就很簡單了。學習要專心致志，不能三心二意。這在今天，小學生都能明白的道理。古今通則，放諸四海而皆準。

不過，孟子這段話說得非常生動傳神。

東漢時期，貧寒之士樂羊子。有一次在路上撿到一塊金子，他大喜過望，急匆匆返回家裡，將金子交與妻子手中。

樂羊子的妻子雖也出身貧苦之家，卻是很有修養見識，她面對喜不自禁的丈夫，反是憂從心來，一臉的失望。樂羊子不料如此，他說：「有這樣的好事，別人打著燈籠也找不著啊，妳為什麼還不高興呢？」

他的妻子說：「從前有泉名叫盜泉，因其名字不好，有志氣的人都不喝它的水。春秋的伯夷、叔齊寧肯餓死，也不接受他人帶有侮辱性施捨的東西，他們都是高潔之士啊。你撿來的金子原非你所有，又不是靠自己的本事賺來的，有什麼值得高興的呢？這樣做只會玷污你的品行，我為你感到可恥。」

樂羊子細細思量後，慚愧地說：「我身為男兒，竟不如妳的見識，不以貪佔為恥，反以為喜，若不是妳提醒，真是誤了大事了。」

樂羊子於是離家到很遠的地方求學去了。

樂羊子發憤苦讀，但仍免不了想家思妻。他強自忍耐，苦撐了一年，迫不及待地回家探視。久別重逢，樂羊子的妻子一臉驚愕，她打量丈夫幾眼，高聲道：「你急急回來，可是學業有成了？」

樂羊子笑著說：「還沒有，只因想家太切，所以回來。」

妻子臉上憂鬱，十分生氣，她拿起一把刀走到織布機前，指點機上還沒有織好的布厲聲說：

「綢子織就，需費時費力，不能間斷。它從養蠶抽絲開始，一絲一絲累積，先有一寸，後累積成丈，再累積方能成匹。時下此綢未成，若一刀割斷便全然廢棄，豈不可惜？你在外求學，也是同理，需不斷累積知識，將來才能成就你的美德。你現在戀家而返，中止學業，這和割斷綢子有何分別？」

語重情深，樂羊子聽罷心顫。他馬上別過妻子，又回去求學了，整整七年沒有回家。

樂羊子的妻子辛苦持家，無論怎樣困難她都不發怨氣，老實本分。有人勸她讓樂羊子回來，對她說：「一個婦人在家勞作，實在太勞苦了，樂羊子在外清閒，妳就甘心這樣嗎？」她總是回答說：「他求學上進，哪裡有片刻清閒？只要他他日有成，我怎會拖累他呢？」

俗話說：「世上無難事，只怕有心人。」世上很難辦到的事情，只要人們用心去做，總是有可能成功的。也就是堅持就是勝利。

在日常生活中，我們不論做什麼事，如不堅持到底，半途而廢，那麼再簡單的事也只能功虧一簣；反之，只要抱著鍥而不捨、持之以恆的精神，再難辦的事情也會迎刃而解。當然，並不是所有的堅持都會取得勝利。比如，我們做一件事，雖然你盡了最大努力，沒有一絲鬆懈，但迎接你的卻仍是失敗。這時，請你不要懊悔。因為你儘管是失敗者，只要你努力去做好你應做的事，只要你盡了自己的力量，那麼即使失敗，你也是強者。

在一部日本電視劇中有這樣一個片段：一位聾啞人在參加傷殘人運動會時，因為攙扶一位摔倒的老者，而落在了最後，但是他依舊頑強地跑完了全程。這時，場上的觀眾響起了熱烈的掌聲，那掌聲是對他頑強精神的鼓勵，更是對勝利者的歡呼！雖然他聽不到，但臉上卻分明顯示出勝利者的喜悅。因為他畢竟憑著自己不懈的努力取得了成功。一個人盡最大努力獲得他能力範圍之內最大限度的成功，他就是成功的人。前蘇聯著名作家奧斯特洛夫斯基在半身癱瘓、雙目失明的情況下，寫出了不朽的著作《鋼鐵是怎樣煉成的》。美國女作家海倫凱勒從小雙目失明，耳朵又聾。但是她憑著堅強的意志，成了著名的文學家。萬事貴在堅持。一個人具備了堅強的意志、耐心和恆心，他就取得了成功的一半，那麼另一半成功在頑強努力下也就不難獲得了。

「水滴石穿，繩鋸木斷，」小小的水滴經過長年累月尚可將石頭滴穿，那麼我們還有什麼事情做不到呢？所以說，堅持就是勝利，堅持一定能勝利！

【人生感悟】

在生活中我們要做一個強者，首先我們要做一個精神上的強者，做一個堅韌不拔、威武不屈的人。世間根本不存在人無法克服的艱難和困苦，在你面臨絕境行將倒下時，在你氣喘吁吁甚至精疲力竭時，你只要再堅持一下，用力拚搏一下，困難就會被你征服，你也會因此而堅強了許多。

居安思危

生於憂患，死於安樂。

孟子說：「生於憂患，死於安樂。」孟子又說：「天將降大任於斯人也，必先苦其心志……」。孟子的言論被後人廣泛地當作座右銘，鼓勵自己奮發圖強。孟子的這種思想是建立在一種英雄觀念和生命悲劇意識基礎之上的一種崇高的獻身精神。無疑，孟子的觀點是對生命痛苦的認同以及對艱苦奮鬥而獲致勝利的精神的肯定。

說到生於憂患死於安樂，司馬遷說得好：「周文王被拘羑（羑ㄧㄡˇ）里而演《周易》，孔子困陳蔡之困而編《春秋》，屈原遭流放而賦《離騷》，左丘明失明而寫《國語》，孫臏腳殘而著《兵法》，呂不韋遷蜀地而出《呂覽》，韓非子被秦囚而有《說難》、《孤憤》，《詩經》三百篇，大多都是發憤所作。」

這些人之所以能夠成就非凡成就，正是因為他們身處逆境的憂患之中，奮發而起，置之死地而後生的抗爭精神。

春秋時期，晉厲公沉迷酒色，輕信讒言，統治非常黑暗，大失民心，國家實力逐步消弱。而楚國卻發展迅速，並逐漸超過了晉國。晉國中存在的危機終於爆發了。在西元前五七三年，晉國大臣發動政變，晉厲公慘死刀下，逃亡在外的公子姬周繼位，史稱晉悼公。而與晉厲公不同的是，晉悼公年輕有為，舉賢任能，革新朝政，節用民力，晉國又開始逐漸興盛起來。

晉悼公執政時期，北方的戎狄經常出兵侵擾晉國邊境地區。在西元前五六九年，無終部落的首領嘉父派使者孟樂，帶著貴重的禮品來找晉大夫魏絳，託他引見悼公，請求晉國與諸戎結盟講和。魏絳表示同意。魏絳面見晉悼公說明這件事之後，悼公不同意。悼公對魏絳說：「戎狄貪而無親，只能靠武力解決。」

魏絳勸諫說：「現在中原地區的兄弟國家經常受楚國欺凌，往往被迫屈服，他們盼望著晉國去援助。如果我們對戎狄用兵，萬一中原有事，怎麼還有力量去對付呢？」晉悼公覺得有道理，就採納了魏絳的意見，並且派他主管「和戎」事務。魏絳親自帶著使命到北方戎狄各部去，與諸戎締結了互不侵犯的盟約。從此，晉國基本上解除了後顧之憂，力量更加強大了。

這時的鄭國，雖然是和晉同姓的兄弟之邦，但由於楚國一再出兵攻打，無力抵禦，只好背晉投楚。晉悼公非常惱火，決定會合宋、衛、齊、曹等十二國軍隊對鄭用兵，以示懲戒。西元前五六二年九月，諸侯聯軍直逼鄭都新鄭東門。鄭簡公感到十分恐慌，馬上派王子伯駢去諸侯營中請罪求和。晉悼公同意講和。為了表示謝罪，鄭簡公向晉悼公送去了許多禮物。

晉悼公大悅，由於魏絳的功勞，他把一半禮物送給了魏絳。魏絳當時說：「這完全是大王的功勞，我沒有什麼可以稱道的，我只是盡了自己本分。古人云：『居安思危』。能思危就會有備，有備可以無患。如果大王能夠牢牢記住，就可以永遠享受今天這樣的好事了！」

晉悼公聽完魏絳的話之後，知道他時時刻刻都牽掛國家與百姓的安危，從此對他更加敬重。之後，晉悼公在魏絳的幫助下，順利的完成了晉國的霸業。

所以說，在追求成功的同時，同樣需要考慮到失敗的一面和損失的一面，兩者兼顧，方能周全。居安思危，是每個人都應該具備的心態。意即人們處在安全的環境裡要想到危險困難有可能出現，做好應對危險困難的準備，有長遠的打算。居安思危與杞人憂天不同，後者比喻不必要的或無根據的憂愁、擔心。我們提倡的是要居安思危，而不是杞人憂天。

對於為人處世，我們要學會居安思危。在生活中難免會遇到這樣或那樣的困難與挫折，甚至有時禍從天降。面對這一切，對於沒有準備的人來說，只能抱頭痛哭，怨天尤人；而對有準備的人來說，卻可能會因禍得福，柳暗花明，走出一片新天地來。

如果說機遇只偏愛那些有準備的人，那麼禍神就只光臨那些沒有準備的人。會居安思危的人在困難降臨時，甩甩頭，聳聳肩，讓困難離他而去，沒有半點恐慌，預做安排，從容面對一切事物。這樣，我們就會無憂無慮，怡然自得，歡樂地度過一生。

【人生感悟】

對人的一生來說，逆境和憂患不完全是壞事。生命就是一個體驗的過程。所以，有人說：「苦難是最好的學校。」居安思危的意識是我們每個現代人應該具備的，只有這樣，我們才能在競爭激烈的現代社會愈來愈出色。

清心寡欲

養心莫善於寡欲。

孟子說：「養心莫善於寡欲。」孟子認為，人的身體和本性都需要得到培養和呵護。人的身體需要護養這容易理解，人的本性如何護養？孟子提出了「養心」。

人之所以要「養心」，主要有兩個原因：第一，雖然人人都有「良心」、「本心」，但在原始階段它們需要培養，如同讓星星之火變成燎原之勢，讓涓涓細流匯成江河湖海。第二，人失去的「心」收回來後，更需呵護、培養和擴充，否則不知哪一天它又可能消失了。

儘管人的身體和本性都需要護養，但兩者之間是有主次、大小之分的，不能顛倒了它們之間的關係。孟子提出，相對人的「心」說，身體其他部分如肌膚、耳目之類是次要的，所以前者是「大體」，後者是「小體」。

他舉例說明：人的耳目等感官如離開人的思想就等於是沒用的。孟子強調，一個人透過思想、思考、反省，就能得到本就存在於他身上的「四端」之心——「良心」或「本心」；反之，不思想、思考、反省就得不到。

孟子又告誡我們：「養其小者為小人，養其大者為大人」。究竟想做「大人」還是「小人」？

由你自己看著辦吧！人當然都願意做「大人」，即使真「小人」也不願意自認「小人」。那什麼叫「大人」呢？傳統有兩解，一是有德之人；一是國君，引申為長官、領導者。孟子這裡的意思應該是指前者。

孟子認為：「大人者，不失其赤子之心。」赤子，就是指嬰兒，剛生下的小孩，皮膚是粉紅色的，所以叫赤子。「赤子之心」，也就是古人常說的「童心」。童心最純樸、最真誠，「大人」能始終保持一顆純樸而真誠的心。但嬰兒也會長大，童年而少年而青年而壯年而老年。一般人隨著年齡的增長，心也跟著變壞了，天生的好東西愈來愈少，後天的壞東西愈來愈多。或許只能在記憶中或在夢中，偶爾才會有童心的一閃而過，就如清人龔自珍詩中吟得：「童心來復夢中身」。當然，這個大人的「赤子之心」只是比方，並非真的讓大人們都回到母親懷裡去吃奶。

至於「養心」的工夫如何做？孟子也為我們提供了一個方法——「寡欲」。減少了「味」、「色」、「聲」、「香」、「安逸」這類欲望，就減少了影響人喪失其「本心」的外在因素，這對修身養性自然是大有裨益的。

在古代，有很多名士也很重視「寡欲」的修身之道。

郁離子是古代著名的隱士。有一次隨陽公子去訪問隱居在山林中的郁離子。山林中風景秀麗，綠樹成蔭，果園成林，山不高，水不深，土地肥沃，鳥語花香，身在山中令人神清氣爽，心曠神怡，彷彿到了世外桃源。

郁離子聽說有貴賓遠道而來，特意端上自己種植的新鮮水果，倒上一杯清茶，盛情款待。雙方坐定之後，隨陽公子站起來對郁離子說：「我早已久聞先生的大名了，十分敬仰先生，只可惜事務纏身，一直沒有找到合適的時間，拖到今天才有機會與您相見，因此向您表示歉意並致以崇高的敬意。先生在此獨居多年，讓您受苦了！」

「我在此與山林為伍，與鳥獸為伴，一日三餐，有米有菜，苦從何來啊！」隨陽公子接著說：「我想有道之士是不會遺棄一個草莽之人所說的話的，我想向您談一談我的看法。」

郁離子微微一笑，虛心地說：「願意洗耳恭聽。」

隨陽公子就說：

「我有寬闊宏大的房屋和深宅大院，宅院四周都用圍牆環繞起來，非常安靜舒適。院中有天庭，地面平坦寬闊，天庭的兩邊高樓環立，屋子裡面四季如春，溫暖濕潤。屋簷下有五彩的飛廊。屋脊層層相繼如天上的彩雲。房屋由彩虹般的香木支撐著用來保持平衡，香木上雕刻著飛鳥走獸的美石承擔著柜柱。浮柱交錯如星羅棋佈，碧瓦琉璃像蕩漾著的水波。光彩奪目的奇花異草即使在冬天裡也會開花結果，秀美的高林在夏天涼爽宜人，浮光流影進入就變成彩霞，細樂微聲響動便生出清風，搖動如街巷大開，飄忽似管弦齊鳴。於是美麗的舞女，拖著雲煙般的翠綃羅裙，鳴響著像泉水琅琅的佩玉，翩翩起舞。

「華宴擺開，呈上金樽，澄清芳醴，殺牛宰羊烹鹿，加蚌湯魚汁佐餐。把跳躍急流的鮮魴魚切成細片，把高飛雲端的天鵝用火炙烤，熬月窟中的兔肺做湯，煮霧谷的豹胎而食。果品有碧華的蓮子，紫英的雪梨。霜柑充滿蜜汁，紅荔猶如凝脂。吃飽喝足之後，獻上清新鮮美的水果，踏著笙簫樂曲的節奏起舞，良宵苦短，直到雄雞報曉，才奏起挽留嘉賓的雅樂。這一切是多麼美好！先生才華橫溢，卻在此獨居，清茶淡飯，豈是長久之計？今日我來此，能夠見到先生，也是三生有幸，願意和先生一起共享榮華富貴。」

郁離子聽後，拍拍衣袖，說：「生活奢侈浪費，貪戀香酒美女，如果是一個國君的話，只要沾有一樣就可以讓他亡國；如果是一個家庭的話，只要沾有一樣就可以讓他妻離子散；如果是一個人的話，只要沾有一樣就可以讓他身敗名裂。我可不願意過這樣的生活啊！」

「寡欲」當然是不錯的。但話說回來，它也容易引出誤解，尤其是容易被統治者利用來壓制老百姓正常的物質欲望。宋明理學佔統治地位的明清時代就是如此，「寡欲」、「滅人欲」成了統治者的口頭禪，連皇帝的居所也美其名曰「養心」殿，但他們可從來也沒有「寡欲」過。所以，「寡欲」並不等於滅欲，這必須分清了，否則一定會生出流弊。

【人生感悟】

在現實生活中，與人交往不要計較從對方那裡得到什麼，如果有，也要做到適可而止、見好就收，如果貪求過多的話，就會變得厚顏無恥，就會使人心生惡意，也就不可能會有什麼好下場的。人生有節制，生活就有幸福，人生若放縱，生活就有災難。節制是對自己的負責，放縱是對自己的背棄。

第三章　老子講道

沉浸在貪婪中容易腐敗

五色令人目盲；五音令人耳聾；五味令人口爽；馳騁畋獵，令人心發狂；難得之貨，令人行妨。

老子說：「五色令人目盲；五音令人耳聾；五味令人口爽；馳騁畋獵，令人心發狂；難得之貨，令人行妨。」他的意思是說：紅黃藍白黑，五色紛雜，眼花撩亂，令人目盲；宮商角徵羽，五音雜遝，令人耳聾；酸甜苦辣鹹，五味蒸騰，令人口爽；跑馬田獵，心意紛馳，迷失本性，令人心神發狂；珍貴寶物，難得財貨，引發殺機，令人行動受到傷害。

為了更清楚的理解老子的觀點，讓我們先看看南朝宋明帝劉彧（彧）是怎麼走上絕路的。

劉彧在位時，好大喜功，極為奢侈。他把自己做湘東王時的王府建成湘宮寺，花費錢財無數，修得極為富麗壯觀。劉彧建湘宮寺的時候，虞願便極力反對，上諫說：「陛下身為天下之主，一舉一動都為百姓矚目，你的一舉一動都關係到天下安危。如今強敵在側，天下並不太平，百姓也不富裕，倘若建寺花費巨大，陛下恩德就不易被人體察了。何況敬奉神佛，全憑真心有意，並不在多用錢財，陛下還是不建為好。」

劉彧說：「朕貴為天子，富有四海，難道修築一所寺廟也不可以嗎？敬佛崇神，這本來就是行善之事，有些花費總是值得的，你為什麼出言諫阻呢？你太不識大體了，以後再也不要提這件事了。」虞願不能勸諫，十分苦悶。朝臣有人見虞願鬱鬱寡歡，開導他說：「人生一世，不過及時行樂罷了，凡人都追名逐利，何況天子呢？你不要太不知趣，當心皇上整治你呀。」

虞願冷聲說：「仁政不修，這是天子的大忌。逐利傷民，這是天子的虧失。身為臣子，不諫不諍，這是臣子的不忠啊。眼見皇上不納忠言，我心急如焚，卻毫無辦法，這又是我的不智了。」

湘宮寺建成之後，群臣齊上表章，稱頌不絕，好詞用盡。虞願卻沒有上書，保持沉默，他的家人勸他識些時務，免得招禍，他卻說：「虛名實利，我不屑求之。若讓我違心做事，這更使我不能忍受。我只要勤勤懇懇為國家做事，又何必媚俗取榮呢？」

新安太守巢尚之離職回京，劉彧召見他時，得意地對他說：「你去過湘宮寺沒有？朕費心費力，建造它，當算朕最大的功德了。」巢尚之連忙恭維說：「陛下仁愛惠及天下，如今敬佛立寺，更是感動上天，佑我主江山永固。」

劉彧聽之大悅，笑聲不斷。虞願在旁，終忍不住說：「陛下建寺的錢財，實際上是百姓賣兒賣女的血汗錢啊！佛如有靈，當會痛哭，陛下為己私利置天下於不顧，又有什麼功德呢？」

眾人聽他口出此言，無不大驚失色。劉彧怒不可遏，把他趕出殿外。他本想殺了虞願洩憤，在眾人的求情下，又念他是自己為湘東王時的舊臣，劉彧才打消殺他的念頭，不過對他愈加疏遠了。

劉彧肥胖過人，又好吃無度。他特別喜好吃魚腸醬，把魚腸醬裝入銀盆，用蜜浸漬，一次能吃好幾盆。因為貪吃，他胸腹阻塞脹痛，常常喘不過氣來。虞願為此上諫說：「美味是吃不完的，如果為了享盡天下美味而損害身體，危及生命，那麼美味就和毒藥無異了。陛下不愛惜自己的身體，難道還不顧及天下嗎？陛下的生命尊貴無比，又怎會放縱自己？」

劉彧不聽，終因貪吃使自己身體日虛，病危時還能吃三升魚腸醬，後不治而死。

虞願後來出任晉平太守，他不謀私利，不置家財，每日都是快樂無比。琅琊（**琅琊**（ㄌㄤˊ ㄧㄝˊ））王劉秀之對他十分敬佩，嘆服地對別人說：「虞願深通大道，目光致遠，安享此生，我們這些俗人日日計較，無片刻安閒，怎能和他相比呢？」

《淮南子》中就說：「是故五色亂目，使目不明。」

我們日常生活中有體會，比如看花花綠綠的東西多了、久了，有時就辨別不出來了；聲色場所裡邊旋轉的各色燈光也常使人的眼睛分辨不清。老子的意思是，反對放縱人的欲望，反對沉溺在「五色」的美色中，因為這樣就會有目而不再去辨察，或是有目而不能明察了。

老子所說的五味就是酸、苦、辣、鹹、甜這五種味道。後來古代就把「五味」泛指各種味道和各種味道調和而成的美食了。什麼叫「口爽」？爽，是差錯的意思，就是「毫釐不爽」中那個「爽」字的意思。這是說，口感、口味出了問題了！

猛吃、狂吃的時候都以為是佔了大便宜，其實是吃了大虧。問題是許多人仍沒有意識到。五味傷人胃口。老子說錯了嗎？沒有。是因為你欲壑難填，才導致你生病。病分生理的病和心理的病、身體上的病和精神上的病。久病即死。不是身死就是心死。身死的人，孤魂何處寄居？心死的人，活著也同殭屍。

但老子還有更深一層的意思。想活著，想活得好一點，節制一下欲望就可以了。好看的東西別多看，好吃的東西別多吃，好玩的東西別多玩。肚子吃飽了就不想再吃了，眼睛可是沒看夠的時候。但是要想得道，就不只是節制欲望的問題了。五色、五音、五味，都是因為人的五官感知才引起的。瞎子以為太陽像個銅盆，聾子以為音樂跟柳條無異，失去味覺的人吃什麼東西都是一個滋味。不是五音撩撥你的耳朵，是你的耳朵追求華美。

外面一旗旌幡隨風飄動。一僧問，是風在動？是幡在動？有的僧答風動，有的僧答幡動。惠能法師說，不是風動，也不是幡動，那是你的心在動。佛把眼、耳、鼻、舌、身、意喚作六根，由六根產生的色、聲、香、味、觸、法，叫做六塵。這六塵也叫六賊。六賊不去，心宅難安。六塵不去，六根難淨。修道也是如此，關鍵還在於修心。這樣就能來去自由！

【人生感悟】

古人說：「人生只為欲字所累，便知馬如牛，聽人羈絡，為鷹為犬，任物鞭笞。」人生的目的不是面面俱到，不是多多益善，而是把握住已有的東西得心應手地去運用，它跟寶劍一樣，劍刃愈薄才會愈鋒利。我們不能縱情於聲色，糜爛生活令人目盲、令人耳聾、令人心發狂，物欲橫流只會沖毀心靈的堤坎和幸福的人生。

不必事事苛求完美

大成若缺。

老子說：「大成若缺。」這句話的意思是，最完美的東西仍像有缺陷，仍顯得不完美，可見世間沒有終極的完美。

在老子看來，完美只是一種假設，存在於想像中。所以，生活中，我們如果極力追求完美就會被完美所累，就不會快樂。

正確的方法是不追求完美。不完美代表一種缺憾，一種距離，有了這種缺憾和距離我們才會不斷追求，不斷完善，從中獲得快樂，如果失去了這種追求的快感和距離的美感，人生該是多麼的枯燥、單調！所以從這個角度來說，不完美也是一種美。

席勒向我們講述了這樣一個道理：

一個圓的一部分圓弧被切去了，它希望自己是一個完美的圓，因此就四處尋找它遺失的那一部分，但因為它不是一個完整的圓，所以只能慢慢滾動，由此它得以沿途欣賞花草的芬芳、陽光的明媚，並與蚯蚓娓娓而談。途中它也發現了許多圓遺失的部分，但沒有一片能與自己相匹配，因此它不得不繼續尋找。

有一天，圓找到了自己遺失的那部分，與自己相配得天衣無縫。它高興極了，因為它又是個完美的圓。它又開始飛快的滾動，快得連花都看不清楚，更不用說與蚯蚓談話了。它發現在快速滾動中世界整個變了樣，許多美好的東西都失去了，於是它又停了下來，將千辛萬苦找回的那一部分丟在路旁，然後慢慢地滾動著行走。

這其實說明了一個道理：有缺憾時拚命追求完美，而一旦擁有了完美的一切，反而沒有夢想，沒有渴望，沒有奮鬥的熱情與快樂。

不能容忍美麗的事物有所缺憾，是許多人的一種普遍心態。對許多年輕人來說，追求盡善盡美是理所當然的。他們從未想過，正是這種似乎無關緊要的態度，給他們的生活帶來了巨大的壓力。

生活有太多的不盡人意。太多的遺憾，比如有情人不能終成眷屬，比如高考不能金榜題名，比如事業不能大展宏圖，比如子欲孝而親不在……刻意去追求完美只能使自己疲憊不堪。

在生活中，我們不必因為一次失誤少幾分而耿耿於懷，不必因為錯過美好的東西而遺憾不已，不必因為好朋友的小誤會而斤斤計較；不必因為一頓不可口的飯菜而埋怨；不必因為錯過一次升遷機會而怨天尤人；不必因為一次挫折而放棄你的全部計畫。

關鍵是我們要明白，並不是每一粒種子都能找到它生長的土壤，並不是所有的付出最終都有回報，並不是所有的好心都得到好報。總之，生命並不是一種計算，不是數學的總和，而是一種奇蹟。

【人生感悟】

其實，在生活中，我們不必刻意去追求完美，要接受缺憾，我們才能面對現實的生活，也才能更現實地面對自己的一生。其實，我們不必強求完美，只要我們少一些抱怨和哀嘆，多幾分坦然和灑脫，才能以豁達的心態走完你的人生之路。

凡事該怎麼辦就怎麼辦

天地不仁，以萬物為芻狗；聖人不仁，以百姓為芻狗。天地之間，其猶橐籥乎！虛而不屈，動而愈出，多言數窮，不如守中。

老子說：「天地不仁，以萬物為芻狗；聖人不仁，以百姓為芻狗。天地之間，其猶橐（橐ㄊㄨㄛˊ）籥乎！虛而不屈，動而愈出，多言數窮，不如守中。」

老子認為，天地不是來實行仁慈的，天地的行為，說不上仁慈還是不仁慈，它不是按照人間的理來行事的。萬物在它眼裡，無非都是些稻草狗樣的東西，用不著特別顧惜。道是做什麼的呢？得道者生，失道者死，萬物按照它們各自的規律完成自己的邏輯。風雨來時，芭蕉葉會破裂，但小草萌發。不能說風雨格外照顧了小草，而摧殘了芭蕉。風雨有風雨的規律，小草有小草的來由，芭蕉有芭蕉的必然。高山為谷，峽谷為陵，滄海變成桑田，桑田還會變，或者還變成大海，或者變成高山，其間的必然性人看不出來。

其實，「天地不仁」的色彩在秦襄王這個人物身上體現得最為明顯。戰國時的秦襄王，在公平治世方面走得更遠，他不偏愛百姓，百姓偏愛他，他也很反感。

有一次，秦國大臣公孫衍外出辦事，在一座廟前看見百姓正在殺牛。他們感到十分奇怪，心想：現在不是祭祖的時節，百姓們為什麼要殺牛呢？於是，兩人上前詢問原因，百姓回答說：「殺牛祭祀老天爺，是為了還願。」

「還什麼願？」

「前些天，聽說襄王病了，我們就買了這頭牛，來廟裡向老天爺許願：等襄王病好了，就殺了這頭牛祭天。現在大王的病幸而已經痊癒，我們就來向老天爺還願了。」

兩位郎中聽了，心裡很高興，回宮後，興沖沖地走向襄王道賀：「大王的功德已經超過堯、舜了！」

秦襄王聽了，吃驚地問：「這是怎麼回事？」

兩位郎中回答說：「堯、舜雖是聖人，他們的百姓還不至於為他們祈禱。現在，大王病了，百姓自動買牛為您祈禱；您的病好了，百姓就殺牛還願。所以，我們私下認為，大王的功德已經超過堯、舜了。」

秦襄王忙派人調查，發現果有此事，就罰當地的里正和伍老各出兩副鎖甲。閻遏、公孫衍驚訝地問襄王：「沒有獎勵也就算了，大王為什麼反倒懲罰他們呢？」

襄王解釋說：「老百姓之所以為我所用，不是因為我愛他們，而是因為我有權勢，他們才為我所用。現在，老百姓沒有接到命令，就擅自為我祈禱，這是他們熱愛我的表現。他們熱愛我，我該如何回報呢？如果我愛他們，就不能嚴格執法了。不能嚴格執法，就做不到令行禁止，這是亡國之道。所以，我懲罰這兩個人，使百姓不能愛我，我也不必示愛於他們。這樣，才能嚴格地治理國家啊！」

公孫衍這才理解襄王的良苦用心。秦襄王不愛百姓也不讓百姓愛自己，實行的是法家的霸道，跟老子的道還是有所不同。霸道實行嚴刑峻法，而老子提倡法令簡明。但兩者「以百姓為芻狗」的宗旨卻是相通的。

不愛百姓，是否對社會上的弱勢族群或遭受災變的人們不需要救濟呢？當然不是。真正的救濟是用法令規定哪些人、哪些情況屬於救濟範圍，然後一切按規定辦理，用不著一對一的慈善之舉。無論古今中外，無數歷史事實證明，要想國家富強、百姓安樂，最好的辦法是制定公平的法令，然後一視同仁執行法令。從某種意義上來說，當權者只要做好自己的本份工作，就是一位好官了。

老子說天地就好比是個大風箱，只是它沒有拉桿。它不應該動。可是，天地間好像沒有一天安寧過，國與國之間戰爭不斷，你殺過來，我殺過去，鮮血殷紅，人骨慘白。武器愈來愈先進，殺人的方法也愈來愈殘忍。

天地悠悠，宇宙浩浩，它們是仁義的嗎？你不能說它們是仁義的還是不仁義的。聖人與天地是一樣的，他秉負著天地宇宙的造化，涵養著世

界萬物。你也不能說他們是仁義的還是不仁義的。仁義的概念是人自己造出來的，人們以為好，就強加給天地和聖人，殊不知這太可笑了。老虎吃掉小鹿才得以養活自己的孩子，牠算是仁義的呢，還是殘忍呢？其實兩邊都沾不上。這就是自然之道的本來之性。

【人生感悟】

天地本來是安靜的，所以人也應該是安靜的。平靜的日子就要平靜的過，不要刻意地去改變它。我們如果能夠按照淳樸的本心去做事，結果會改善很多。

我們要悟道，也是同樣的道理，靜是第一要義。清清靜靜的，明明朗朗的，像雨後青山，如山谷明月。雷動雨動，天不動，風動水動，地不動，人坐在那兒，就成了天地的模樣。雜念是蜘蛛網，無礙大局；邪念是霹靂，過後只剩不下什麼。不管頭腦裡有什麼，你別管它，你只管穩住你的神。驅趕邪念，邪念便像怨鬼一樣，反而纏著不放；追求幻象，幻象就像馬屁精一樣，天天來滿足你，所以我們還是要有點「天地不仁」的味道吧！不要刻意地去改變你的生活！

以水為師，像水一樣處事做人

上善若水，水善利萬物而不爭，處眾人之所惡，故幾於道。

老子說：「上善若水，水善利萬物而不爭，處眾人之所惡，故幾於道。居善地，心善淵，與善仁，言善信，正善治，事善能，動善時。夫唯不爭，故無尤。」

老子說，最上等的善就像水一樣，看似柔弱卻是包容，水的善，滋潤了萬物，而不與它們爭鬥，處在眾人所不喜歡的地方，卻因而接近於道。

把老子的觀點引申到我們的現實生活中，意思是要我們為人處世要好好學習大地的渾厚，用心要好好學習深潭般的包容，交往要好好學習人際的真實感受，說話要像水一樣平靜柔和，做人要像水一樣理智而穩健，做事要像水一樣靈活變通，行動要像水一樣善於利用時機，正是因為像水一樣不去爭鬥，我們就不會招來怨尤！

水有形卻是無狀，誰也不能說出水具體的形狀，你把它放在方的容器裡，它就是方的，你把它放在圓的容器裡，它就是圓的。它柔弱得好像沒有自己的性格，好像誰都可以欺負它一把。築一壘土壩攔它，它就蓄止不動；舉起刀劍劈它，它就乖乖受著；你把它弄碎了，它就像珠子那樣圓潤，你把它弄長了，它就像蛇那樣滑行；它遇熱成汽，遇冷結冰，遇風起浪，遇水相溶。河由它淌成，海由它匯成，井有水才叫井，泉有水才叫泉。誰都願意向著高處，唯水無論你把它提到多高，它都向著卑下處。

這就是水。它平靜、柔弱、像個無骨的少女。水的靜，也許比水的動還要可怕，愈深的潭，就愈平靜；這種平靜就意味著它深不可測。如果你懂得了水性，那麼，你就自由了。

水能下方成海，山不矜高自及天。而我們現代人呢？是擺著個架子才是人呢，還是相反？人也許很了不起，可是，當人有了了不起的想法，人的價值就沒啥了不起了。高傲的人不懂得這個道理，所以才高傲，矯飾的人不懂得這個道理，所以才矯飾。高傲的人在別人眼裡其實很低，像影子似的被人踩在腳底下，有時還要被啐上一口唾沫。矯飾的人等於自己給自己在臉上一層一層抹雪花膏，他以為抹得愈多愈美，所以就把臉當成了一堵牆。人就怕沒有自知之明。

人如果像老子一樣，把上善若水的智慧應用到為人處世之中，是會得到很多實惠的。歷史上能屈能伸的劉邦，就很善於靈活應對一切，像水一樣善於變化。

劉邦對待一切事情，雖決定在自己，卻能廣博地聽取大眾的意見，尤其是蕭何、張良的意見，幾乎是百依百從。當蕭何想拜韓信為大將時，劉邦本意認為不可，經蕭何力言勸說又無不可。當淮陰侯韓信想封王時，劉邦怒形於色，本意認為不可，得到張良的示意後，又假裝同意。這種靈活善變不拘泥的秉性，就是他大有成就的根本原因。

當時，高陽有一位老儒生酈食其，家境貧困，當看門吏為生。沛公劉邦到了高陽，部下有一個騎士跟酈食其是同鄉，酈食其與他見了面，攀談起來。

酈食其說：「聽說沛公這個人性情傲慢，瞧不起人，但他胸懷大志，正是我所願意跟隨做事的人，只是苦於沒有人替我引見。」

騎士搖頭說：「沛公最不喜歡儒生啦！遇到儒生求見，沛公便命摘下冠帽，朝帽裡撒尿。平時談話，也經常滿口粗話，大罵儒生迂腐。你何必去碰釘子呢？」

酈食其說：「你試著替我傳話，就說高陽酒徒酈食其想見他議論大事，我想沛公不會拒絕。」

劉邦聽了騎士傳話，勉強召見。酈食其進去時，劉邦正坐在床上，兩名侍女為他洗腳。酈食其瞧著，慢慢地走近，拱了拱手，並不下拜。劉邦仍然不動，好像面前沒有這個人似的。

酈食其提高嗓門，問道：「足下領兵到此地，是想幫助秦進攻諸侯各國呢？還是帶領諸侯各國來進攻秦呢？」

劉邦破口罵道：「臭書生！你不曉得老百姓受秦政權的迫害太深了嗎？所以諸侯接二連三起來討伐秦，你卻說我幫助秦進攻諸侯！」酈食其馬上接過話說：「老子不是什麼臭書生，是高陽酒徒！你真想聚合天下義兵誅伐無道的秦朝，就不該這樣傲慢無禮地對待長者。試想行軍不可無謀劃，如果慢賢傲士，還有哪個肯來獻計策呢？」

劉邦聽了，馬上穿上鞋子、衣服，恭敬地請酈食其上座。兩人問答，酈食其口若懸河地談到六國的興衰成敗，劉邦很是佩服，請他共同進餐，問其伐秦計策。

劉邦本來極端厭惡儒士，所以酈食其來見之初極不禮貌。但是當酈食其批評他慢賢傲士，勢必導致無人獻計時，劉邦的態度馬上發生了變化，恭恭敬敬地向對方請教。這就是像水一樣因高就下，隨物賦形的性格。正是這種性格使他接受了酈食其的謀劃，把事業向前推進了一大步。當然，酈食其也不是個頑固而不知變通的人，初以儒士身分求見，見行不通，馬上自命高陽酒徒，可謂善變之至。兩個人一拍即合，不是偶然的。劉邦之所以能夠奪取天下，就因為他有水一般的性格，能屈能伸，變化無窮。

所以，只要我們想要用勢，就要有像水一樣的性格，做到「居善地，心善淵，與善仁，言善信，政善治，事善能，動善時。」

老子把人當水看，水是人格的最高顯示。人與人交往接觸，就像水與水相融，兩股水或者不論多少股水匯在一起，就不再有什麼分別。老子說，水善於利用萬物而不與萬物爭競，所以水永遠沒有過失。在水面前，人不能只照照自己塗過香水的臉面就行了，還應該把自己變成水，走到懸崖邊，跌碎自己，然後組成新的江河。

【人生感悟】

像水一樣做人，無疑是一種極高的為人處世的境界。水包容萬物而與世不爭，我們也要懂得用心去包容別人——體諒他人、寬容他人、理解他人，水趨高就低，總是存在於最適合自己的位置，我們也要有自知之明，在生活中找到自己的角色，找到自己的位置，處在自己應該處的地方。水遇山而繞行，遇江河而融江，靈活無形，我們在生活中要養成水一樣的性格，能屈能伸，能上能下，機智靈活，避害趨利，這樣才會贏得淡然一生。

寵辱不驚

寵辱若驚，貴大患若身。

老子說：「寵辱若驚，貴大患若身。」老子認為，是寵是辱都令人驚駭，最大的禍患卻是自己！能上能下，榮辱不驚是為人處世的一種境界，只有做到了榮辱不驚，你才能如魚得水，靈活自如，毫無羈絆，暢行無阻。

自古能真正做到寵辱不驚的人，必有廣闊的胸襟和高度的智慧。他們不為榮辱所左右，行止才不會失常失態，凡事才能做出正確的判斷和應對。其實，榮辱不僅是暫時的，也是相對的，若是一味好榮厭辱，將之完全對立起來，反應激烈，人在心緒大亂之下，就難保冷靜從事了，其結果都不免出現偏差。從思想上淡化榮辱觀念，是「止」學精髓，它可讓人放下功利主義，真正領略人生的自由境界。

得意而喜，是自然之事，能夠不得意忘形，就算適度。像《儒林外史》裡那個范進，聽到中舉的消息，高興得滿地亂竄，這就忘形了。失意而悲，也是自然的事，能夠失意而不傷，就算適度。像某些人，遇到不開心的事，就上吊、跳樓，這就過度了。

管它是寵是辱，依然故我，只是個平常心，就可以了！最大的禍患就是自己，自己太大了，天地就變得狹小了。無我才是真我，無我才得自在，自在是克服一切他在的良方。忘掉自己的利害，忘掉自己的面子，忘掉自己的架子，才能找回自己。

關於寵辱，明朝陳繼儒有一副對聯：「寵辱不驚，閒看庭中花開花落；去留無意，漫觀天外雲捲雲舒。」楊叔子建議將上述對聯加上幾個字，成為「寵辱不驚，閒看庭中花開花落，細品嘗，終歸有味；去留無意，漫觀天外雲捲雲舒，深追究，畢竟多姿。」

有的人修養高，喜怒不形於色。但這是做給別人看的，內心的喜怒是掩藏不住的。東晉的謝安，在前方發生戰事時，他一面靜候消息，一面跟客人下棋。這時，有人來報告：「我軍在淝水大敗符堅的軍隊，正在乘勝追擊，謝安聽了，只是點點頭，淡淡地說：「知道了。」他仍然跟客人繼續下棋，其大人雅量，讓人有仙風道骨之嘆。可是當他回到內室時，卻再也忍不住喜悅，一個人在那裡偷樂著。不料被人看見，傳出去，人們就嘲笑他故作姿態。

得意之時，怎麼可能不開心呢？我們所說的「寵辱不驚」，通常是在故作姿態。

有一個笑話：在清末時期有一個老童生，每次考試不中，年紀已步入中年。這時他的兒子已經長大與他同科應考。到了放榜那一天，兒子看榜回來，趕緊回家報喜，入門大喊：「爸爸，我已考取秀才了！」這時，父親正在洗澡，聽到兒子的話便大聲呵斥道：「考取一個秀才，算得了什麼？這樣沉不住氣，大呼小叫的！」兒子嚇得不敢大叫了，趴在門上，輕輕地說：「爸爸，你也考上了！」老子一聽，便打開房門，一衝而出，大聲呵斥道：「你怎麼不早點說？」他忘了自己還光著身子，連衣褲都沒穿上呢！

得意時不形於色，到底還是一件得意事。有時我們失意時，為了表示風度或涵養，也故意裝得若無其事似的，然後找個沒人的地方捶胸頓足、流眼淚。

為什麼要這樣呢？因為人情冷暖，不得不這樣。得意之時，太過張揚，可能對自己不利。防人之心不可無，若有人不服氣，背後使個暗招，得意可能馬上變成失意。失意之時，也要防止小人落井下石。拔毛鳳凰不如雞，老虎離了山就失威，所以還是不要鋒芒畢露，還是適當地收斂一下自己為好。

說到底，人之所以「寵辱若驚」，並非這件事本身有多麼了不起，主要還是人情冷暖造成的，它直接影響我們的生存狀態與做人心態。你成功了，名利隨之而來，讚譽聲不絕於耳。一旦失敗，馬上就知道這個世界有多麼冷酷。成大事的人無論在什麼樣的情況下，往往都能適應，因為他們懂得與其改變環境不如改變自己。

【人生感悟】

人生本來就是失敗與成功的統一體。「不以物喜，不以己悲。」你要時時記住，寵辱不驚是生命的一道精神防線。我們既要經受住成功的喜悅，也要有戰勝失敗的勇氣。成功了，要保持清醒，失敗了，要坦然面對，只要有了奮鬥精神，就可以問心無愧地對自己說：「天空沒有留下我的痕跡，但我已飛過。」這樣就會為自己贏得一個廣闊的心靈空間，得而不喜，失而不憂，才能在人生的旅途中把握自我，超越自我。

條件不到時先別急

曲則全，枉則直，窪則盈，敝則新，少則多，多則惑。

老子說：「曲則全，枉則直，窪則盈，敝則新，少則多，多則惑。」這是老子最為著名的一句話。意思是，正因為彎曲所以才能伸直，低窪正所以能滿盈，破舊正所以能換新，少了正所以能得到，多了正所以造成迷惑。

柔軟的竹子更能經得起狂風暴雨的吹打；水中的筷子看起來是彎曲的但實際上是直的。智者做事有一套完整可追尋的道理。不自以為是而能名揚四海；不自我顯露而能通曉事理；不自我誇耀而能有所成就；不自以為賢而能一通天下。正因為智者對事不爭搶，所以所有的人都爭不過他。「夫唯不爭，故天下莫能與之爭」這句經典名言，已經是膾炙人口、家喻戶曉了。但也正是這一句話，許多人認為老子的處世態度是消極的，是適應不了現代社會這種激烈競爭的。因此才有老子的哲學是「避世」、「與世無爭」的哲學，而不是「入世」的哲學之說。然而並不能說明老子的思想是「避世」，適應不了現代激烈的社會競爭的。反之，老子的思想在今天依然是熠熠生輝，充滿實用主義色彩。

首先老子提出一個重要思想，那就是相對立的思想。水無常勢，局勢發展到一定的程度，往往會向相反態勢發展。只有意識到這一點，才能更好的「入世」。

老子並不是叫我們不與人競爭，而是「當爭其所爭，棄其所不爭」。簡單地說，對於一些有能力做到的事情，完全可以去爭取；對於條件達不到的情況下，可以暫時緩一緩，等到條件成熟的時候再爭也不遲。

齊國攻打宋國，燕王派張魁作為使臣率領燕國士兵去幫助齊國，齊王卻殺死了張魁。燕王聽到這個消息，非常氣憤，就召來有關官員說：「我要立即派軍隊去攻打齊國，為張魁報仇。」

有些時候，我們需要低頭，這個時候，你必須低下高傲的頭顱。要知道，人敢於碰硬，的確是一種勇敢，可是勇敢要看時候，看場合，如果是那種硬拿雞蛋碰石頭式的勇敢，那只能說是一種魯莽，往往會造成無謂的犧牲。

大臣凡繇（繇一幺）聽說後謁見燕王，勸諫說：「從前認為您是賢德的君主，所以我願意當您的臣子。現在看來您不是賢德的君主，所以我希望辭官不再當您的臣子。」燕昭王說：「這是什麼原因呢？」凡繇回答說：「如今張魁被殺死，您卻要攻打齊國，這是把張魁看得比先君還重。」凡繇請燕王停止出兵，燕王說：「應該怎麼辦？」凡繇回答說：「請您穿上喪服離開宮室住到郊外，派遣使臣到齊國，以客人的身分去謝罪。說：『這都是我的罪過。大王您是賢德的君主，哪能全部殺死諸侯們的使臣呢？只有燕王的使臣獨獨被殺死，這是我國選擇人不慎重啊。希望能夠讓我改換使臣以表示請罪。』」燕王接受了凡繇的意見，又派了一位使臣到齊國去。

使臣到了齊國，齊王正在舉行盛大宴會，參加宴會的近臣、官員、侍從很多，齊人讓燕王派來的使臣進來稟告，使臣說：「燕王非常恐懼，因而派我來請罪。」使臣說完了，齊王又讓他重複一遍，以此來向近臣、官員、侍從炫耀。

於是齊王就派出地位低微的使臣去告訴燕王，讓燕王返回宮室居住，表示寬恕燕王。

由於燕王委曲求全，為日後攻打齊國，預先準備了充分的條件。試想，如果當初燕王逞一時之氣，在沒有充分做好準備的情況下，匆忙攻打齊國，可能早就成為齊國刀俎下的魚肉了。因嚥不下一口氣而亡國喪生，豈不抱恨終身！

老子認為與其採取直線的生存方式，倒不如遵循曲線的生存方式。例如，如果我們在前進時碰到了障礙；要想順利地向前，就必須先撤退。這就是老子柔軟且強韌的處世哲學。這種做法並非是一種失敗主義，而是一種曲線式的生存方式。這是以柔克剛，以退為進的策略，就像彈簧縮在一起，其間卻蘊藏著巨大的力量。

【人生感悟】

老子的這種思想大至國家的各種規劃，小至個人的人生規劃，都有著重要的指導意義。當條件達不到、時機不成熟的時候，切忌強行上馬，否則只能是欲速則不達。只有蓄勢，才有最終的「發」，這才是自然而然順理成章的。尤其是對年輕人而言，不要以為有點出息就想著一步登天。這些東西，只要透過不斷的外樹形象，內強內功，總有一天是會實現的。年輕人必須沉得住氣，不要操之過急。

人貴有自知之明

知人者智，自知者明；勝人者有力，自勝者強。

老子說：「知人者智，自知者明；勝人者有力，自勝者強。」老子這句話的意思是，能識別清楚他人，算是「聰智」，能回到自身好自瞭解，算是明白。勝過別人，叫做有力，勝過自己，才是真正的強者。

中國人歷來把自知之明看作君子的道德，認為善知人者必先知己。然而一個人要做到自知之明並不容易。《貞觀政要》中記有所謂「知人既以為難，自知誠亦不易」的古訓，自知比知人更難，難就難在它不僅需要理智，而且需要勇氣，敢於以挑剔的眼光面對自身的不足。這常常是與自尊心和自信心相衝突的。

知道自己不足，還得有勇氣改變自己。有人稱此為「自勝」、「自制」或「自新」。這是一項更難的修養功夫，自知者，又能自勝，才是真正的強者。古人深明此理，並留下許多有益的格言。如「自知者英，自勝者雄」，「欲勝人者先自勝」，「勝人者力，自勝者強。」

首先讓我們先看看下面這個故事，極其有力的說明「自知、自勝」的重要性。

清世祖福臨是清朝入關的第一位皇帝，為了皇位永固，立足長遠，他先後採取了一連串方針措施，以安人心。他為此向頗有異議的滿族大臣解釋說：「如果想在中原站穩腳跟，不順應時勢是不會長久的。只要能使天下歸附，萬民歸心，朕就要大力推行。說實話，這些舉措我都情有不願，可是如果我不施行，就會有礙大業，權衡之下，我也只好改變初衷了，這非人力所能為之啊。」

有一次，副將許武光請求把全國民間收藏的金銀收歸國有，以為軍餉，清世祖聽後大為惱怒，說：「身為帝王，自當愛民如子，縱是生財，也該節儉中求取，焉能做出挖地求金的事？這是自掘墳墓啊。」

清世祖為了招撫漢人，讓他們為國出力，他發佈詔書說：「朕自從親政以來，只看到滿族大臣來稟奏事務。在朝的大小官員，都是我心中信任的人。以後，凡是上奏的奏章、疏奏等，都應該由滿、漢侍郎、卿以上的官員一起稟報，各官都不要推脫。」

清世祖勵精圖治，廣納諫言，清朝的根基日漸穩固。有大臣為清世祖屢屢自責而不安，上奏說：「天子貴寵無比，智慧無人能及，您太委屈自己了，這有損天子聲威。陛下功績蓋世，人所共見，萬民稱頌，過謙實在是不合適啊。」

清世祖對上書人說：「我有什麼必要過分謙虛呢，我覺得以我一個人的力量，不可能把這麼大的國家治理好。我曾千般謀劃，卻功效甚微，後來我改變了方式，不再處心積慮，事事隨便，結果卻有了點成績。我害怕的只是江山不穩固，又怎麼須要擔心自己的面子呢？」

清世祖不逞己能，勇於自責，在自恃聰明的朝臣眼裡，大為不解。他們多方進諫，「奇計」迭出，清世祖又耐心訓誡他們說：「凡事如果是只講智計，工於權謀，別人必是同等待之，自不能讓人心悅誠服，真心歸順了。棄智不用是朕深思熟慮之果，絕不是草率所為啊。」

綜觀清世祖一世，清朝根基得以鞏固，天下漸趨安定。是什麼讓清世祖如此地英明豁達呢？就是自知之明。人貴有自知自明。

自知之明在理智的指導下，對自我的某些本性進行有意識的克制。

老子是要告誡世人：自知和自勝，都是為了達到自強，強大自己的生命力和意志力，以便能夠支配自己的命運，在人生的搏擊中能夠獨立自持而不倚仗於人。

【人生感悟】

知人不易，自知更難。能識別他人是機智，能認識自己才算高明。古代希臘有句名言：「認識你自己」。認識自我是修身養性的重要環節。或許，你會說，「我還不瞭解我自己嗎？」是的，有時候我們就是不瞭解自己。比如：許多人以天才自居，狂妄自大，不屑於平凡的工作崗位；有些人反而自輕自賤、悲觀消極、壓抑自我。這樣的人都是不瞭解自己。所以，瞭解別人重要，瞭解自己更重要。生活中我們的許多煩惱，有很多是緣於不自知。

知足者能常樂

知足不辱，知止不殆，可以長久。

老子說：「知足不辱，知止不殆，可以長久。」

「知足不辱，知止不殆」，是老子處世為人的精闢見解和高度概括。因而，每個人應該對自己的言行舉止有清醒而準確的認知，凡事不可求全。貪求的名利愈多，付出的代價也就愈大。積斂的財富愈多，失去的也就愈多。老子希望我們，尤其是手中握有權柄的人，對人生對物質要知足。因為知足者常樂。

「多藏必厚亡」，意思是說豐厚的貯藏必有嚴重的損失。這個損失並不僅僅指物質方面的損失，它也指人的精神、人格、品質方面的損失。貪求私欲者往往被財欲、物欲、色欲、權欲等迷住心竅，攫求無止，終至縱欲成災。名譽與生命，哪個更重要？生命與財富，哪個更可貴？獲得與失去，哪個更有害？因此過分的貪愛必造成更大的耗費，更多的積藏必造成更重的損失。知其所足，不受侮辱；知其所止，無所危險；如此便能長久存在！生命是無價的，用生命去換取其他有價的東西，這是人世間最大的損失！有個小洞洞，可能保住了整體；封住了那小洞洞，可能垮掉了全部！留些缺憾，可能是保住美善最好的藥方！知足的人是富有的，知止的人是有福的，合乎大道就能長久！

老子認為，人最大的禍患就是不知足，貪得無厭是最大的罪過。把錢財、家世、容貌視為榮辱標準的人一般都不知足，愈有愈想有，愈富有欲望就愈盛；欲望太盛，就會生出邪念，為擁有更多的財權而不擇手段。然而，知足常樂，是一種愉悅，一種默契，一種品德。因為知足，我們可以在陰暗中感受陽光，可以在嚴冬感受暖意，可以在酷暑體悟清涼。

知足常樂，是一種恬淡雅致，是一種淡泊明志，是一種超然脫俗，更有一種不同尋常的魅力。因為知足常樂，我們才可以讓醜貌吟出美麗，讓寂寞綻放成鮮花，把鬱悶當成力量，甚至把平凡化作偉大。知足常樂，就如淙淙流水，雋永而長久，如盈盈春光，明麗而照人，如累累碩果，沉重而豐富，如綿綿秋雨，平靜而執著。

反之，有很多人因為貪婪而自嘗苦果，甚至留下千古罵名，例如清朝巨貪和珅。

和珅，字致齋，清滿洲正紅旗人。他慧黠過人，從小苦學，不僅通曉滿族文化知識，還熟諳《四書》、《五經》之類的漢族文化。而且在他的老師——當時已頗有名氣的吳省蘭、吳省欽等人的指導下，學會了填詞作詩。

乾隆三十四年（一七六九），身居刑部尚書兼戶部侍郎、正黃旗滿洲都統的英廉看中了他，並把自己一手撫養大的孫女許配給他為妻。在英廉的幫助下，和珅被授予三等侍衛職，擔任保護和隨侍皇帝的職務。

乾隆四十一年，和珅由御前侍衛兼副都統升為戶部侍郎，並被授任軍機大臣兼內務府大臣。

乾隆皇帝對他任用不疑，又讓他兼步兵統領，充崇文門稅務監督，總理行營事務。戶部侍郎、軍機大臣、內務府大臣、步兵統領，這些官職很有實權；而崇文門稅務監督更是個肥差。許多官員都明裡暗裡向和珅送禮納賄。和珅趁這個機會，狠狠撈了一把。

和珅善於揣摩逢迎，已摸透了乾隆的心理。他見乾隆處處以聖祖康熙為自己的楷模，就投其所好，常常藉著歌頌康熙的威德來讚頌乾隆的恩澤四海和武功蓋世。

有一次，他聽乾隆說到「上有天堂，下有蘇杭」的話，就趁機向乾隆描述江南的山光水色，大講康熙下江南的盛況。於是，乾隆決定效法聖祖巡遊江南。和珅提議的這次南巡，既博得了乾隆的高興，自己也藉監造龍舟和主持迎接聖駕的機會發了一筆橫財。

乾隆四十五年和珅被提升為吏部尚書、議政大臣處行走、御前大臣、鑲藍旗滿洲都統；乾隆四十六年十一月，又兼理兵部尚書，管理戶部三庫事務；四十七年，調任吏部尚書、協辦大學士，管理戶部。協辦大學士是宰輔之一。另外，和珅自乾隆四十一年擔任過文淵閣提舉閣事、翰林院掌院學習等主管文事的要職。此外，和珅還多次充當經筵講官，獲得了至少在名義上為「天子師」的殊榮。「欽定」諸書、科舉、經筵，這都是乾隆時期最重要的文化事務。

除了加官晉爵，和珅還與皇上結成了親家。和珅的兒子是乾隆四十年出生的，剛滿六歲時，乾隆親自為他取了大名，叫豐紳殷德，並指為自己最小的女兒十公主的女婿，等到成年，就舉行婚禮。與皇帝結成了兒女親家，和珅的地位便有了長久的保障。

乾隆六十一年元旦，乾隆皇帝正式宣佈退位，把皇位讓給嘉慶。然而，乾隆的讓位只是「退居二線」而已，並沒有真正放棄權力。因此，這時和珅仍官居高位，受到乾隆的寵信重用。作為「兒皇帝」的嘉慶雖不滿意，也只好暫且忍耐。

嘉慶四年（一七九九）正月初二，乾隆去世。三天後，身著孝服的嘉慶召見群臣，命令百官特別是負責監察的官員，指責朝政弊端，檢舉大臣不法情事。任給事中的著名學者王念孫心領神會，首先起來檢舉和珅，得到了許多大臣的回應。初九日，嘉慶下令將和珅及與其關係密切的戶部尚書福長安革職拿問，並委派大員調查和珅的罪狀，查抄和珅的家產。

當查抄者把查抄和珅的家產清單拿出來，大家看了無不吃驚萬分。清單的一部分列著：房屋兩千餘間；田地八千多頃；銀號十多處，本銀六十萬兩；當鋪十處，本銀八十萬兩；金庫赤金將近六萬兩；銀庫內元寶、京錁、蘇錁將近九百萬個；珠寶庫、綢緞庫、人參庫都裝得滿滿的。當時，清廷歲入銀為七千萬兩。而和珅的這部分家產總值銀達八億兩之鉅，比清廷十年的總收入還要多，可見其財富之鉅。和珅的兩個家人被抄沒的家產也值銀七百萬兩。查抄的和珅家產大部分落入嘉慶皇帝私庫，所以民間流傳著這樣一句話：「和珅跌倒，嘉慶吃飽。」

嘉慶四年正月十八日，即在乾隆皇帝去世半個月之後，嘉慶皇帝下詔賜和珅自盡。和珅接詔，謝過皇上的賜死恩典，上吊自殺。

總之，和珅的慘死是由於太貪，太不知足，所以不會長久。可見老子所說的「知足不辱，知止不殆，可以長久」是至理名言啊！

古人云：「春有百花秋有月，夏有涼風冬有雪，若無閒事掛心頭，便是人間好時節。」

天地、大自然和生命已經給予我們很多很多了，這足以讓我們走完生命的歷程，每個人都應該知其足而後樂。任何過高、不切實際的非分之想都是對生命的摧殘，都是一種自尋煩惱和自討苦吃。如果我們能夠熱愛自然，熱愛生命，熱愛生活，就會感到生活處處皆美好，從而樂在其中，陶醉其間。

一個人騎著一頭驢前往他的目的地，突然有個騎馬的人從他身邊飛奔而過，這時他心裡就感覺到很痛苦，為什麼人家騎馬，我只能騎驢呢？又走了一段路後，他發現還有人在推著小車走路，連驢子都沒得騎，他一下頓悟了，人要知足，只有知足了才能常樂。

【人生感悟】

知足常樂是人生的崇高境界，是一種心境的修養，是一種道德的修為。一個人知道滿足，心裡面就時常是快樂的、達觀的，有利於身心健康的。反之，貪得無厭，不知滿足，就會時時感到焦慮不安。用叔本華的觀點來說，就會使人生在欲望與失望之間痛苦不堪。但「知足」不是沒有追求；「知足常樂」更不是平庸的表現。反之，倒是很難得修煉成的德性，尤其是在我們這個眾多誘惑滾滾而來的時代。

裝裝傻可保百年身

大直若屈，大巧若拙，大辯若訥。

老子說：「大直若屈，大巧若拙，大辯若訥。」意思是說，最巧妙的就像笨拙的樣子，最有辯才的就像口訥的樣子。人際交往中，一個人能夠這樣就是達到境界了，而且是大境界了。大巧要若拙，大辯要若訥，大智要「若愚」，這種思維、觀念一般人接受不了。但是，有人就是這樣做的，而且古今中外都有這樣的人，老子所說並非虛言。

大道生於有餘，留有餘地可以補不足，天地之大，有餘地可以容物，可以延年！切記，萬事不可做盡了！真正會說話的人，話說出口，就要能回得來，這叫說話留有餘地。留些愚拙給自己，一方面讓自己有變得聰明的可能，一方面讓別人有聰明的喜悅！

大巧若拙，大辯若訥，大智若愚，這裡面的內涵太豐富了。一個人可以利用這種別人以為他「笨拙」、「愚蠢」來完成在「智慧」、「巧妙」的情況下不容易辦成的事情。比如說，你太聰明了、太精明了，別人防著你，你要瞭解一些真實情況就不太容易。你如果是懂得其中的奧妙，那麼在人際交往中大巧若拙、大智若愚有時會給你很大的幫助。

三國時期的孫權就是一個善於「大直若屈，大巧若拙」的人。

孫權承父兄之業，坐領江東，成了三足鼎立的霸主之一，卻遲遲沒有自稱皇帝。起初，曹操自封為魏王之時，孫權卻寫信勸他說：「你英武不凡，天命在你，只要你登上大位，我孫權第一個拜服在你的腳下。只要你剿滅了劉備，蕩平西川，到時我自會獻出土地，俯首稱臣。」

曹操一眼就看穿了孫權的用心，他笑著對人說：「孫權表面愚鈍，其實智謀深不可測。他這是讓我激怒天下，陷於孤立，想把我放在火爐上燒烤啊！」

曹丕稱帝後，孫權沒有半句聲討，反而派使臣攜帶禮品和書信前去討封。曹丕封孫權為吳王，加九錫。孫權的臣屬們大感其辱，紛紛進諫孫權說：「曹氏篡漢，乃為奸逆，主公不順天討伐，卻歸附屈從，天下會恥笑主公愚鈍的。我朝佔據江南，地廣兵足，早該自立建國，更不能接受曹氏的封號。」

孫權不急不躁，他懶懶地說：「大勢已成，我等就該順時應命。當年漢高祖劉邦也曾接受項羽漢王的封號，但並不有損於他日後建功的威名。只要沒有實質傷害，惹人非議就微不足論，我是決心接受了。」

孫權不拒封號，有人便說他胸無大志，甘為附庸。孫權也不計較，在表面上仍對曹魏十分恭順。

不久，曹丕派遣使臣索取雀頭香、大貝、明珠、象牙、犀角、孔雀等物產，孫權一口答應，沒有半點猶豫。曹丕的使臣十分高興，不想卻讓孫權的臣子群情憤怒，他們私下埋怨孫權太窩囊了，還集體上奏說：「曹氏索取無度，儼然以天子自居，把主公視為臣屬，這是絕不可接受的。主公不識其奸，竟全然應允，不僅讓主公威名掃地，也令天下百姓失望。我等冒死進諫，懇請大王收回成命，驅逐曹氏的使臣。」

孫權見眾臣不解其意，只是一笑，他召來眾臣，指點他們說：「從前惠施尊奉齊國為盟主，有人指責他自貶太過，為他國立威。惠施於是說：『有人要打他愛子的頭，他想用石頭代替愛子的頭。頭貴石賤的道理人人知道，這樣做正是如此啊，有何不可呢？』現在魏國時刻打我們的主意，百姓依賴於我，他們便是我的愛子。魏國所要的，在我眼裡卻是不足道的東西，若能用此換取百姓的平安，還有什麼可惜的呢？」

於是他備足物產，一樣不缺地讓魏國使臣帶回，曹丕十分得意。孫權的臣子多次勸說他自立為帝，孫權每次都推辭說：「漢室既已衰落，我救之不及，已自責難當，何能忍心與之爭奪天下？」群臣怪他愚不可及，心中十分失望。孫權見眾人誤解了他的真意，也擔心軍臣人心渙散，無奈之下，他才吐露心聲說：「吳國兩面受敵，凡事不可顯智好強，使敵早日對我下手。我接受曹氏冊封，不違背他的意願，就是為了蒙蔽於他；我不稱帝，也是為了不給人攻擊的口實。只要時機成熟，這表面文章我是不會再作了，請你們放心。」

後來劉備死在白帝城，曹丕也去世了，孫權見對手個個衰落，遂去掉偽裝，於西元二二九年當上了皇帝。孫權的「大巧若拙」實際上也就是我們所說的大智若愚、韜光養晦。按照當時東吳的實力，孫權的戰略無疑是最合適的。

對於我們普通人而言，在錯綜複雜的人際社會裡，不賣弄自己的聰明，不輕易展露自己的思想，是保身立命的重要準則。

聰明有時是惹禍的東西，直率也常常是授人以柄的缺憾，不失警戒之心終是必要的。故意顯示愚鈍和愚蠢其實是一種智慧的顯現，是智慧層次上的高級階段。它看似智慧的倒退，實際上卻是智慧的飛躍，不是大智慧者不但難以想像，更難以做到了。

大巧若拙、大智若愚有時就是這樣厲害！

精而善藏，才會有無窮的力量。為什麼我們都喜歡整天傻乎乎、樂乎乎的人呢？因為他們至少讓我們覺得這個人沒有危險，沒有威脅，放下了防備之心，自然會樂意跟他們交往。

生活中，有些人看似愚笨遲鈍，但實際上，他們卻是眼明心亮，而另外一些人，表面上是玲瓏剔透，但實際上卻是糊塗透頂。寧做傻中精，不做精中傻。傻人有傻福，並不是上天刻意地寵幸他們，這是一種誤導。

【人生感悟】

古語說：藏巧守拙，甲晦如明。我們不管自己是機巧奸詐還是老實忠厚，幾乎都喜歡傻乎乎不會耍心眼的人。在生活中，我們處於某種特殊的境地時，不妨學會裝裝傻，懂得巧藏，不防糊塗一點兒，才能做到有備無患。

福禍難料，隨遇而安

禍兮福之所倚，福兮禍之所伏。

老子說：「禍兮福之所倚，福兮禍之所伏。」

老子認為，禍和福這對衝突，像一切對立的事物一樣，也是辯證的，在一定條件下也可能互相轉化。老子認為，事物都是向它的對立面轉化的，災禍中蘊藏著轉機，困境中孕育著順境，幸運中又潛藏危險，人要做的是透過自己的智慧和努力把握好自己的命運。天有不測風雲，人有旦夕禍福。人生常常就是這樣。

在福與禍這衝突關係上，成語「塞翁失馬，焉知非福」就是最好的例證。

古時北方邊塞有一個老頭，一天，不小心丟了一匹馬，鄰居們都認為是件壞事，替他惋惜。塞翁卻說：「你們怎麼知道這不是件好事呢？」眾人聽後大笑，認為塞翁丟馬後急瘋了。幾天以後，塞翁丟的馬又自己跑了回來，而且還帶回來一群馬。鄰居們看了，都十分羨慕，紛紛前來祝賀這件從天而降的大好事。

塞翁卻板著臉說：「你們怎麼知道這不是件壞事呢？」大夥聽了，哈哈大笑，都認為老翁是好事樂瘋了，連好事壞事都分不出來。果然不出所料，過了幾天，塞翁的兒子騎新來的馬玩，一不小心把腿摔斷了。眾人都勸塞翁不要太難過，塞翁卻笑著說：「你們怎麼知道這不是件好事呢？」

鄰居們都糊塗了，不知塞翁是什麼意思。事過不久，發生戰爭，所有身體好的年輕人都被拉去當了兵，派到最危險的前線去打仗。而塞翁的兒子因為腿摔斷了未被徵用，他在家鄉後方安全幸福的生活。

這就是道家所宣揚的一種辯證思想。正是基於這種辯證關係，你就可以明白，即使是看起來很壞的事情也能為你帶來意想不到的好處。

不管是福還是禍，它們都是由主、客觀兩方面原因造成的。客觀方面的原因也許我們無法用個人的力量來改變，但在主觀上的原因，我們完全可以努力改善它，以得到自己所追求的東西。所以，在生活中，我們要順其自然，就得面對現實，相信「是福不是禍，是禍躲不過」。災禍面前能自恃，經得起，頂得住，遇上了，聽天由命。樂極生悲，這就引出另一個話題——在幸福與災禍這對衝突關係的處理上要實現「難得糊塗」。

首先，要把幸福的標準定在一個合乎客觀實際的位置上，期望值可以很高，但實踐起來萬不可以一步登天，要懂得學會「累積」。積小成大，積少成多，逐漸來。一個個小的滿足，就會累積為一個大的幸福；眼前的目標實現了，就會逐漸實現一個長遠的永久的幸福。期望值愈高，對現實愈不滿意，必然浮躁，輕者傷身勞神，重者招來橫禍。其次，要善於尋找自我平衡。什麼事遇上了，躲不過，就得往寬處想，往前看，別鑽牛角尖、死胡同。

就拿教育子女而言，孩子還小，未來還有機會彌補，就算兒子不成器，成不了大器，也可能成個小器；還有大器晚成的，何必提早放棄呢？

談戀愛也是這樣，就算終生遺憾未有知音，你還有別的事可彌補人生的缺憾。愛情、美滿幸福的婚姻可遇不可求，何況幸福的內涵是廣博的，絕不僅指愛情的稱心如意。再說，「強摘的瓜不甜」，硬是結成夫妻也不會幸福。一切都應順其自然，看其發展，切不可浮躁強硬。

【人生感悟】

在福與禍的衝突關係中，要做到順其自然，就得想得開，看得透。有時候想開點，看透些，就是福；想不開，看不透，就是禍。福也好，禍也罷，僅僅只是一念之差，一時衝動，自己毀了自家的幸福，招來了殺身之禍。

第四章　莊子洗心

看清生命的本質

今子有五石之瓠，何不慮以為大樽而浮乎江湖，而憂其瓠落無所容？則夫子猶有蓬之心也夫！……今子有大樹，患其無用，何不樹之於無何有之鄉、廣莫之野，彷徨乎無為其側，逍遙乎寢臥其下；不夭斤斧，物無害者，無所可用，安所困苦哉！

一天，惠子對莊子說：「魏王送給我一些大葫蘆的種子，我把它種在地裡，結了一個容量達到五石的葫蘆。我想用它來盛水，它卻不夠堅硬。我把它鋸了做瓢，卻沒有那麼大的水缸可以容納它。它太大了，我認為它毫無用處，只好把它砸碎扔掉了。」

「你還是不會使用大的東西。」莊子笑一笑，接著說：「宋國有一個人擅長製造防手龜裂的藥物。一個客人聽說後，願意拿出百兩黃金來購買他的藥方。那人心動了，招集全家人商量說：『我們家世代以漂洗綿絮為業，得到的報酬總是那麼一點兒金子。現在賣掉方子就能得到一百兩金子，何樂而不為呢？』得到這個藥方後，那位客人就去遊說吳王。正好這時越國對吳國發動戰爭，吳王於是封他為將軍。冬天的時候，兩國軍隊在雪地上交戰，因為有預防龜裂的藥，吳國大敗越國。吳王很高興，賞給他大片土地。」

「同樣一個防龜裂手的藥方，有人因此得到封地，有人卻只能用來漂洗綿絮，這是因為不同的人對它有不同的用法。」莊子接著說：「現在你有容量達到五石的葫蘆，你為什麼沒想到把它縛在腰間，在江湖中自在遨遊呢？你只是擔心它太大而無處容納，可見你的心就像被茅草塞住了一樣啊。」

一個很大的葫蘆，盛水不夠堅硬，作瓢又無處容納，惠子認為它毫無用處，只好砸碎它。而莊子卻認為大葫蘆並非一無是處，至少可以當作「救生圈」，任人在江湖遨遊。「天生我材必有用」，顯然，在莊子看來，每種事物都有它自身的用處，只不過看你是否能夠發現它的特點，能否充分地利用它。我們要做的，除了發現每個事物的特殊用處，就是順應自然，讓它們的本性自由發展。

有一次，惠子對莊子說：「你的主張沒有實用價值。」

莊子說：「你知道了無用，我才可以和你談論有用的問題。天地並非不廣大，而人所用的只是容足之地罷了。然而如果把立足之外的地方都向下挖掘到黃泉，人所立足的這塊小地方還有用嗎？」

惠子說：「無用。」

莊子說：「那麼，無用就是有用的道理也就很明白了。」

莊子認為，無用就是有用，是說明無用中已包含著有用，有用中也包含著無用。可是，世人常常用絕對化的標準把事物分裂成有用的與無用的，把人和事劃分成有價值的和沒有價值的。這種粗暴的做法，只會傷害到人和物。

在莊子眼裡，宇宙的萬事萬物，要說有用，全都有用，要說無用，也全都無用。對不同的人而言，分成了有用和無用。如果人處在有用或無用的任何一端，都難免於受累。人如果能超越二者，應時而變，時進時退，時隱時現，以和順自然為原則，主宰外物而不被外物所主宰，這才是最合適的位置。

可見，有用與無用，有一個如何看待它的問題，同一個方法或者策略，這樣做或許無用，但換一種方法，或許就有大作用。莊子的意思是說，無用和有用是相對而言的，如果你只要所謂的有用，拋棄所謂的無用，最後有用也是不能成立的。

一個人若處在這個位置上，就消除了有用無用的相互對立，可以應付無窮的變化。既可以看到有用也是無用，也可以看到無用也是有用；有用中的無用，無用中的有用，都是有用，也都是無用，不再被世間有用無用的觀念所制約。

在科技迅速發展的今天，人人似乎都在追求著物質的最大利益化和多樣化。如果有人知道你現在還在追求著某種精神生活的價值時，他不免流露出不相信的口吻說：「追求精神的東西，有用嗎？那些都是虛的東西，一點兒也不實用。」

現代人就像是一部永遠都在算計的機器，對任何事物都算計它們對自己有用還是無用，有用的，就緊緊抓住不放，無用的，就乾脆離得遠遠的。

如物質利益方面，每一個人都在計較著，對精神價值方面，很少人問津。他們認為前者有用，後者無用。其實，被人認為最無用的東西，恰恰就是最有用的東西。因為它是人們安身立命的根本，是人們生活的依據和生命的意義，儘管它不能提供物質上的好處，不能提供實際的用處。但是，人們往往丟掉了看似無用卻非常有用的東西，而去追求看似有用實則用處不大的東西，是因為人們對有用無用的認知有偏差，也是對人生本末倒置。

例如，真正懂得生活意義的人們，他們常常與社會的潮流保持一定的距離，而不是像絕大多數人那樣隨波逐流，原因就在於他們找到了生活的根本，即看起來很虛無但最有用的精神支柱和信仰，所以他們生活得充實，豐富，不會被周圍眼花撩亂、看似有用的東西所迷惑。

【人生感悟】

世人把世間的人和事劃分成有用還是無用，然後，選擇有用的，排斥無用的。其實，宇宙萬物和世間萬事本沒有什麼有用與無用的分別，是世人根據自我的需要，根據利益得失，為萬事萬物定了一個有用無用的標準，似乎某些事物就真的變成了有用的、有價值的，似乎某些事物就真的變成了無用的、無價值的。本質上說，這是人類一種分別相，是一種假相。其實，有用就是無用，無用也是有用。世界的真實情況，便在於這樣的有無之間。

人生如夢，夢如人生

昔者莊周夢為胡蝶，栩栩然胡蝶也。自喻適志與！不知周也。俄然覺，則蘧蘧然周也。不知周之夢為胡蝶與？胡蝶之夢為周與？周與胡蝶，則必有分矣。此之謂物化。

莊子，名周，戰國時宋人，曾為漆園吏，應該是一個很小的官。但他後來成為中國著名的思想家之一，對後世影響深遠。他是道家的代表人物，而且使道家在當時真正成為了一個與儒家、墨家鼎足而立的一大流派。莊子認為宇宙萬物只是一些表相，而創造這些表相的是一個超越感官、超越時間和空間本體。這個本體名字叫「道」。莊子常常在各種場合，以各種形式和故事表述他對道的理解。其中，為人們所熟知，且爭論不休的就是莊周夢蝶的故事。

有一天，當時處境貧困潦倒的莊子，四處閒逛，想找一處安寧的地方，平心靜氣，摒除雜念，專心致志地入定修道。走著走著，莊子來到了一片草地上，這裡鳥語花香，環境清幽。四周的花開得十分燦爛，陣陣清風迎面拂過，空氣中瀰漫著芬芳甜美的香氣。蜜蜂嗡嗡作響，蝴蝶翩翩飛舞，清風拂面，好不愜意。莊子靜靜地坐在草地上，心神愉悅地閉上眼，感受這難得的舒適和安寧。

坐著坐著，莊子睡著了，他做了一個夢，夢見自己也變成了一隻美麗的蝴蝶，他不敢相信地拍一拍自己的翅膀，果然飛起來了，他飄飄然，十分開心，這時候根本就忘了自己是莊周，是人世裡看來微不足道的一個人。

他在山川林間、在樹叢中、在花草上無拘無束地飛翔，歡天喜地，自由自在。他更喜歡自己變成蝴蝶的生活，一會站在花蕊上採集香噴噴的花粉，向各色鮮花伸展翅膀微笑。一會向下飛，歇在草尖上採露水，露珠晶瑩剔透，一顆顆在草間滾動，他就追趕著露珠快樂地嬉戲。累了就撲翅於樹林綠葉間，歇歇腳，聆聽清風吹拂林間發出的沙沙聲。他完全沉醉在成為蝴蝶的事實中，根本記不得自己姓甚名誰，身在何處。

過了不久，莊子醒過來了，他睜開眼，看到自己還是俗塵凡人，身在這人世間，並沒有變作蝴蝶，長出翅膀。他方才醒覺剛才的一切只不過是一場夢。只是夢中的想像太真實、太美好，一切還歷歷在目。

莊周與蝴蝶，現實與夢境之間的糾結，一定令莊子困惑而著迷，它既是莊子所經歷，從而引起他的無限遐思，也是他反省，思考世界真實的對象。

在一般人看來，一個人在醒時的所見所感是真實的，夢境是幻覺，是不真實的。莊子卻以為不然。雖然，醒是一種境界，夢是另一種境界，兩者是不相同的：莊周是莊周，蝴蝶是蝴蝶，兩者也是不相同的。但是莊周與蝴蝶有分別嗎？他們都只是一種現象，是「道」運動中的一種形態，一個階段而已。所以，莊子不由自主地疑惑著：究竟是莊周做夢變成了蝴蝶呢？還是蝴蝶做夢變成了莊周呢？

後來，唐朝著名詩人李商隱在他的千古傑作《無題》中詠到此事，詩句是這樣的：莊生曉夢迷蝴蝶，望帝春心託杜鵑。

在莊周看來，人與蝶沒有分別，萬物與我合一。也就是說，人生只是一場大夢，在夢中醒，在夢中睡，在夢中悲歡離合……若能視人生如夢，則是非、人我皆如夢中事，若能參破，視死生如夢，物我兩忘，則必能物我合一，得到解脫。這正是莊子宣導的一種超脫、自由的精神境界，千百年來感動了無數人。即便在今天，也具有深遠的意義。

伴隨著社會節奏的加快和物質財富的增加，如何在浮躁的生活中尋找一種寧靜，莊子也許可以成為我們的一位精神導師。

【人生感悟】

寧靜是幸福的極致。一顆寧靜的心對花開花落、雲捲雲舒、寵辱不驚、去留無意，達到這樣的境界，內心該是何等的快樂自在，收放自如？在淡泊寧靜的滋養中，人生好比一朵雪白的梔子花，片片花瓣散發出無盡的芳香。在現代繁華的世界裡，太多的欲望充斥我們的心靈，我們總是不知疲倦地索取自己想要的一切，我們的內心開始變得焦躁不安。讓我們保持寧靜吧，就像莊子那樣美美地做一個夢，怡然自得。

守住自己的心靈空間

庖丁為文惠君解牛，手之所觸，肩之所倚，足之所履，膝之所踦，砉然嚮然，奏刀騞然，莫不中音，合於桑林之舞，乃中經首之會。

《莊子．養生主》中有這樣一個故事，十分有名。

有一天，文惠君去看他的廚子宰牛。

那廚子宰牛的時候，手觸、肩倚、足踩、膝抵，這些動作都發出不斷的響聲，揮刀解牛時發出謔謔的聲音。整個動作像跳舞一樣悠然自得，像樂曲一樣酣暢淋漓。

文惠君讚嘆說：「真是太好了！你的技術怎麼能達到這樣高超的境界呢？」

廚子放下刀，回答說：「宰牛的時候，我的心中只有道，而沒有技術。」

他接著說：「我開始宰牛的時候，所見到的無非是牛的整體。幾年之後，我的眼裡就不再有一整頭牛了。現在我宰牛的時候，只用心去接觸牛而不用眼睛去看，感覺器官停止了，精神活動還在進行。順著牛的生理結構，劈開筋骨間隙，沿著骨節的空隙，順應它本來的結構用刀。從來沒有碰到筋骨相連的地方，更不用說大骨頭了。」

「好的廚師每年換一次刀，因為他多用割的方法；一般的廚師一個月換一次刀，因為他多用劈砍的方法。而我的刀已經用了十九年了，殺了上千頭牛，還好像剛從磨刀石上磨過一樣鋒利。」廚師解釋說：「因為牛的骨節是有空隙的，而刀刃是沒有厚度的，用沒有厚度的刀刃去切入有空隙的骨節，當然是遊刃有餘。但是，每次碰到筋骨盤結之處，我看到它很難下手，就小心謹慎起來，集中精神，放慢動作，刀子輕輕揮動，牛體就像泥土一樣散落在地上。」

廚子頓了頓，說：「這時我提刀而立，四處張望，一副躊躇滿志的樣子。然後，我就把刀好好地收藏起來。」

文惠君說：「真好啊！聽了你的一席話，我悟出了養生的道理。順其自然，方可長壽！」

文惠君的廚子宰牛，也有其宰牛之道。他用心神去宰牛，而不是用眼睛等感官。其宰牛之道，就在於始終順著牛天生的生理結構，沿著空隙向前推進。正因如此，其刀解千牛，十九年而鋒利依舊。以無厚入有隙，所以運作起來還是寬綽而有餘地的。說明做事要「依乎天理」，「以無厚入有間」，這是莊子養生論的核心。同時說明了要認識自然規律，按自然規律辦事。成語「目無全牛」、「遊刃有餘」這兩句成語都出自這裡。

按照自然規律辦事，是很多人立身處世的準則。

傅昭，字茂遠，是北地靈州人。當時朝代更迭，危機四伏，他一生經歷宋、齊、梁三朝，任過州郡屬官、地方長官，甚至是朝官。在朝代更替的過程中，傅昭混跡於紛亂無序的官場，自身也遭受了許多挫折，還始終保持了自己的地位和名聲，關鍵在於他有自己的立身之道。

傅昭的父親名叫傅淡，在南朝後宋時曾任竟陵王劉誕的屬官。當時陵王劉誕謀反，傅淡也因此受到牽連被殺。父親被殺時，傅昭年僅六歲，父親的死使他受到了極大的震撼，對他以後養成謹慎、淡泊明志的做人之道有很大的影響。

後來，建安王劉休仁欲召傅昭為屬官，傅昭看到宋朝的政局不穩，一盤散沙，貪官專權，官場爾虞我詐，因此屢召而不應。南朝後齊永明初年，傅昭長期任南郡王蕭昭業的侍讀。不久，蕭昭業繼承帝位，他舊時的屬僚臣子紛紛來求個一官半職，唯有傅昭不求榮達，但求清靜無為，明哲保身。他的好朋友說他真是個傻子，他笑著說：「世事無常啊！」但，不幸的是蕭昭業僅當皇帝六個月便被廢，許多當時得寵當官的人都遭到了迫害，傅昭因未捲入這場政治爭鬥而免禍。

為了保障農業生產，南朝後梁時曾經規定了一項法令，禁止私自屠宰耕牛。有一次兒媳回娘家，回來時從娘家帶回一塊牛肉來孝敬傅昭，傅昭便對兒子說：「朝廷禁止屠宰耕牛，如今我們吃了這牛肉則犯法，告發到朝廷則害了親家，還是將牛肉收下然後掩埋到後院吧。」傅昭用這種辦法，不但保全了自身，也保護了親家，兩全其美。

梁武帝天監十一年，傅昭被任為信武將軍、安成內史。安成郡中雖然有河流小溪，但河中卻沒有魚，有一年盛夏，有人獻給傅昭一些魚。傅昭不願意收，又不願得罪送禮者，便又想了一個兩全其美的辦法，把魚掛在大門上。其他送禮的人見了，便不好意思再送了。

天監十七年，傅昭任智武將軍、臨海太守。當時他的屬地中有一處蜜岩，以前各任太守都把此地封為官地，藉以收利。傅昭到任，立即下令解封，百姓們都可以隨意採伐，這種與民同利的方法很快就得到當地民眾的好感，他的名望也迅速得到提高。

傅昭死後被謚為貞子，正是得益於淡泊、謹慎這兩個立身之法。他的一生，在當時那種腐敗黑暗的社會實在是很少見的。

傅昭在走馬燈似地更換朝代的魏晉六朝時期能夠立於不敗之地，主要靠的就是順應自然，順應時局，而清靜無為。

傅昭能在風雲變幻中依然泰然自若，氣定神閒，因為他有自己的心靈空間，始終與貪圖享樂的種種誘惑保持距離；而另一些人卻總是在與別人的攀比中心神不寧。他們漸漸發覺自己不適應生存環境，於是過大的欲望油然而生，把自己折磨得痛不欲生。

【人生感悟】

莊子藉庖丁解牛的故事告訴我們，我們的人生就要像庖丁手中的那把刀，用了十九年，依然鋒利如新。我們要在自然的軌跡上，不受社會的炎涼、人生的好爭、世間的行為所摧殘，終盡其年仍能保生養命。如果我們將人世間的紛紜萬象比喻為一條無比龐大的牛，那麼，我們只要順應自然運轉的秩序，妥善處理人間各種關係避免過度強求帶來的傷害，便能在滾滾紅塵中自在從容地生活。同樣，養生之道也是如此，順其自然，拋棄名利之心，避開金錢的引誘，方可長壽。

第二眼的美麗

德有所長而形有所忘，人不忘其所忘而忘其所不忘，此謂誠忘。

《莊子》中說：「德有所長而形有所忘，人不忘其所忘而忘其所不忘，此謂誠忘。」莊子的意思是，只要有超越常人的德行，形體方面的不足就會被人忘掉。人們不忘掉應該忘掉的形體而忘掉了不該忘掉的德行，那才叫做真實的遺忘。

衛國有一個名叫「哀駘它」的人，其貌醜陋不堪，跛腳駝背，外加脖子上生了個大瘤，倒垂下來晃蕩不已，使得他脖子連著腦袋總是一扭一動的，模樣甚是嚇人。然而說來奇怪，男人與他相處一久，就捨不得離開他；女人與他接觸幾日，就想嫁給他。哀駘它既無權勢可以替別人消災解難，亦無錢財可以養飽別人的肚子，況且面目非常醜惡，偏偏女人男人皆鍾情親附於他，可見哀駘它魅力之大了。

魯國的君主魯哀公聽說哀駘它其人其事之後，堅不相信。於是，他就把哀駘它請到魯國來。相處不到一個月，魯哀公就感到哀駘它智慧超群，有驚人的天賦；又過了些日子後，魯哀公一見哀駘它就自慚形穢；三個月後，魯哀公見到哀駘它就只有崇拜得五體投地之感了，連哀駘它脖子上一扭一晃的大瘤也顯得風度瀟灑，特別順眼，見到常人的脖子反倒覺得彷彿缺腿少胳膊似的，相當彆扭。

魯哀公極為激動，就請哀駘它當宰相，他漫漫然未加推辭，淡淡然無意承應。魯哀公更加為之傾倒不已，硬把國家大事全部託付給他。哀駘它盛情難卻，只得勉為其難。自此以後，哀駘它便坐在相府裡面儼然地總理國家事務，但見他眼睛看著各種官府文牘，耳朵諦聽各類民間糾紛，嘴巴應付列國使者絡繹不絕的拜訪，手裡還不停地起草告國文書。真是五官與四肢齊動，腦袋與心靈並用。在「目送飛鴻、手揮五弦」之間，把魯國上下十幾年累積下來的政經大事、陳年要案處理得妥妥帖帖，皆大歡喜。

正當魯國人全體目瞪口呆，崇仰得五體投地之時，哀駘它卻掛起相印，一聲不響地走了。從此以後，魯哀公三魂六魄似乎丟了兩魂五魄，覺得茶飯不香，後宮粉黛黯然失色，懨懨然患起相思病來了。

從這個故事中，我們可以感悟到這樣一個道理：人的形貌是天生的，一般情況下，不會有很多改變的可能。然而內在修養，卻可以培養和改善。這兩方面的表現在於外，一是容貌美，一是內在美。容貌美是第一眼的，內在美是第二眼的。最初的印象，無疑是容貌的美具有壓倒性的力量。但是逐漸地，內在之美便潛移默化地愈來愈露出魅力。

有些人你天生就願意和他們親近，有些人你會逐步地喜歡他們，也有相當一部分人讓你一輩子也不能容忍，探究一下究竟是什麼東西使得那些人能夠立刻把你吸引住，會是件很有趣的事。美貌的外表只能暫時地吸引人，而人內在的魅力才能長久地吸引人，正如莊子說的「哀駘它」是憑藉著自己內在的涵養和智慧來深深地吸引著別人一樣。

人的內在美是指人內心世界的美，是人的思想、品德、情操、性格等內在素質的具體體現，所以內在美也叫心靈美。它包括人生觀和人生理想、思想覺悟、道德情操、行為毅力、生活情緒、文化修養等。正確的人生觀和人生理想，高尚的品德和情操，豐富的學識和修養，構成一個人的內在美。內在美反映人的本質，也體現社會美的本質。

正確的人生觀和人生理想是人內在美的核心。各個時代、各個階級有著各種各樣的人生觀和人生理想。衡量其美與不美，是有客觀的社會標準的，也就是看是否有利於人的創造能力的發揮和人的全面發展，是否有利於人類物質文明和精神文明的進步，是否符合大多數人民的利益和要求。古今中外都是讚美先人後己、為天下謀幸福的人生理想，因為它超越了「趨吉避凶」的生物本性，而表現了人的自由、自覺的創造本質，雖然這種人生理想在各個時代、各個階級有著各自的具體內容，但都發揮著推動人類社會進步的作用，因而都是美的。

高尚的品德和情操也是內在美的重要內容。品德是人自覺的道德意識、道德行為；情操是由思想、感情、意志等構成的、相對穩定的心理狀態。它們都受人生觀的指導和制約，都透過人們的言行表現出來。品德優秀、情操高尚，必定具有美的心靈。當前應提倡文明禮貌、愛護公物、遵紀守法等社會公德，提倡敬業樂群、誠實守信，回報社會等職業道德，提倡尊老愛幼、男女平等、鄰里團結和家庭美德。這些對於塑造人的內在美具有重大意義。

豐富的學識和修養，也是內在美所不可缺少的。特別是在科學技術迅速發展的今天，博學多聞、聰慧能幹、富有修養的人，為人們尊敬、仰慕。那些不畏崎嶇險途，勇攀科學高峰，用自己的知識為人類的文明建設做出貢獻的專家、學者，其內心世界是美的。現代人要不斷豐富自己的學識、修養，使內在美更加充實完善。

內在美對人的美具有重要的作用：一是內在美在人的美中具有決定性作用。因為人的本質力量，人的自由、自覺的創造能力、智慧、情感等，在內在精神美裡得到最充分、最直接的體現。外在美是現象、形式，不具主要作用；內在美是本質，是內容，從根本上決定了一個人的美與醜。二是內在美比外在美所形成的美感更強烈、更持久、更深刻。外在美易於被人發現，也易於被人遺忘，所引起的美感是變動的、不確定的，易逝的，因而也是不深刻的；心靈美則能給人長時間的、強烈的、深刻的感受。三是內在美具有寶貴的社會價值。美的價值存在於為社會、為人類所做的貢獻之中。一個人的思想行為愈有利於社會、他人，就愈高尚、愈美，個人存在的社會價值就愈大。

【人生感悟】

我們既要具有美的內在精神，又要重視美的外在表現，努力達到內在美與外在美的統一，才是我們所要追求的人的美。喜歡一個醜陋人的內在，淡忘他的外在醜陋，但前提必須是他的內在魅力有過人之處。否則，沒有內在魅力，讓人忘記了醜陋的外在，還能記住什麼呢？

去掉機心，做生活的主人

吾生也有涯，而知也無涯。以有涯隨無涯，殆已！已而為知者，殆而已矣！為善無近名，為惡無近刑，緣督以為經，可以保身，可以全生，可以養親，可以盡年。

《莊子》中有這樣一個故事：

孔子的學生子貢到南方的楚國遊歷，在返回晉國的路上，看見一個老人正在菜園裡幹活。他挖掘一條有斜坡的小道通向井底，抱著瓦罐從井裡取水澆菜，非常吃力地做著，效率很低。

子貢很好心地走向前去，說：「有一種機械，使用它，一天可以澆上百畦（畦ㄒㄧ）的菜，用力很少但功效很高，老先生不想用嗎？」

老人停下手中的活計，仰面看著子貢說：「那是什麼樣的機械？」

子貢以為老人不懂，來了興致，說：「是用木材做成的機械，後面重前面輕，用它取水就像抽引一般，水像滾沸似的迅速流出。」

老人聽後十分生氣，說：「不要說了，我不想聽！我聽我的老師說過，有機械的，一定有機事，有機事的，一定有機心。機心存於胸中，純潔素白就不具備；純潔素白不具備，神性就不安定；

神性不安定，就不能載道。你所說的器械，我不是不知道，但我感到那是羞辱，不願去做。」

子貢聽後羞慚得低下了頭，無言以對。

過了一會兒，老人看到子貢很尷尬的樣子，就問子貢說：「你是做什麼的？」

子貢這才緩過神來，不無驕傲地說：「我是孔子的學生。」

老人說：「就是那個以博學自比聖人、靠誇誕來壓倒眾人、獨自扶弦哀歌、向天下炫耀名聲的人嗎？唉！你為什麼要跟他學呢？你應當忘卻你的神氣，毀壞你的形體，那樣差不多接近於道了。現在你自身還不能治理，又怎能有能力治理天下呢？去吧，不要耽誤我的事情。」

子貢聽了以後，羞愧得變了臉色，內心空虛而不舒服，走了三十里路後才有好轉。他的學生問道：「剛才那是個什麼樣的人？先生見了他怎麼變了臉色，整日都沒有恢復常態？」

子貢說：「原來我以為天下道德高深的只是我的老師孔子一個人罷了，真不知道還有這樣一個人。我聽先生孔子說過，事情要做得確當，功業要求其完成。用力少，而功效多，便是聖人之道。現在才知並不是這樣。掌握道的人，德性完全；德性完全的人，形體完全；形體完全的人，精神完全；精神完全，便是聖人之道。寄生在人世和一般人共同生存，而不知要到哪裡去。淳樸完備，茫茫深遠，不可測度！功利機巧，在這樣的人的心裡必定不會存在。像這樣的人，不合他的志向，不去；不合他的心願，不做。雖然天下都稱讚他，所稱讚的與他的行為相合，也傲然不顧；天下都責備他，所責備的與他的行為不符，也全不在意，不入於耳。天下人的責備和稱讚對他是沒有什麼增加和減少的。這才叫做德性完備之人！」

子貢回到魯國以後，把這件事情告訴孔子。孔子說：「他是修習渾沌氏道術的人。他只知其一，不知其二，只是修養內心，而不治理身外事物。對於這樣心智明白、進入純素境界、無為虛淡、返回淳樸本原、體悟純性、抱持真神而遨遊世俗之間的人，你何必感到驚異呢？況且，渾沌氏的道術，我和你怎麼能夠認識呢？」

莊子講這個故事是有用意的。最後莊子講出了自己的觀點：「有機械者必有機事，有機事者必有機心。機心存於胸中則純白不備。純白不備則神生不定。神生不定者，道之所不載也。」

這句話的意思是說，有機械的人必定有機巧之事，有機巧之事必然有機詐之心。機詐之心存在於胸中，則純潔質樸之心就不完備；純潔質樸之心不完備，則精神生而不得安定；精神生而不得安定的人，為大道所摒棄不容也。

【人生感悟】

莊子早就看出這種「心為物役」的危險。人一旦習慣使用機械這個「便利」的外物，便會在不知不覺中被它改變了價值觀，這就是「機心」；人一旦充滿機心，純淨的本性就一點一滴地被侵蝕，不再有理性的自主，以致自己的心神常在寧靜中擺盪，這就叫「神生不定」。不過，人之所以和動物不同，就在於他有「理性」，能夠去判斷什麼該做，什麼不該做；因此，只要不讓這種理性喪失，便能不被外力操縱，做生活的主人。

有一種幸福叫忘記

相儒以沫，不若相忘於江湖。

莊子說：「相儒以沫，不若相忘於江湖。」莊子的意思是說，泉水乾涸了，魚兒一起困於陸上，相互吐氣沾濕，與其相互用口沫相沾濕，不如在江湖中相互遺忘。

《莊子．天運》中講述了這樣一個故事：

孔子準備把他的經書儲藏在周王室。子路說：「老子做過周王室掌管典籍的史官。先生如果想藏書，可以找他幫忙。」於是孔子去見老子。

老子問起孔子關於他這些書所闡明的要點時，孔子說：「要點在於仁義。」

老子微笑著說：「仁義是人的本性嗎？」

孔子說：「仁義確實是人的本性。君子不仁不能成就名聲，不義不能立身於社會。」

老子問：「什麼是仁義呢？」

孔子說：「心地中正，和悅外物，兼愛他人而不偏私，這就是仁義。」

老子站了起來，看著孔子說：「眼睛揉進沙子，天地看來也像顛倒了一樣；皮膚被蚊蟲叮咬，人就會通宵睡不著覺。仁義的毒害，比這些更猛烈。」

「讓天下的人保持質樸的內心，又何必需要仁義呢？」老子緩緩說道，「白天鵝不是天天洗才白的，烏鴉也不是天天染才黑的。對黑與白這樣本質的東西，根本不值得去分辨。人要順應自然，名聲與榮耀都是外在的東西，又何必去張揚呢？泉水乾涸了，魚相互依偎在陸地上，靠彼此吐出來的濕氣苦苦支撐，為什麼不把牠們放到牠們本來應該待的地方，讓牠們在江湖中忘掉對方不是更快樂嗎？」

「相濡以沫」在今天無疑具有正面含義。莊子對於此，並無異議，他能細緻觀察身處危險境地的魚兒們的動作和情意，簡潔貼切地將牠們表達出來，沒有悲天憫人的同情心，是難以想像的。然而，莊子的與眾不同之處，或許一般人僅僅抱著一種想法的時候，莊子卻能有異乎尋常的感受。這種感受源於他超越世俗的立場。

莊子從萬物的本然狀態考慮：魚兒們就應該生活在水中，在水裡牠們才能自由自在，如果魚兒們離開了水，就是脫離了生命的自然狀態，這樣就是一種生存狀態的扭曲。回到人世，莊子引述了老子的話，「失道而後德，失德而後仁，失仁而後義，失義而後

禮。」仁義，在儒家為代表的思想世界中，具有無可置疑的正面價值，但是老子和莊子等道家則尖銳地指出：仁義不過是喪失了真正道德之後的次一等境界，當真正的道德尚存世間的時代，仁義是沒有必要的，就如同魚兒在水中的時候，相濡以沫的相互關切是沒有必要的一樣。

仁義之類的正面價值是不需要的，那麼善惡的分別也就不必要。所以莊子接著說：「與其譽堯而非桀，不如兩忘而忘其道。」歸於道，就像魚回歸到水裡，「魚相忘乎江湖，人相忘乎道。」

東漢名士袁安就被莊子的這種人生哲思所影響，他也說過「相忘於江湖」之類的話。

東漢末年，楊阜被推舉孝廉而擔任州刺史從事，後為曹操所賞識，徵召在丞相府任參贊軍事。他曾從軍討伐馬超，屢建奇功，賜爵為關內侯，歷任益州刺史、武都太守等職。

楊阜敢於直諫，視天下為己任。有一次曹魏與蜀漢交戰，都護曹洪奉曹操之命打退蜀漢大將馬超的進攻後，置酒慶功，慰勞諸將，酒酣時，曹洪令家妓穿上一種透明的紗衣，踏鼓表演，滿座興高采烈地對這些裸女大聲喝采，只有楊阜站出來責備曹洪不該在大庭廣眾之下做這種色情表演。

到了魏明帝時，有人問楚郡太守袁安：「已故的內務大臣楊阜忠言直諫，你為什麼從來不稱讚他是忠臣呢？」

袁安回答道：「像楊阜這樣的大臣只能稱『直士』，算不得忠臣。為什麼這麼說呢？所謂相濡以沫，不如相忘於江湖，他的直諫正彰顯了別人的過失。如果發現別人的行為有不合規矩的地方，當著眾人的面指出他的錯誤，使他的過失傳揚天下，反給自己撈了個耿直之士的名聲，這不是應有的做法。」

袁安的相濡以沫或許令人感動；而莊子的「相忘於江湖」則是一種境界，或許更需要坦蕩、淡泊的心境吧。能夠忘記，也是一種幸福。

【人生感悟】

我們活在這個世界上，應該順應自然，反歸質樸的本性。榮華富貴都是身外之物，不必去孜孜追求，我們可以把它們忘記。就如同魚一樣，牠們本來應該在江湖中暢游，如果讓牠們在陸地上生存就是違背了牠們的本性。而我們人類呢？當然也是一樣，我們的一切煩惱都是因為我們太在乎，在乎得愈深，苦惱就愈深。其實，我們需要做的只是還原內心的坦然。

人生快樂逍遙遊

莊子與惠子遊於濠梁之上，莊子曰：儵魚出游從容，是魚之樂也，惠子曰：子非魚，安知魚之樂？莊子曰：子非我，安知我不知魚之樂？

有一天，莊子與惠子在濠水的橋上遊玩。

秋高氣爽，陽光暖暖地照著大地。微風拂來，荷葉的清香依稀傳來。橋下，魚兒在水裡自在地游著，一條接著一條從荷葉間穿梭往來，一會兒在東，一會兒在西。

莊子說：「你看！那些魚兒悠然自得地游來游去，這就是做魚的快樂啊！」

惠子不同意，反問道：「你不是魚，你怎麼知道魚的快樂呢？或許，牠們正處於痛苦當中呢！」

莊子反駁說：「你不是我，你怎麼知道我不知道魚的快樂？」

惠子呵呵一笑，說：「我不是你，本來就不知道你的感受；你也不是魚，你怎麼會知道魚的快樂呢？可見，你根本不可能知道魚的感受。」

莊子說：「讓我們追溯開頭的話題吧！你說：『你從哪知道魚的快樂呢？』這就是說，你已經承認我知道魚的快樂而來問我。我是在濠水的橋上知道的啊！」惠子大笑不止，過了一會，說：「世人都說我惠子喜歡狡辯，想不到你莊子狡辯的本事也不在我之下。我開頭是問你：『你怎麼知道魚的快樂呢？』而不是問：『你從哪知道魚的快樂呢？』你不要顧左右言言他。」

莊子說：「如果真要問我怎麼知道魚的快樂，我只能回答說我知道。魚和我，都只不過是道的物化形式，我就是魚，魚就是我，我為什麼不知道魚的快樂呢？」

莊子和惠子在橋上論辯的場景，多少年來縈繞在人們的心間。

惠子是莊子最重要的辯友，他堅持清晰的理性分析，在現實的層面上，認定莊子是不可能知道魚是否快樂的。的確，雖然據說有所謂能聽懂鳥語的人，但現實中似乎沒有見過。然而莊子仍然肯定魚是快樂的。莊子是不是強詞奪理的狡辯呢？

當然不是，他有自己獨到的看法。莊子展現的是一個通達天地自然，與萬物溝通無礙的心靈。魚在水裡游，我遊於人世間，同樣的自由自在，魚和我是相互交融的。魚的快樂，其實是我快樂的映射，我快樂，所以魚也應當快樂。杜甫有兩句詩：「感時花濺淚，恨別鳥驚心。」或許能夠用來證明莊子的觀點，只是一哀一樂而已。

莊子堅持自己的觀點，反對的正是惠子的細瑣分辨。這個世界有時候是不能分開來瞭解的。

莊子的哲學和人生觀裡，對「逍遙」的追尋佔了很大的成分，因此他才會從條魚悠閒戲水的姿態來判斷條魚很快樂。這種根據自己的心境而對客觀事物進行主觀的臆斷，不是莊子所獨有的專利，而是我們每個人身上都可以找得到的。

【人生感悟】

有一首歌叫《美酒加咖啡》，其中有一句歌詞唱道：「初開的花蕾，你怎麼也流淚。」帶露的花蕾本說不上傷悲與否，但因為作歌的人心境晦暗，也自然將花的露水看成了淚水。同樣一朵花，有人又可能會說：「你瞧那花兒開得多燦爛，花瓣上的露珠就好像一雙會說話的眼睛。」世間的山川日月，花草蟲魚本不適合用悲歡愛恨來描述，但人們卻很容易成為感情的奴隸而隨著自己的悲喜來感受這個世界。心情好的時候，世界自然就美；心情糟的時候，又怎麼可能寫出「飛流直下三千尺，疑是銀河落九天」的不朽詩句呢？所以要感受世間萬物的美好，首先要使自己的心境快樂起來，敞開胸懷，你才可以真正感受這個世界的神奇和美麗。

專注才能出神入化

吾守形而忘身，觀於濁水而迷於清淵。

一天，孔子遊歷到楚國，經過一片樹林的時候，看見一個人捕蟬。那人駝背弓腰，用竹竿來捕蟬，就好像在地上拾取一樣，從來不會失手。孔子走上前去，拱手行禮，問道：「先生技術如此嫻熟，有什麼絕招嗎？」

那人回答說：「我有絕招。五、六月間，正是捕蟬的好時候。我剛開始捕蟬的時候，也像別人一樣，常常失手。後來，我在竹竿頂上放兩個丸子，用手舉著，身子不動。這樣訓練幾個月後，丸子在竹竿上可以不掉下來，這時去捕蟬，失敗的機率就很低了。後來，我在竹竿上放三個丸子，如果不掉下來，這時去捕蟬，失敗的機會就更少了。到後來，我放五個丸子在竹竿上，訓練得不掉下來後，這時去捕蟬，就好像在地上拾取一樣，從不失手。」

孔子讚嘆說：「妙啊！」

那人繼續說：「我捕蟬的時候，身體像木頭一樣靜止不動，我掌握著自己的手臂，就好像把持著一棵枯木一樣。天地雖大，萬物雖多，除了蟬的翅膀，一切我都看不見。我不回頭不側身，不因為萬物轉換對蟬翅膀的注意力，這樣還有什麼得不到的呢？」

孔子感嘆不已，回過頭來對弟子們說：「用心專一，精神高度集中，就可以達到神奇的境界。說的就是這個駝背老人啊！」

老人說：「你們這些錦衣玉食之人也懂得過問這些道理嗎？走吧，先拋棄你們那套仁義禮教，再來談論這些道理吧！」

捕蟬，本是一件很普通的事情。但莊子卻能從這件小事上見出道家所推崇的道。這從一個側面說明道無所不在。故事中的老人捕蟬的時候，身體像枯木一樣靜止不動，眼中除了蟬翼，萬物都看不見。正是因為排除了一切外在干擾，用心專一，精神高度集中，其捕蟬才能出神入化。捕蟬是這樣，悟道也是同樣的道理。

王羲之之所以能夠成為一代書聖，除了天分之外，更重要的是他對書法專注練習的精神。王羲之最愛吃夫人親手調的蒜泥，要是有剛出籠的饅頭沾上蒜泥，對於王羲之來講是人間難得的美味。每當他全神貫注在書房裡練字時，夫人有時就會弄些餐點讓他先吃些。要是到了吃飯的時候，他還不肯放下筆來，就只好將飯菜送進書房了。而且，必須親眼看著王羲之吃完，要不就會出問題。

有一天，夫人給他送來他最愛吃的蒜泥和饃饃。可是他連頭也不抬，仍然繼續揮筆疾書，練習寫字。夫人苦笑了一下，絲毫沒有辦法。眼看著王羲之一點也沒有要停筆休息的意思，夫人就把蒜泥和饅頭放在王羲之伸手可及的地方，然後退了出去。過了好一會兒，就快要吃飯了，夫人想怎麼那點蒜泥饃饃也該吃完了吧，就過來書房想收拾碗盤。進了書房，一看可傻眼了，只見王羲之滿嘴墨水，手裡還拿著一塊沾了墨汁的饃饃。原來，王羲之根本沒看盛蒜泥的碗在哪裡，只是左手抓起饃饃蘸著東西就往嘴裡送，萬沒想到，他竟蘸到了硯台裡。於是就有了這麼一幕王羲之食墨的搞笑場面。

一向溫淑嫻靜的夫人也禁不住放聲大笑起來。王羲之還是沒有注意，他一面繼續寫字，一面隨口誇獎夫人說：「妳今天做的蒜泥真香呀！」王羲之說完這話，舉起左手來，還要把蘸了墨汁的饃饃往嘴裡塞。

夫人趕快走過去，把那塊蘸了墨汁的饃饃奪下來，打趣地說：「你吃的是什麼饃饃？好香的黑饃饃啊！你是從哪裡弄來的？」王羲之聽夫人這麼說，才停住了筆，抬頭一看夫人手裡拿的黑饃饃，這才意識到自己錯把墨汁當蒜泥了，也不禁哈哈大笑起來。

看來，太過於專注自己喜愛的事情，有時就會忽略在自己看來不太重要的事情，還會因為不在意而鬧出小笑話來，這也許就是生活中的志趣吧。如果能為自己確定下志向，專心致志，還為此出現了無傷大雅的錯誤，那也算是調劑生活的另一道風景吧！

【人生感悟】

專注於一件事的人是美麗的，而敷衍會讓高貴的人物看起來俗不可耐，會讓任何重大的事情變得無足輕重。

不要強出風頭炫耀自己

直木先伐，甘井先竭。

《莊子》中有一句話叫「直木先伐，甘井先竭」。莊子認為，挺直的樹木往往最先被人砍伐掉，水甜美的水井往往最先被人們用光，直到乾枯。因為人們都喜歡它，進而利用它。

同樣的道理，人才的選用也是如此。有一些才華橫溢、鋒芒太露的人，雖然容易受到重用提拔，可是也容易遭人暗算。

隋代薛道衡剛十三歲時，能講《左氏春秋傳》。隋文帝（高祖）時，任內史侍郎。煬帝大業五年，被召還京，獻上《高祖頌》。煬帝看了不高興，說「這只是文辭漂亮」。煬帝自認文才高而傲視天下之士，不想讓他們超過自己，有大臣乘機讒言薛道衡自負才氣，不聽訓示，更看不起皇上。於是煬帝便下令把薛道衡絞死了。天下人都認為薛道衡死得冤枉，而他不正是太露鋒芒遭人嫉恨而命喪黃泉的嗎？那麼，遇到這種情況該怎麼辦呢？

《莊子》中提出「意怠」哲學。「意怠」是一種很會鼓動翅膀的鳥，別的方面毫無出眾之處。別的鳥飛，牠也跟著飛，傍晚歸巢，牠也跟著歸巢。隊伍前進時牠從不爭先，後退時也從不落後。吃東西時不搶食、不脫隊，因此很少受到威脅。表面看來，這種生存方式顯得有些保守，但是仔細想想，這樣做也許是最可取的。

凡事預先留條退路，不過分炫耀自己的才能，這種人才不會犯什麼大的錯誤。在古代，看似平庸，但是卻能按自己的方式生存的一種方式。

南朝王僧虔年紀很輕的時候，就以擅寫楷書、行書聞名。宋文帝看到他寫在白扇子上面的字，讚嘆道：「不僅是字超過了王獻之，風度氣質也超過了他。」南朝宋大明年間，宋孝武帝想一人以書名聞天下，僧虔便不敢露出自己的真跡，常常把字寫得很差，因此而平安無事。

賀敦是周朝的一名大將，立有大功，因為對朝廷賞賜不公心懷不滿，便口出怨言，結果被權臣宇文護逼令自殺，臨死時，他叫來兒子賀若弼說：「我因口舌而死，你不能不記住！」接著用錐子將賀若弼的舌頭刺出血來，以此告誡他慎口少說。

直木先伐，甘井先竭。莊子用此來告誡世人要警惕環境的險惡，人性叵測，世人要學會隱藏自己，彎曲自己，不動聲色，不過於張揚，才會避免成為他人的攻擊目標。人在團體中人緣是日積月累的結果，你待人寬厚，別人自會感激你，用不著強求。強出風頭只會引來他人的反感。

【人生感悟】

既然莊子說：「直木先伐，甘井先竭」，那麼，在生活中，我們不妨採取另外一種處世方式：不前不後。不前不後是一種處世技巧，它的出發點就在於明哲保身。這種策略可以保障你在一個集體中安安穩穩地生存下去。

君子之交淡如水

君子之交淡若水，小人之交甘若醴。

「君子之交淡若水，小人之交甘若醴。」莊子的這句名言世人皆知，之所以被認可，並能在社會廣泛流傳，是因為它道出了交朋友過程中的道理，可以說是交朋友的「金科玉律」。這句話闡明了中國人的兩個交友法則：一個是「淡」，一個是「水」，或者說叫「若水」。

「若水」很容易理解，水是常態，無色無味，清淡明淨，最普通不過。交朋友倘若像水一樣保持一個平常的心態和平常的禮節，那麼，這就是為人推崇的「君子之交」。這裡的心態又包括了像水一樣的心情和態度，禮節則包含了像水一樣淡泊的禮儀和節制。

失意的時候，朋友的一聲聲問候，喚回動盪已久的心，這友情就是水，如果沒有了它，嘴唇會乾澀起泡；鼻子吸進寂寞，呼出恐懼，耳朵告訴眼睛：孤單……友情是水，是一汪清澈的水。

誰能夠划船不用槳，誰能夠揚帆沒有風向，誰能夠沒有好朋友，友情是水，水是甜的，要甜一起甜；友情是水，水是淚，淚是苦的，要流一起流。

莊子告訴人們，朋友之間的交往分君子之交和小人之交，並且指出君子之交的好處與小人之交的弊端。「淡若水」推崇交友應保持一種淡。淡得無名利，無貴賤。

當然，無名利，無貴賤並不是說交往無任何價值。恰恰反之，交友，交摯友的價值非比尋常。所以，「淡」的另外一層含義應該特別強調。交往是一定有所欲求的，而無欲求之交往並不存在。所以，「若水」之「淡」並不是讓交友迴避欲求，而是這種欲求應像水一樣──「中和」，保持雙方交往價值的平衡。水之「淡」，源於水的組合成分恰到好處。氫和氧之恰當配比使得水是那麼的淡。交友之欲求若保持「水」的「中和」，則為君子之交。

人們為什麼要頌揚君子之交呢？因為君子之間的友誼雖然清純平淡，但真實、親密而長久；小人的友誼雖濃烈甜蜜，但虛假多變，經不起時間的考驗。

同道的君子之交則以互相鼓勵、切磋道義和方向、規勸對方過失為目的。友誼是建立在相互信任和理解的基礎上的，彼此道義相同，所以能長久；而小人之交則是建立在私利之上，無利則義斷，這樣的朋友是假朋友或是暫時的朋友。

君子之交，都是順其自然的事情。無意之中，君子之交會在時間的印證下，愈交彌深。因為一切都是順其自然，水到渠成，自然不會摻雜非分之想，甚至是惡心歹意，所以，君子之交就像清水一樣，清淡而具有生命力。

有些人締結友誼，純粹出於自私自利的動機，他們以對己「有用」還是「沒用」的勢利眼光來擇人交友。若某人能給他帶來好處，他便投其所好，頻頻交往，還美其名曰「感情投資」。一旦認為該人對他沒有用處了，就疏於交往，「友誼」也就告吹了。

有些人所謂的結交朋友是為了不可告人的目的，朋友只是他們達到目的的一個工具，朋友是他們利用的對象。這種人是最可怕的，任何人一旦被這樣的人盯住，是非常危險的。

君子惺惺相惜，相互之間一望即知，相視一笑，莫逆於心。他們之間的關係，是建立在共同的信念以及由此而來的相互欣賞的基礎之上，因為本質的切合無需過多的外在表現。與君子之間靜水流深相對的是小人之間看似濃烈的熱絡，像醇香的美酒。生活中缺乏真正的甜美，於是盼望甜美的口味，真正品嘗過甜美的人，反而最懂得平淡的真意。

【人生感悟】

交友是有大學問的，尤其是走出校門步入社會以後，更要注意。真正的友誼如同水一樣清淡，試想，假如兩個人一開始就充滿了利益的衝突，那麼他們不可能成為真正的朋友，這裡的「利益」就如同鹽或糖把清水的淡給破壞了。

囂張，沒有落魄的久

吳王浮於江，登乎狙之山。眾狙見之，恂然棄而逃，逃於深蓁。有一狙焉：委蛇攫搔，見巧乎王。王射之，敏給搏捷矢。王命相者趨射之，狙執死。王顧謂其友顏不疑曰：「之狙也，伐其巧，恃其便，以敖予，以至此殛也。戒之哉！嗟呼！無以汝色驕人哉！」

《莊子》裡面有這樣一則寓言：

吳王乘船渡過長江，登上一座猴子山。猴子們看見國王率領大隊人馬上山來了，都驚叫著逃進樹林裡，躲藏在樹叢茂密的地方。而有一隻猴子卻十分從容自得，抓耳摸腦，在吳王面前竄上跳下，故意賣弄技巧。吳王很討厭這隻猴子的輕浮，便張弓搭箭，向牠射去。這隻猴子存心要顯露本事，因此當吳王的箭射來時，牠就敏捷地躍起身，一把抓住飛箭。吳王這下真是火了，轉身示意隨從們一齊放箭，這時箭如雨下，不可躲閃，那猴子終於被射死了。

有句成語叫「鋒芒畢露」，鋒芒本來是指刀劍的尖端，人們時常用它來比喻一個人出眾的才幹。古人認為，一個人如果無鋒無芒，那就是扶不起來的阿斗，也不會取得成功，所以有鋒芒是對一個人才幹的肯定，是事業成功的基礎，在適當的場合顯露一下既有必要，也是應該的。然而，鋒芒會刺傷別人，當然也會刺傷自己，運用起來還是得多加小心。

這裡所說的做人處世要「藏鋒露拙」、「匿鋭示弱」，並非是要人埋沒自己的才能，而是為了保護自己，不招來禍端，從而更好地發揮自己的才能和專長。

在社會交往中，要使別人知道你，當然先要引起別人的注意；而想引起別人的注意，單單從言語行動方面努力的話，就不免在言語或行動中暴露鋒芒。你只要稍微注意一下，就會發現我們周圍一些有人緣的人，往往看起來都是毫無稜角，無論是他的言談還是舉止，個個都是深藏不露，好像他們都是庸才。其實他們之中，有的才能要遠遠高過你。他們個個都很「訥言」，其實其中頗有能言善辯者；他們好像胸無大志，其實不乏雄才大略、不願久居人下者。但是他們都不肯在言語行為上表現出來，這是什麼道理呢？

因為他們有所顧忌，言語鋒芒便會得罪別人，得罪別人就會成為自己的阻力，成為自己的破壞者；行動鋒芒便會惹人妒忌，別人妒忌就成為自己的阻力，也必定成為自己成功的破壞者。如果你的四周都是阻力，都是破壞者，試想你還能做成什麼事呢？

眾所周知，關羽在世人心目中是一個武藝高強、俠肝義膽的英雄形象。但是，即便是這樣的一位英雄，他也有自我致命的弱點，就是這個致命弱點注定了他的最終命運。

有人把關羽的性格特點總結為剛愎自用和目空一切。有幾件事情可以看出他的性格弱點。

第一件事是關羽對自己能力的估計。

當時，劉備在奪取荊州之後向西川進攻，把守衛荊州的重任交給了關羽。

時諸葛亮問關羽：「如果北面曹操來攻，如何退敵？」

關羽說：「我去擋住他。」

諸葛亮又問：「如果曹操和孫權一起來攻，怎麼辦？」

關羽說：「我分兵擋住他們。」

諸葛亮一聽，趕忙說：「這樣的話，荊州就危險了，我有八個字，你一定要牢記：北拒曹操，東和孫權。」在這一問一答之間就可以看出關羽目空一切、恃才傲物的個性。

第二件事是對待加封「五虎上將」的態度。

劉備取得漢中後，稱漢中王，封「五虎上將」。消息傳到荊州，關羽問，「五虎上將」除了自己還有誰，別人告訴他，有張飛，他說，那是我兄弟，應該；有趙雲，他說，那也是我的兄弟，也應該；有馬超，他說，那是名門之後，應該；有黃忠，他就不高興了，「大丈夫終不與老卒為伍。」在這裡，關羽居功自傲、盛氣凌人的性格就充分顯示了出來。

第三件事是拒絕東吳聯姻的請求。

孫權想與劉備結成聯盟，共破曹操，就派很有面子的諸葛瑾前來向關羽求親，為孫權的兒子向關羽的女兒求婚，關羽卻很不給面子，「吾虎女安肯嫁犬子乎！不看汝弟之面，立斬汝首！」諸葛瑾抱頭鼠竄，回去向孫權如實稟報，孫權大怒，與眾臣商議取荊州之策，自此，關羽的悲劇大幕拉開。

透過這三件事情我們可以看出，其性格中的弱點使其悲劇性結局成為必然。

【人生感悟】

《易經》中說：「君子藏器於身，待時而動。」這裡的「器」即是一個人擁有的各種才能，當然，一個人沒有才能是不足為道的，但是有才能一定要在特定的時候表現出來，這樣才不會傷人傷己。千萬別學那隻愛出風頭、招搖賣弄的猴子，不然就有可能成為眾矢之的，下場必然淒慘無比。

不精不誠，不能動人

真者，精誠之至也。不精不誠，不能動人。

道家基本的一個理念就是「真」。某種程度上與儒家大力提倡的「善」，可以相互對照。所謂「真」就是本真，就是保守原初的狀態，不扭曲，不做作，一任率真。所以，莊子說：「真者，精誠之至也。不精不誠，不能動人。」

《莊子》中有這樣一個故事，這無疑是莊子藉以批判儒家思想，闡述他回歸自然本性的主張。有一天，孔子累了坐在地上休息。弟子們讀書，孔子鼓琴而歌。

曲子還沒到一半，有一個漁夫從下游行船而來。那漁夫鬚髮皆白，散髮揮袖，行到陸地的時候，就停下來休息。他左手按著膝，右手撐著面頰，聽孔子彈琴。

曲子終了，那漁夫向子貢、子路招了招手。

子貢、子路走了過來。那老頭指著孔子問道：「那是誰？」

子路回答說：「魯國的君子。」

那人問：「姓什麼？」子路回答說：「姓孔。」

那人問：「孔氏主要致力於什麼學問？」

子路沒回答，子貢回答說：「孔氏用心於忠信，推行仁義，修飾禮樂，制定人倫。對上忠於大王，對下感化百姓，以此有利於天下。這就是孔氏的學問。」

那人問：「他是國君嗎？」子貢回答說：「不是。」

那人又問：「是高官嗎？」子貢回答說：「不是。」

那人笑著回頭走，說：「仁確實是仁，但恐怕不免身心勞累。形體勞累，心力交瘁，難免危害他的真啊！他離道愈來愈遠了。」

子貢、子路回去後，把漁夫的話傳達給孔子。

孔子聽後，趕上漁夫，問道：「請問，什麼是真？」

那人說：「真，就是精誠的極致。不精不誠，不能動人。因此，強迫哭，雖然悲傷但不哀痛；強迫發怒，雖然嚴肅但不威信；強迫親熱，雖然笑但不和氣。真正悲傷沒有聲音但很哀痛，真正發怒不出聲但威嚴，真正親熱不笑但和氣。禮節，是世俗人造出來的；真，才是出於天然，自然不可改變。因此聖人效法天而以真為貴，不為世俗所拘束。只有愚鈍之人才會與此背離。不能取法天然而憂心人事，不知以真為貴，碌碌地受世俗影響，因此不足道。可惜啊！你過早沉溺於人為之事，現在聽到大道已經太晚了。」

孔子致力於仁義而漁夫卻強調真。在他眼裡孔子的仁義都是人為違背了自然的真，因而只會讓自己身心疲憊。在莊子看來，拋棄一切刻意的行為，返歸於自然的本真狀態，這才是大道。

這不禁讓人想起阮籍的一則著名的逸事：其母去世，阮籍執意下棋至終，然後吐血。阮籍在為母親守喪期間，依然吃肉喝酒，對前來弔唁的人十分冷淡。阮籍的這些行為舉止在當時簡直是大逆不道，就算在我們生活的現代社會，如果有人做出這樣的行為，也是要面對巨大的輿論壓力。

但是，從莊子哲學思維來看，阮籍才是真正的「純真」。阮籍最像莊子之處，就在於真。阮籍看起來真是不守禮法，母親死了還繼續下棋，又吃肉又喝酒，但他的感情卻是最真的，他的哀傷不是表現在遵從世間喪禮方面，而是透過形銷骨立的外貌變化，透露出最具強度的傷心絕望，實踐了莊子所謂的居喪的核心意義。

【人生感悟】

莊子的「不精不誠，不能動人」的至理名言，對我們大有啟發。「真」可以理解為真實無妄，真心誠意，誠實無欺。所以我們在人際交往中，能夠精誠待人，不論我們身上有多少缺點，別人在與我們的交往中，會感到真誠自在。

樸素的美麗

樸素而天下莫能與之爭美。

莊子說：「樸素而天下莫能與之爭美。」「樸素」這個詞很平常，看上面這句話，或許會理解為簡單平淡就是最美的。這麼解釋當然難說就是錯，不過，還不是莊子真正的本意。讓我們想一想，老虎身上的斑紋，很是繁複，這算美嗎？其實，這裡所謂「樸素」，不應當從樸素簡淡的美學風格上去理解。

我們要理解莊子所說「樸素」就要從這兩個字的本來意識說起。這裡的「樸」，指未經砍伐加工之木，東漢王充的《論衡》中有解釋：「無刀斧之斷者謂之樸。」「素」則是未曾染過的布帛，現在說「素面朝天」，就是這個意思，指沒有塗抹妝飾。那麼「樸」和「素」合在一起，成為一個詞，它們之間的共同點構成了「樸素」的真正意旨，即保持了本來性狀、未經裝點改變。

這層意思《莊子·天地》篇有一個譬喻講得十分精采：百年的大樹被剖開，一部分做成祭祀時的尊貴酒器犧尊，且塗飾得色彩青黃斑斕；其餘部分則被拋棄溝壑；這兩者，在世俗的眼光看來，或許有美醜高下之區別，但在喪失其本來性狀上則是一樣的。

顯而易見，在莊子心中，至高的不是美，而是保守本性的純真，美是本性之真的結果。那麼，老虎的斑紋天生如此，莊子一定也可以頷首認同其美麗，而不會強指為醜陋的。

關於樸素美，莊子又說：「西施有心病而經常皺著眉頭，看見她而認為很美麗，都學西施的樣子。鄉里有錢人看到西施，關上門不敢出來；窮人看見西施，趕緊拉著妻子走了。他們只知道西施美麗，但不知道西施美在哪裡。」

「樸素而天下莫能與之爭美」，保守天然本性就是美，由此，就可以真正理解東施效顰（顰ㄆㄧㄣˊ）故事的意思了。

西施之顰，之所以美，其實不在於她是美人因而一切皆美，而是因其「病心」，這是出自真「心」的。而東施效顰之所以醜，也不是因為她原本就醜，而是她並未「病心」，故而其顰非出本心，純屬裝模作樣。東施一意追求世俗所認同的美，矯柔偽飾，導致喪失了自己的本真。可想而知，如果西施沒有「病心」而「顰」，恐怕莊子也會笑話美人的吧。其實，「顰」不過是形跡，效顰是東施錯誤的外在表現，如果要以莊子口氣來批評的話，那該是「東施效心」。

這種違逆自己本性，而盲目認同並追逐世間一般價值的作為，是莊子一貫譏諷的。那個有名的「邯鄲（邯鄲ㄏㄢˊ ㄉㄢ）學步」的故事，也不妨從這個角度去理解。

相傳戰國時，趙國邯鄲人走路姿態很瀟脫。燕國少年壽陵專程到邯鄲學習走步，他先是整天地停留在邯鄲的街上，或是站著，或是蹲著，目不轉睛地觀看邯鄲人怎樣走路。在他看來，邯鄲人走路的姿態也確是好看。不論那老的、那少的、那男的，尤其是那女的，走起路來，如花朵漫飛，如雲霞輕動，如楊柳飄飄，如溪水潺潺，實在是妙不可言。

壽陵地方來的年輕人邊看邊總結著邯鄲人走路的特點。他給男的總結出了幾條，也給那女的總結出了幾條。他總結得有條有理，有板有眼。

總結出邯鄲人走路的特點，他便學著去走。學呀學呀，走呀走呀。然而，他學那老的，學得不像；學那少的，學得不像；學那男的，學得不像；學那女的，學得更是不像。

「這是怎麼回事，原因何在呢？」

壽陵青年不知所以，皺起了眉頭。

不過，壽陵青年畢竟不是癡子。很快，他的眉頭舒展開來。這是因為，他找到了學不成的原因所在。那就是因為他與邯鄲人同站在一個地平線上，因而不能把邯鄲人走路的姿態全部從頭到腳看得清清楚楚。所以他便這裡走走，那裡覓覓，在偌大的一個邯鄲城裡，為尋覓「最佳學步境地」而奔走不息。皇天不負苦心人。終於，他尋覓到了「最佳境地」——小橋。是啊，邯鄲人在橋上走，他站在橋下看，那邯鄲人走路姿態的全部，自然能看它個清清楚楚。

那小橋並不高，橋下除了一條潺潺的細流外，大部分是長著蒿芥的荒草地。站在那荒草上，橋上的一切自可一目了然。

這樣，壽陵青年，便凝起眸子，久久地望著橋上。他的目的達到了。他看清了橋上那些來來往往的各種邯鄲人，從頭到腳看到了他們走路姿態的全部。

於是，他從小橋的下邊，來到小橋的上邊。就效仿著走在身邊的邯鄲人，他從小橋的這一頭，學著走到了那一頭，又從小橋的那一頭，學著走到這一頭。學呀學經過細細的思考，聰明的壽陵青年又找到了學不成的原因。那就是，因為自己固有的壽陵人走路的步法還沒有廢棄掉，還在干擾他學步。不破不立嘛！破得不徹底，怎能學得好呢？

於是，他決定徹底廢掉自己原來的步法。為此，他假設自己從來不會走路，撲通一聲，故意跌臥在地上。然後，他又慢慢爬起來，模仿著邯鄲人的腳，去學邁步，模仿著邯鄲人的手，去學擺動，邯鄲人每一步邁出多遠，他也邁出多遠，學呀學，他學得十分專心與吃力。

就這樣，他早起晚睡，一連學了好幾個月。但結果如何呢？這個人不但沒有學會邯鄲人走路，而且把自己原來的步法也忘得一乾二淨了。後來，他來時帶的盤費花光了，他不得不返回壽陵去。可是由於原來的步法忘掉了，而邯鄲人的步法又沒有學會，他只好狼狽地爬著往回走。

從邯鄲學步的故事，我們可以理解莊子的用意了。莊子認為，過度的人為造作往往對「自然」造成很大的危害。刻意的作為並不能保證一定有良好的後果。大自然常表現出利害相生，禍福相倚，正反相成的現象，實在值得我們深思。

【人生感悟】

人都是赤條條地來到這個世界上，又手握空拳，一無所有地離世而去，並且終將化為灰燼。因此，你不必渴求生活的至善至美，凡是生活賦予你的，你都要欣然接受，不要去追求那些可有可無，並不影響生命內涵的品質，保持自我本性的真實才是最重要的。

對不可言說的就保持沉默

知止乎其所不能知，至矣！

莊子說：「知止乎其所不能知，至矣！」莊子的意思是，懂得停止於自己所不知曉的境域，那就是絕頂的聰明。

道家對無限的追求知識，抱持懷疑的態度，一方面，這與獲得生命的智慧不是一回事；另一方面，知識是無限的。我們不妨回想古希臘的一個故事。

古希臘有位哲學家，他的學生問他：「老師，您的知識比我們多許多倍，您回答問題又往往很正確，可是您為什麼總懷疑自己的答案呢？」哲學家用手指在桌上畫了一大一小兩個圓圈，回答說：「大圓圈的面積代表我的知識，小圓圈的面積代表你們的知識；兩個圓圈的外面，代表無知的部分。我的知識，自然比你們的多，但大圓圈的周長比小圓圈的長，那我接觸到的無知的範圍自然也比你們的廣。這便是我為何常常懷疑自己的原因啊。」

面對這樣的困境，莊子應對的辦法不是再去擴大自己知識的領域，也就是不再去將圓圈畫得更大，那樣所面對的無知，自然也就愈多。他選擇了止步，承認那是永遠不能佔據的天地。他認為，真正的智慧是在能駐足和不能涉足的邊界止步。

近代哲學家維根斯坦有一句名言：「對不可言說的，我們應該保持沉默。」一切偉大的誕生都是在沉默中孕育的。智者們都從沉默中得到了好處，只有他們才理解沉默的價值。所以，甘地說：「沉默是信奉真理人的精神訓練之一。」

庸陋者以為只有高聲叫賣自己的學問見識才是進取之道，他們對沉默不以為然，不屑一顧。

有一則幽默故事：某人參加會議，一言不發，事後，一位評論家對他說：「如果你蠢，你做得很聰明；如果你聰明，你做得很蠢。」這個評論似乎很機智很有見地：蠢人因沉默而未暴露其蠢，所以聰明；聰明人因沉默而未表現其聰明，所以蠢。仔細琢磨，發現不然。聰明人必須表現自己的聰明嗎？他必須把自己的才智暴露於眾人之前，就像暴發戶披金戴銀唯恐別人不知道他暴發嗎？沒有這個必要。有內涵的人絕不會像暴發戶一樣輕易顯耀自己的聰明，在沒有必要的情況下，他們寧可一言不發。結果，他們在沉默中獲得了更大的價值。

一個愛嘮叨的理髮師為馬其頓王理髮，問他喜歡什麼髮型，馬其頓王答道：「沉默型。」這是一個很有意思的故事，大凡天才皆喜緘默。

孔子主張「君子欲訥於言而敏於行」，這是眾所周知的了。明朝的李笠翁也認為：智者拙於言談，善談者罕是智者。當然，沉默寡言未必是智慧的徵兆，世上有的是故作深沉者或天性木訥者。但是，有一點可以肯定：夸夸其談者必無智慧。

正如《智慧書》上所說：「坦露之心如一封攤開在眾人面前的信。胸中要有潛藏隱秘的城府：巨大的空間和微小的溝壑均可讓重要事情沉澱深藏。含蓄來自於自我控制，能夠緘默方為真正的勝利。明慎處世的關鍵在於內心之平和節制。當有人想摸透你的心思，冒犯你以圖控制你，或設置圈套，使最精明的人也洩露秘密，你沉澱深藏的東西便受到威脅。要做之事莫講出，說出的話莫照做。」

「不要對每個人都顯露同樣的才智；事情需要多大的努力就只付出多大的努力。不要徒費你的知識和才德。優秀的養鷹者只養他用得上的鷹。不要天天露才顯能，否則要不了多久，人們再也不覺得你有什麼稀奇處。所以你總是要留有一些絕招。假如你能經常嶄露那麼一點點新鮮的才華，則人們就總是會對你抱有期望，弄不清你的才華究竟有多麼的深廣。」

沉默是最佳的武器。當你保持沉默時，對方由於不知道你的底牌而感到無窮的壓力，這時，他的意志將受到動搖甚至不戰自潰。高明的談判者都善於運用沉默來使結果變得對自己有利。他們深知，大多數人總是討厭沉默，而試圖以語言或其他資訊來填補它，這正是可利用之處。

【人生感悟】

有些時候，我們應該保持沉默。在沉默中探索和發現，反省和奮進。同時，也要用心體會沉默的魅力。

第五章　墨子清談

成大事者的胸懷——兼容

天地不昭昭，大水不潦潦，大火不燎燎，王德不堯堯者，乃千人之長也。

墨子說：「天地不昭昭，大水不潦潦，大火不燎燎，王德不堯堯者，乃千人之長也。」墨子的意思是，大地不昭昭為明而兼收美與醜，大海不潦潦為大而容納百川，大火不燎燎為盛而收攬草木，王德不堯堯為高而親近貴賤，才能做世人的首領。

墨子認為，泰山之所以高大，江海之所以深廣，都是由於不排外，不拒絕，而是廣採博納。墨子主張，身居高位的人要有廣闊的肚量，要能夠容納事和人的胸懷。

墨子的這個觀點，對於現代人來說非常重要。墨子的話很深刻，指出做人要有海洋的胸懷，能容人。寬容意味著理解和通融，是融合人際關係的催化劑，是成就大事的基礎。

對於成大事者而言，無論是志士仁人，還是雞鳴狗盜，都要接納而用之，多多益善。因為如果下屬全是雄才大略者，必然發生爭鬥，爭功邀賞；而如果全是雞鳴狗盜之徒，那就無人堪當重任，也不足以成大業。因此相容並蓄重在一個「雜」字。各個方面有一技之長的各色人等，都得有。以一個單位來言，主管公關、財務、策劃、後勤等，都應當兼而有之。

當然，人如果能做到相容並包，不一定能成就大事業。但是，真正成大事業者，必須做到相容並包，就像「王德不堯堯者，乃千人之長也」。

戰國時期，孟嘗君以輕財好施、善待賓客而聞名天下。其他國家的人物都紛紛投奔到他的門下，以致他所供養的食客多達數千人，匯集了各個地方的人才。每當有一個新客人來拜訪時，孟嘗君總會親自接見，盛情款待。

他和來客坐在一起促膝談心，親切地詢問客人家中的境況。這時，他會安排自己的侍從隱藏在屏風後面，把他們談話的內容一一記錄下來。等客人離開後，孟嘗君便會派人到來客家中去，奉送豐厚的禮品，表示慰問。他的食客對孟嘗君這種一視同仁的態度尤其感激，所有的客人都以為孟嘗君對自己最好，和自己是最親密的，因此每個人都想報答他的知遇之恩。

一天，有兩個人先後前來拜訪孟嘗君。他倆都沒有什麼真本領，其中一個人善於學雞叫，另外一個人是個小偷，模仿起狗來唯妙唯肖。孟嘗君打算接納這兩個人，但其他賓客都反對：「雖然我們也是出身卑微的，但是這種雞鳴狗盜之徒加入我們之中，實在是難於接受。」孟嘗君卻堅持收他們為自己的食客。

有一次，秦昭王把孟嘗君囚禁起來，準備殺掉他，孟嘗君趕緊派人向秦昭王的寵姬求救。那位寵姬說：「孟嘗君如果能把他的那件狐白裘送給我，我就幫他的忙，保證他平安無事，化險為夷。」

孟嘗君的確有一件狐白裘。這件狐白裘一片雪白，一根雜色的毛都沒有，價值連城，但他早就把它獻給了秦昭王。現在這件衣服還收藏在秦宮之中，唯一的辦法就是把這件衣服從宮中偷出來。他向門下的食客求助，那個小偷馬上站出來說：「偷，我很在行！我保證能取出來，而且萬無一失。」

當夜，他拿出了自己的拿手本事，潛入秦宮，輕而易舉地就偷出了狐白裘。寵姬得到了夢寐以求的狐白裘後，果然在秦昭王面前為孟嘗君說好話，秦昭王答應釋放孟嘗君。孟嘗君於是變更姓名，連夜逃出咸陽，後半夜到了函谷關。

可是，秦昭王後來感到後悔，立即派人追趕他。而這時城門緊閉，秦國有一項規定，雞叫時才能打開城門，如果等到雞鳴天亮後，恐怕逃跑就更難了。前有雄關擋路，後有秦軍追趕，形勢十分危急。孟嘗君的門客中那個善學雞叫的人得知其危險後，決定幫他脫險。他一聲長鳴，遠近村莊的雞跟著都叫了起來。守關人雖然覺得天色尚早，但聽得一片雞叫，還以為天亮了，馬上打開城門，孟嘗君趁機順利逃出。

孟嘗君供養的那幾千食客，都和他是素不相識。但孟嘗君從不擔心他們不為他效力，對他們一律給予關懷和饋贈，也更不計較什麼小人、君子的地位和出身，結果正是這些雞鳴狗盜之徒救了自己的性命。孟嘗君之所以能將這些人才收於自己的麾下，最主要的一個原因就是：無論這些人出身多麼尊貴多麼卑賤，他都一視同仁，和他們平等相處。因為小人物絕對值得與之交往，不僅能帶來旺盛的人氣，從而贏得更多人的崇敬，而且在出乎意料的時候很可能助自己一臂之力，發揮意想不到的作用。可謂英雄不問出處。

所以，墨子認為，要成就一番大事業，僅靠一個人的力量是肯定不夠的，一定要善於團結不同的人，為你做事。「海納百川，有容乃大。」作為現代人，我們一定要有大胸襟，以公正無私的形象示人。不能搞小幫派，親近了少數人，冷了眾多人的心。大自然要講生物多樣性，與人相處也要講多樣性。

如果你是一個團隊的領導者，一定要有包容人的胸懷：有左右心腹可以商量事情，有耳目偵察消息通風報信，有執行者堅決貫徹自己的命令。

心胸狹窄的人，就好比一個人在沙漠走路，沒有人能指示方向；沒有耳目的人，就好比盲人騎瞎馬夜半臨深池；沒有執行者的人，不能做成自己想做的事。

學會包容，讓胸懷像大海一樣寬廣，才能聚集人氣，為成大事打下良好的人際基礎。人要想成就一番事業，就必須有恢弘的氣度，自古至今皆是如此。

【智慧感悟】

人有多大的肚量才能成就多大的事業。宰相肚裡能撐船，一個人肚量大，性情豁達，才能駕馭不同類型的人才，做成大事。包容他人，就是成就自己。

集賢納才為成大事的根本

入國而不存其士，則亡國矣。

墨子說：「入國而不存其士，則亡國矣。」這句話的意思是，治國而不優待賢士，國家就會滅亡。

《墨子》中尚賢篇大部分內容談的是關於用人的問題。墨子說：「現在的當權者，都希望國家富強，人民眾多，刑罰和政治穩定，但是國家沒有富強反而貧窮，人民沒有增多反而減少，刑罰和政治沒有穩定反而混亂，那是從根本上失去了想得到的東西，而得到他們所厭惡的東西，這是什麼原因呢？」

原因墨子講得很清楚：「治理國家政治的人，沒有把尚賢納士作為治理的主要內容。一個國家擁有賢良之士眾多，那麼治理國家的力量就會雄厚，賢良之士少，那麼治理國家的力量就會薄弱。所以執政者的主要任務就是召納賢良的人。」

在墨子看來，一個國家的強弱關鍵在於用人納賢。

「尚賢」推崇招納賢能之人，和任人唯賢的意思差不多。墨子提出尚賢思想當然有著歷史背景。戰國初期，社會動盪不安，封建制度逐漸取代奴隸制度，征伐不斷，各個諸侯國佔據社會財富和強大的兵力，但是他們並不滿足，相互吞併，挑起戰亂，百姓處於水深火熱之中。墨子出身貧寒，當過工匠，他深深瞭解百姓的疾苦。所以，他提出百姓的利益應得到保護，百姓的利益得到保護了，國家政治才會穩定，國家才會強大。靠什麼來實現這種理想的局面，墨子認為，招納賢能之人是問題的關鍵。

歷史上勇於納賢的人很多，比如戰國時期的信陵君就是一個典型。

戰國時期，魏國的信陵君魏無忌為人寬厚，待人誠懇，從不憑自己的權勢慢待士人，人們爭相投奔他，他門下的食客多達三千人。信陵君有此賢名，不免招人嫉恨，別有用心的人就在魏王面前詆毀他說：「信陵君廣施恩德，納人無數，這對大王可不是一件大好事啊！現在魏國只知有信陵君，而不知有大王，這不是件十分危險的徵兆嗎？請大王速定對策。」

魏王初不肯信，只一笑道：「有信陵君在，他國才對魏多有忌憚，不敢貿然侵犯，這都是他的功勞。我們是親兄弟，我十分瞭解他，他怎會有異心呢？」

有人將此事報告了信陵君，信陵君面上無動於衷，心中卻驚駭不已，他對自己的心腹門客說：「我位高權重，難免有人說三道四，所以我才不敢恃勢待人，讓大王猜疑。想不到即使如此，還是遭人攻擊，我該如何應對？」

他的心腹門客沉吟道：「公子遍施恩惠，但終有未盡之時。我想定是有人未得公子垂青，這才心懷怨氣，藉此洩憤。」

信陵君連聲嘆息道：「你說得不錯，這應是我的過錯了。這件事卻也提醒了我，我的謙遜和禮遇還遠遠不夠，我當日後再盡全力了。」

信陵君自責過後，更是注意禮待士人，他聽說有個隱士叫侯嬴的，富有才學，於是備上一份厚禮，親去拜訪。

侯嬴年已七十，窮困潦倒，在魏都大梁的東城門當守門人。和信陵君同去的屬下心中不解，他對信陵君說：「大人權傾朝野，也該講究威儀氣度，如此下訪一個守門人，有失大人尊貴的身分。若大人一定要見他，我等把他帶來也就是了，何必大人親往呢？」

信陵君良久無語，後說：「你不在其位，自不知我的難處，凡事不能表面論之。」

他見了侯嬴，侯嬴卻不肯收下禮物，信陵君更生敬佩，於是他請侯嬴赴宴，讓他坐在車上的尊貴座位上。侯嬴不謙不讓，經過鬧市，他故意下車和他的朋友朱亥站著聊天，信陵君在旁執鞭恭候，神態如常。街上的人都暗罵侯嬴無禮。

宴席之上，侯嬴動情說：「公子賢名，天下皆知，我還是覺得有些欠缺。剛才我讓公子為我一個守門人屈尊趕車，又在鬧市之上讓眾人親見，人們罵我是個得意忘形的小人之時，公子的賢德就增進了許多。公子能做到如此，天下士人哪還有不為公子效命的呢？」

信陵君謙讓過後，嘆道：「有人勸我不該親自拜訪先生，有辱身分，蒙先生如此抬愛，我所做的這點小事真是微不足道了。」

侯嬴又向信陵君介紹他的朋友朱亥說：「朱亥雖是屠戶，卻有膽有識，俗人看不起他，相信公子也能厚待他。」

信陵君日後親自拜訪朱亥，朱亥和他交談幾句，便又忙他自己的事去了，信陵君的屬下見之動氣，對信陵君說：「一個屠夫，竟無禮至此，我看不出他有什麼本事，大人為何善待他呢？這樣的人滿街都是，大人的謙恭太過分了。」

信陵君也有些不解。但他還是心平氣和地對屬下說：「有用與無用，豈能輕下斷言？不到危難關鍵之時，一個人的作用是不會顯現出來的，對看似平凡無奇的高人而言更是如此。我禮待士人，唯恐有些疏漏，壞我聲勢，縱是無有回報，又有什麼損失呢？」

西元前二五七年，秦昭王在長平大勝趙軍，進圍趙國都城邯鄲。信陵君的姐姐是趙惠文王弟弟平原君的夫人，多次寫信向魏求援。魏國發兵十萬去救趙國，魏王由於受了秦王的恐嚇，大軍行至鄴城，魏王便下令不得前進了。信陵君心急如焚，多次勸說魏王進兵攻秦，魏王都是拒絕。信陵君又讓賓客中善辯之人說服魏王，結果也是無功而返，情急之下，信陵君失去了理智，勉強拼湊一百多輛車馬想去和秦軍拚命。出發路過東城門時，信陵君見到侯嬴，把自己的打算和他說了，想不到侯嬴態度冷淡，最後只輕輕說：「我老了，不能隨公子前去，公子你自己多保重吧。」

信陵君走了幾里地，暗怪侯嬴話語少情，於是折返而回。侯嬴再見信陵君，先是責怪他不該以身冒險，前去送死，後又審時度勢，為他進獻「竊符求趙」的計謀。信陵君聽得茅塞頓開，依計而行，大獲成功。事後信陵君感念侯嬴之恩，常對人說：「侯嬴人微言輕，他卻成全了我的一世功名，身處高位若是存有偏見和短視，當是最可怕的事啊。」

信陵君之所以能夠成就自己的霸業，完全是他善於招賢納士的結果，有了賢士的大力支持，他的事業才能一步步建立起來。如果，信陵君手下沒有像侯嬴這樣的賢士，那麼信陵君無論如何是不能長久地發展下去的。

歷史走過了兩千多年，我們仍然強調「事業有成，關鍵在人」，和墨子的「入國而不存其士，則亡國矣」可以說是千年同調。

【智慧感悟】

從古自今，成大事的人離不開賢能人士的輔佐，做任何事都離不開人。劉備三顧茅廬，才得以三分天下，唐太宗器重魏徵等賢臣，才得以建立大唐基業，趙匡胤對趙普信任有加，才使大宋王朝鼎盛一時，這些足以說明賢能人士對一個國家的重要性。

自信的人最美

君子進不敗其志，內究其情；雖雜庸民，終無怨心。彼有自信者也。

墨子說：「君子進不敗其志，內究其情；雖雜庸民，終無怨心。彼有自信者也。」這句話的意思是，君子仕進順利時不改變他的意志，不得志時心情也一樣；即使雜處於庸眾之中，也終究沒有怨尤之心，因為他們是有著自信的人。

墨子認為，自信是一種最堅強的內在力量，它能夠幫助你度過最艱難困苦的時期，直到曙光最終出現。自信從未令人失望，它會使人發現自身的價值和潛能，取得成功。墨子可以透過各種方式得到這樣的結論。一個卓越的人，都是對自己絕對自信的，而那些碌碌無為之人，只要偶爾遇到一點挫折，他們就會心灰意冷，一蹶不振。失敗的人之所以失敗，就是因為他們自己不相信自己。

沒有自信的人是很難成功的，就像沒有脊樑骨的人很難挺直腰桿。

有一個叫珍妮的小女孩，她很自卑，因為她總覺得自己長得太難看。有一天，珍妮到附近的商店裡去買了只綠色的蝴蝶結，服務員不停誇讚她戴上蝴蝶結挺漂亮，她雖然有點懷疑服務員說的話，但是很高興，不由昂起了頭，急於讓大家看看，出門與人撞了一下都沒在意。

在學校裡，老師看到了珍妮說：「昂起頭來真美，珍妮！」

那天，很多人對珍妮讚不絕口。她想一定是蝴蝶結的功勞，但往鏡前一照，頭上根本就沒有蝴蝶結，一定是出飾物店時與人一碰弄丟了。

可見，人的美麗是源於人的內心，而不是外表。珍妮的變化是內心的想法改變後發生的，自信讓她變得美麗起來。

無論是貧窮還是富有，無論是貌若天仙，還是相貌平平，只要我們昂起頭來，人人都可以成為美麗的使者。

其實最難瞭解的人就是我們自己，我們的內心有保護自己的傾向，總是為我們的所作所為找出理由。

很多人根本就不想認識自己，他們談論別人的問題卻躲避他們自己，不願面對事實。

一個人的成長成熟的過程中最重要的一個階段，就是不再試著躲避自己而要決定認識真正的自己，培養積極樂觀的思想，以便使自己在今後的人生道路上走得更堅定。

我們要相信偉大潛能促使自己開放，我們要意識到自己能夠變成一個新人，只要讓舊的成為過去，一切都是充滿活力。

自然把生命交到我們手上讓我們思考怎樣去做。

生命只有一次，因此如果有任何你能盡到心意的事，如果有你能對別人表達關懷的事，此刻你就去做，千萬不要延誤，也不要徘徊。

生命沒有第二次，只有一次，這是不變的事實，認清這一點你就應該活得自信一點，把自卑情緒徹底地從生活中清除出去。

我們要活得沉著平靜，不要活得浮躁不安，不要讓心態混亂，為了你自己，也為了身邊的人，應該讓生命做最大程度的發揮，不要自暴自棄，誤人誤己。

相信自己就是一種能力。你認為你行你就行的想法，不僅會督促你積極樂觀的想法，更會督促你積極樂觀的行動，踏上積極樂觀的路程。

永遠都要保持自信，要相信即使在你面前有一扇門關上了，這世上還會有另一扇門將會為你打開！

【智慧感悟】

自信是成功者的巨大資本。很大程度上，你可以掌握自己的命運，決定自己的價值。確信「天生我才必有用」，才能充分發展自我。自信者才能成功，是永遠不變的真理。

說真話和聽真話的勇氣

君必有弗弗之臣，上必有詻詻之下。分議者延延，而支苟者詻詻，焉可以長生保國。

墨子說：「君必有弗弗之臣，上必有詻詻之下。分議者延延，而支苟者詻詻，焉可以長生保國。」墨子說，君主必須有敢於矯正君主過失的臣僚，上面必須有直言極諫的下屬，分辯議事的人爭論鋒起，互相責難的人互不退讓，這才可以長養民生，保衛國土。

墨子是在強調國君重視賢士、人才的必要性時提出這一名言的。墨子認為君主一定要有「弗弗（ㄈㄨˊ ㄈㄨˊ）之臣」、「詻詻（ㄜˋ ㄜˋ）之下」的輔佐，才能治理好國家，使人民安居樂業。國家能長久必有英明的君王，君王的英明是依靠大臣的直言上諫來實現的。唐太宗就是一個最好的例子，可以說，唐太宗的英明也離不開那些「弗弗之臣」。

唐太宗曾讚揚大臣虞世南有五絕：一是崇高的品德，二是忠誠正直，三是博學多識，四是文章寫得好，五是書法精妙。

虞世南深受唐太宗器重，許多人大為不解，他們找到虞世南，當面討教說：「你性格剛烈，不善言辭，跟皇上多次叫板，皇上為什麼還喜歡你呢？這讓人不可思議，你一定要教教我們。」

虞世南並沒有正面回答他們的問題，他只是隨口說：「我本無心討好皇上，凡事憑的是良心和事實，這個很容易做到，只怕你們不想這麼做啊。」

唐太宗深愛學習，虞世南在和太宗談論古今時，並不附和太宗的觀點，他以古為例，每次都能讓太宗深受啟發。有一次，唐太宗堅持己見，虞世南百般不肯趨從，唐太宗最後苦笑著說：「人各有見，你為什麼不能讓朕一次呢？」

虞世南紅著臉說：「盲目服從，臣就有媚臣之實，這是陛下不願看到的。正因陛下與臣所見有異，方能研習出史籍真義，否則，臣一味言諾，陛下便不會再與臣談古論今了。」

唐太宗聞言大笑，滿意地說：「群臣若是都和你一樣，天下還有什麼值得擔憂的事呢？」

一日，天空忽有彗星出現，閃爍不定。人都以為不祥之兆，沒有向唐太宗稟報。百天過後，彗星消失，唐太宗聽說這件事之後，就此問群臣說：「彗星的出現，實在是太反常了，這有什麼特殊徵兆嗎？」

大臣們誰都不敢說話。虞世南見眾人迴避，他思忖片刻，上前回太宗的話說：「齊景公曾問晏嬰出現彗星的原因，晏嬰便說：『開挖人工湖唯恐其不深，造亭台樓閣唯恐其不高，對百姓實行嚴刑峻法唯恐其不重，所以老天讓彗星出現示警。』齊景公聽了害怕，於是施行仁政，廢除弊端，十六天後彗星就消失了。」

唐太宗聽到此處，平聲問：「這麼說朕也有失德之處了？」

虞世南高聲答道：「陛下能自省，真是天下之福了。自古天子雖貴，可若無德無仁，終為人怨棄。只要政治清明，百姓安康，縱有象徵災異的彗星出現，也不會真的發生變亂。願陛下不要沾沾自喜，以功勞自居，不求精進，也不要以為天下太平而驕傲懈怠。」

虞世南的直諫，群臣聽了都心裡一顫，感到十分刺耳。唐太宗卻是連連點頭，神情肅穆地說：「你說得好啊。朕雖沒有齊景公那樣的過失，卻也自以為夏、商、周三代以來，平定天下的君主沒有人能和朕相比。朕二十歲反隋起兵，二十四歲平定天下，不到三十歲當上了皇帝。一個個強大的敵手都被朕消滅，突厥也臣服在朕的腳下，這的確讓朕有些自我陶醉，開始小看天下人了。彗星的出現，應是為此而警告朕吧。」

唐太宗重賞了虞世南，對其他的臣子卻多有批評，他警告說：「朕也有錯誤的時候，你們若是一味地討我歡心，以示忠誠，那就大錯特錯了，這只會誤國啊。虞世南和朕若即若離，為國敢諫，不慮私利，這樣的臣子才是朕所看重的。你們若再陽奉陰違，只知逢迎，朕絕不輕饒！」

可見，唐太宗的治國之道與墨子的主張是相互契合的，這就是大唐興盛一時的根本原因所在。這對於現代人，尤其是那些領導者具有巨大的借鑑價值。

【智慧感悟】

在現代生活中，墨子的話對我們依然重要。無論是上下級之間，還是朋友之間、家人之間，「弗弗」之人都是值得尊重和信任的。忠言逆耳利於行，言語雖然不中聽，但畢竟對我們是有好處的。阿諛奉承固然順耳，但足夠麻痹我們的思想，使我們看不清真相，於事於人有害無益。因此工作中也好，生活中也好，我們都應該珍視那些敢於講真話的同事和朋友，只有這樣我們才能夠更清晰地認識這個世界。從而使工作和生活變得更美好。

良馬難乘，巧乘；良才難令，巧令

良弓難張，然可以及高入深；良馬難乘，然可以任重致遠；良才難令，然可以致君見尊。是故江河不惡小谷之滿已也，故能大。

墨子說：「良弓難張……」這句話的意思是，良弓不容易張開，但可以射得高沒得深；良馬不容易乘坐，但可以載得重行得遠；好的人才不容易駕馭，但可以使國君受人尊重。所以，長江黃河不嫌小溪灌注它裡面，才能讓水量增大。墨子之所以反覆地強調「親士」，是因為當時很多統治者並不懂得怎樣召集天下賢士來為國家出謀劃策。

在古代統治者當中，有很多人並不能很好的識人、知人、用人、管人。墨子認為，一位英明的統治者，要用的並不是只聽自己話的人，用這種人只會讓國家愈來愈糟。作為統治者要能使用比自己能力強的人，要有海納百川的博大胸懷。

西漢文帝時期，南陽人張釋之是位識見廣博、博學多才的有識之士。他為人正直無私，剛直不阿，秉公執法，是西漢一代有名的賢臣。

張釋之年輕時曾被選為騎郎，任漢文帝侍衛，一幹就是十年，一直沒有得到升遷，他心灰意冷，準備辭職還鄉。中郎將袁盎瞭解張釋之的才能，覺得像他這樣的人才被埋沒，於國於民都是一種損失，便上書漢文帝，請求為張釋之升職。漢文帝親自召見了張釋之，對文帝所問，張釋之都應對如流，頗有見地，文帝非常讚賞，當即升他為謁者僕射，後又升遷為公車令。

不久，皇太子與梁王乘車要進入皇宮，張釋之立即上前攔阻，對他們說：「按照規定，車馬來到皇宮之前，車上之人必須下車。」

皇太子和梁王不聽，執意駕車飛馳進入宮內。張釋之一見，忙從後面追趕，並將他們攔在宮殿外不讓入內，並上書文帝請求對他兩人依法治罪。後經薄太后出面，赦免了兩人之罪，張釋之才將他們放行。

經過此事，漢文帝意識到張釋之是一位不可多得的人才，對他更為器重，一路提升，後拜他為執掌刑法的廷尉。張釋之任廷尉一職後，盡職盡責，執法一絲不苟。

一次，漢文帝出宮巡遊，車隊經過中渭橋，突然有一人從橋下鑽出來，驚嚇了正經過的鑾駕御馬，御馬狂奔起來，險些將文帝掀翻在地。文帝受驚之下，勃然大怒，問左右到底發生了什麼事情。左右趕緊如實稟報。文帝聽後，立即命令手下將此人抓起來，交予廷尉張釋之重重治罪。

張釋之經過嚴加審問瞭解到，此人是長安城一名普通百姓，這天途經中渭橋，剛好聽到「御駕經過，嚴禁通行」的清道戒嚴命令，就慌忙躲到了橋下，準備等御駕經過後，再出來趕路。誰知等了半天，也不見橋上有什麼動靜，便盤算著御駕可能早已過去了，這才大著膽子從橋下走出來。不料剛出來，卻正好碰上鑾駕，驚嚇了御馬。張釋之查明案情，知道這個人驚嚇御駕純屬偶然，並非蓄意犯上，便沒有按漢文帝的旨意將他重重治罪，而只是依照法律僅判處了一點罰金而已。

漢文帝得知張釋之所做的判處之後，非常生氣。他原以為張釋之會按他的旨意將驚御駕的人嚴懲，不想他卻只是處以罰金了事。文帝怒不可遏，斥責張釋之道：「驚御駕的人如此膽大妄為，幸虧御馬性情比較溫順，要是牠的脾氣再烈一些，還不知會闖出什麼禍事來，你怎麼能如此輕易地就將那犯人放過了呢？」

張釋之聽到皇帝的斥責，絲毫沒有膽怯之意，他嚴正地對漢文帝說：「國家制定的法律，不論是皇上，還是老百姓，都是要嚴格遵守的，不應該因人而異，有所偏私。現行的法律規定，犯了這樣過失的人，就應當判處罰金，而不應承受重的刑罰。如果陛下要加重對他的刑罰，恐怕法律從今以後就不再能取信於民了。如果在當時，您怕此人會危及您的安全，將他殺掉，也就罷了。可是您現在將他交給廷尉處置，廷尉理當嚴格依法判處，如果稍有差池，就會使全國上下的執法忽輕忽重，任意增減刑法，那法律的公平、公正又從何談起呢？而百姓又將如何來遵紀守法呢？還望陛下能夠三思。」

聽了張釋之的一番話，漢文帝沉思良久，覺得他說的句句都在理上，並且都是以國家大事為重而發的肺腑之言。文帝這才平心靜氣地對張釋之說：「朕也是一時衝動，未能考慮周全，廷尉所作的判決是正確的。」

過了一些時日，有一個人盜竊了漢高祖劉邦廟中的一枚玉環。漢文帝得知，大為惱怒。盜賊很快便被抓捕歸案，文帝立即吩咐將盜賊交給廷尉嚴加懲治。張釋之馬上對盜賊進行了審訊，並根據法律中偷盜先帝廟中供奉之御器者應判處斬首的規定，判處這個盜賊棄市。隨後張釋之將這個判處結果上報給漢文帝，文帝聽完他的上奏，龍顏大怒，厲聲叱問道：「這個賊人肆意妄為，竟敢去盜取先帝廟中的玉器，簡直是無法無天。朕將他交給你判處，就是要你嚴加懲處。像這樣的賊人，就應判處滅九族之罪，以告先帝在天之靈。而你卻還是像平常一樣依照常規常法進行判決，難道你心中膽敢藐視先帝不成？」

張釋之見文帝動怒，忙免冠叩首謝罪；但另一方面，他還是據理力爭，言道：「依照法律，將盜竊先帝廟中玉器的盜賊處以棄市之罪，已經是比較嚴重的刑罰了。判處犯人什麼樣的刑罰，應該嚴格根據犯罪的情節輕重予以決定。現在盜賊犯了盜竊先帝廟中玉器的罪，就應依法棄市，而不能滅他九族。如果只是偷竊了先帝廟中的玉器，陛下就要誅滅他的九族，那麼假如有亡命之徒偷取了先帝陵墓的黃土，陛下又該治他何罪呢？」

漢文帝聞聽此言，暗自思忖：張釋之所言極是，既已制定國家法律，就應嚴格執行才對。如果每遇一事，便要例外執行，那又有何法可言。張釋之敢於在朝廷之上與我面對面地據理力爭，剛直不阿，真是一位難得的賢良之才。他所說的雖然不大中聽，但都是些逆耳的忠言啊。有這樣的忠臣輔佐，朕還有什麼不滿足的呢？

想到這裡，文帝轉怒為喜，他沒有再責備張釋之，反而高聲對張釋之的所作所為予以讚許，並核准了他所做出的判決。

張釋之從不會阿諛奉承，唯文帝命是從，但他所遵循的，於情、於理、於法都是相合的。他公正、無私，並敢於在皇權面前據理力爭，堅持正義，由於他嚴格依法辦事，避免了許多冤案的發生。在當時流行有「張釋之為廷尉，天下無冤民」的說法，由此足見他政績的卓著。有他這樣的官員輔佐，漢文帝才得以很好地治理邦國，成為後人稱頌的賢君明主。

在漢文帝眼裡，張釋之無疑是一個難以對付的大臣，但是漢文帝並沒有因此放棄對張釋之的重用，因為，漢文帝始終認為張釋之是一匹「良馬」，雖然有些難以駕馭，但對於自己和國家而言，是有益處的。可見，漢文帝是一個極為精明的人。

這對張釋之來說，或許也是一種幸運，以他的處事風格，如果換了別人，不一定是這樣的結局了。而這一切終要歸功於漢文帝的「良馬難乘，要巧乘；良才難令，要巧令」的用人胸懷。

【智慧感悟】

良馬難乘，良才難令，所以用人者要有用人的素質和能力。只有把自身能力提高了，才能應對各種各樣的人才。

名譽不是白白得來的

慧者心辯而不繁說，多力而不伐功，此以名譽揚天下。

墨子說：「慧者心辯而不繁說，多力而不伐功，此以名譽揚天下。」意思是說，聰明人心裡明白而不多說，努力做事而不誇說自己的功勞，因此名譽揚於天下。

墨子在修身篇中講述了很多修身之道，只有注意自己的修身功夫，那麼才會成為一位賢士，無疑，修身是對「親士」的一個發展性討論。兩者基本上是異曲同工的。

墨子強調一個聰明的人，不用注重外在的表現來獲取名聲，而是注重自己的修身而贏得讚譽。

漢武帝時，公孫弘六十多歲高齡時才被徵為博士。晚來的機遇他十分珍惜，一上任他便上書言事，對朝政之弊橫加指責。

漢武帝並不看重公孫弘，他的諫言也無有回覆。公孫弘初遇打擊，一時十分沮喪，他對朋友們說：「我已老了，從前有心報國，卻沒有機會，今日有書上奏，為何皇上不喜呢？看來還是我的名望不夠啊。」

朋友們勸他稍安毋躁，暫隱鋒芒，他們異口同聲說：「皇上即位不久，自有他的新主張，我們對皇上的心意都無從察測，又怎能打動他呢？你求名的心實在太切，弄不好要惹禍的。」

公孫弘曾受皇命出使匈奴，他為了邀功取賞，竟把許多不利的事瞞住不報。漢武帝後來察知，斥之無能使詐，他恐懼之下，只好稱病辭官了。

元光五年（西元前一三〇年），武帝再次徵召賢良文士，公孫弘又被地方官推薦。有了上次教訓，公孫弘百般推辭，地方官卻說：「你不知朝廷事宜，不懂為官之道，只怪你未入此中啊。好在你已深有感觸，相信你一定和昨日不同了。」

公孫弘被漢武帝取為對策第一，任命為博士。此時的他變得事事慎重，再不貿然上書言事。每次朝廷議論政事，他很少開口，從不早下斷言；縱有爭辯，他也不肯疾言厲色與人強爭，而是出語平緩，多有謙讓。有人問他何以變得這般小心，他開口回答說：「我乃書生出身，凡事過於認真和固執，這本是引以為傲的事，在朝堂上卻行不通啊。何況身為大臣，當凡事有理有節，考慮周到，怎能還意氣用事呢？」

公孫弘的轉變也令漢武帝十分高興，他對群臣說：「公孫弘有錯就改，朕十分欣慰，為什麼呢？像他這樣的人，能改變書生的毛病，實不是件易事啊。書生往往自恃太多，清高浮狂，縱是他們學問再大，不能治國，也無大的用處。」

有了漢武帝的讚揚，公孫弘卻愈加自謙，他每日閉門苦讀法律條令，一日不敢稍輟。

公孫弘這般行事，一年之後便被漢武帝提升為左內史的高位，掌管一半京畿（畿ㄐㄧ）地區。

有一次，公孫弘與公卿約定一起去向漢武帝諫諍。群臣發言過後，公孫弘卻一反常態，處處維護漢武帝，沒有一句諫諍之詞。大臣汲黯指責他毫無忠信，背信棄義，公孫弘卻不生氣，只說：

「是我的不對，你儘管罵我好了。」後來漢武帝當面問及此事，公孫弘委婉地回答道：「瞭解我的人認為我忠，不瞭解的人以為我不忠。事情本不能兩全，我也只能顧大局而捨私義了。」漢武帝聽過，心中十分感激他，重用他之心更切。

數年之間，公孫弘已升為御史大夫，位列三公。一次汲黯指責他沽名釣譽，公孫弘十分驚駭，動問說：「我事事小心，唯恐有失聲譽，自問沒有缺失，你何以誹謗我呢？」

汲黯冷笑說：「你身居高位，俸祿豐厚，聽人說你卻蓋著布面的棉被，這是虛偽，其意在何？」公孫弘久不作聲，後點頭說：「這實在是個毛病，我改掉就是了。」他從此更加勤於反省自己，再無缺失之處。八十歲時，他病終於丞相位上，哀榮無限。而他之後的李蔡、嚴青翟、趙周等數位丞相，都因有罪被殺。

從公孫弘的例子，我們似乎可以得出這樣的結論：名聲是靠行動得來的，而不是靠口頭上蒼白的叫喊而得來的。這正與墨子的言論不謀而合，可見墨子看待問題是多麼的精透！

【智慧感悟】

俗情濃豔處，淡得下；俗情苦惱處，耐得下；俗情抑鬱處，放得下；俗情耽溺處，捨得下；俗情牽絆處，斬得下；俗情張揚處，抑得下；俗情難耐處，忍得下。我們這樣做，要有超世的度量和超世的操守。

讓心靈充滿愛的關懷

天下之人皆相愛，強不執弱，眾不劫寡，富不侮貧，貴不傲賤，詐不欺愚。凡天下禍篡怨恨，可使毋起者，以相愛生也。是以仁者譽之。

墨子說：「天下之人皆相愛……是以仁者譽之。」

這句話的意思是說，天下的人都相愛，強大者就不會控制弱小者，人多者就不會強迫人少者，富足者就不會欺侮貧困者，尊貴者就不會傲視卑賤者，狡詐者就不會欺騙愚笨者。舉凡天下的禍患、掠奪、埋怨、憤恨可以不使它產生的原因，是因為相愛而產生的。所以仁者稱讚它。

「兼愛」是墨子最為著名的思想，而且，這在他的思想體系中，也的確處於核心地位。他認為，解決天下所有的攻伐、掠奪以及自相殘殺的問題，歸結於一點，就是要實行兼愛。他並不認為自己的主張是靈驗的，不需要論證就強加給別人。對於這個核心觀點，他反覆地論證，不但論證要想天下大治，必須實行兼愛，而且論證了兼愛的實行其實有著更高自然法則的背景和更為永恆的支持，那就是天道。墨子認為，天就是實行兼愛的，而且，歷代聖王也是實行兼愛的，所以，人們要實行兼愛。

儒家主張「仁者愛人」，也是主張「愛」，但儒家的愛是有等級差別的，墨子的「兼愛」卻消除了等級觀念，所以孟子攻擊他是「無父之人」。但是，就我們看來，墨子的主張顯然要可愛得多。不過，我們也不得不承認，墨子的「兼愛」其實只是一種理想，甚至在某種程度上只是一種空想，這種空想在人類歷史發展的現實中，也許永遠都難以達到。但是，那面愛的大旗卻將永遠飄揚在人類理想的世界。

墨子的政治觀點和道德觀念形成的共同基本核心思想就是「兼愛」。另外的「非攻」、「節用」等主張，也都是由「兼愛」而細分出來的。墨子的「兼愛」，是對孔子思想體系基本觀念的「仁」的改造。「兼愛」的意思是無差別地愛社會上一切人。墨子的「兼相愛，交相利」的說法，即認為愛是相互的，利也是相互的。義利的關係也應是對立的統一，是相輔相成、互為依存、互為條件的辯證關係。比如說，慈善的行為，其背後卻蘊藏著深刻而且鮮明的道德倫理觀念。這就是互惠互利，義利相容。

墨子指出，像愛自己一樣去愛別人，這個世界還會有仇恨和戰爭嗎？人只要懷著一顆博愛之心，就能得到這世上最寶貴的東西。

【智慧感悟】

在日常生活中，我們有兼愛天下，關懷他人之心，也許並不能時時處處讓人感受到你這份美好的心意，也許並沒有人說你的好話，也許會有人誤解你，這都不必去計較。因為，愛是自己心裡的事，是對自己的一種要求。

取與捨的權衡

權，非為是也，非非為非也，權，正也。斷指以存腕，利之中取大，害之中取小也。害之中取小也，非取害也，取利也。

墨子說：「權，非為是也，非非為非也，權，正也。斷指以存腕，利之中取大，害之中取小也。害之中取小也，非取害也，取利也。」這句話的意思是說，在所做的事情中，衡量它的輕重叫做「權」。權，並不是對的，也不一定就是錯的，權，是正當的。砍斷手指以保存手腕，那是在利中選取大的，在害中選取小的。在害中選取小的，並不是取害，這是取利。

「禍兮，福之所倚；福兮，禍之所伏。」是老子雋永的格言。禍未必就是禍，福也未必就是福。禍福相生，變幻無形。老子此言已有要求人們全面把握事物本質的朦朧意識。而墨子則更加明確地提出了應全面權衡利害關係的辯證思想，即「兩而勿偏」。墨子認為人們思考問題應考慮全局，要全面地看問題，而不應片面性地看問題。

墨子主張一切行為包括經濟行為的目的，都在於趨利避害。這裡的利，是指得到自己喜歡的事物；這裡的害，是得到自己厭惡的事物。墨子認為，趨利避害必須根據一定的標準，遵循一定的規則，選擇一定的方法。而這標準、規則和方法，集中體現在其「權」的思想之中，權，就是權衡事物的利害，對於自己想要的事物，要權衡利大利小；對於自己厭惡的事物，要權衡害多害少。另外，權衡的時候必須兼顧利害雙方，不可偏執。

「權」，本義是指一種樹木，假借為「權衡」的權，即秤砣。我們知道稱東西時，秤桿上的準量刻度不變，但秤砣卻移來移去，所以把權理解為比較、衡量，如權衡利害得失。墨子給「權」賦予了思維方法的意義。他認為在權衡利害得失中應貫徹全面性、整體性的原則。「利之中取大，害之中取小」、「利害兼顧」的思維是辯證的，它體現了兩點論、全面性的整體思維方法，克服了一點論、片面性的部分思維的不足，注重從一面到多面，由片面到全面的正確認知。

墨子注重經驗，注重實踐，認為「言」見之於「行」才有價值，「權」的思維同樣要在實際中履行，從實踐中考察其效果，看是否符合「國家百姓人民之利」。

斷指與斷腕，寧取斷指的小害，而不取斷腕的大害，這時就是透過被迫的、不得已的選擇斷指的手段，以達到存腕的目的，即所謂「斷指以存腕」。這裡表達了墨子的這樣一個論點：取小害從一定意義上說，不是取害而是取利。

假如我們外出經商，行到深山老林，遇到一群殺人越貨的強盜。這件事情本身是一種害，但如果可以在「斷指」和「亡身」兩者中選擇，我寧願選擇「斷指」這一小害，以避免「亡身」這一大害。這就是選擇以不得已的斷指手段，來達到保全生命的目的，從一定意義上說，不是取害而是取利了。

「斷指以存腕」的事例在歷史上很多。漢代的和親政策就是典型的失小謀大的謀略。

西漢初年，漢高祖劉邦中了匈奴單于（單于［ㄔㄢˊ ㄩˊ］）的「以弱示敵」之計，被困在白登山達七天七夜之久。後設計用重金賄賂冒頓（冒頓［ㄇㄛˋ ㄉㄨˊ］）之妻，方才得以涉險逃脫。當時，冒頓單于兵強馬壯，手握四十萬匈奴鐵騎。平城之戰後，更是數次南下，侵擾漢朝北方邊境。劉邦此時正一心打擊國內異姓諸侯王的勢力，無暇北顧，而且又親自領教過匈奴士兵的剽悍。所以劉邦深為擔憂，就招來建信侯劉敬商討對策。

劉敬是一位頗有卓見的大臣，早在白登之戰前就看穿了冒頓故意示弱的計策；可惜劉邦未聽，反而將他痛罵一頓。從白登逃回後，劉邦對他大加封賞，並言聽計從。

劉敬首先向劉邦分析了當時的形勢，認為天下初定，士卒疲憊，不宜武力征服，而冒頓弒父而立，又娶庶母為妻，所以用仁義向他說教也一樣沒用。隨後劉敬指出，只有與匈奴和親，將劉邦長女嫁給冒頓，才是一勞永逸之法。只要漢朝肯給予出嫁的公主豐厚的陪嫁，那麼冒頓與公主的兒子必會被立為太子。如此，冒頓活著就是劉邦的女婿，死了太子即位也還是劉邦的外孫，做外孫的當然不會與外祖父為敵了。但如不以長女相嫁，而用別人代替，冒頓會認為漢朝沒有誠意，那麼努力就白費了。

劉邦對此計很是贊同，就想將長女嫁給冒頓，但妻子呂后聞聽後哭泣不止，無奈之下，劉邦只好從宗室中選了一名女子作為公主嫁給冒頓，並隨行贈給冒頓大批財物，於是雙方締結了和親的條約。漢朝每年奉給匈奴財物酒食，以兄弟相稱，自此友好往來。

人生的道路是佈滿荊棘的，世間萬物也是利弊共存的。在任何人的人生道路上都不可能是一帆風順的。我們在面對利害關係時應審時度勢地從不同角度看待問題，如此才能趨吉避凶，求得生存，求得發展。而墨子「斷指以存腕」、「兩而勿偏」的觀念正給我們指出了一條光明大路。

我們應充分利用這一觀念去分析事物衝突的雙方，全面地把握事物的全貌，從而做到「斷指以存腕」。像「斷指以存腕」、「斷指以免身」這樣的事情，在生活中是經常會碰到的。墨子教給我們一種利害相權、取小害以保大利的處置方法，讓我們在必要時犧牲局部以保全整體，這樣做是非常明智的。

【智慧感悟】

人生的權衡是十分重要的，比如我們的事業、婚姻等等，都需要我們做出正確的選擇。但是，當我們處於兩難境地時，就需要敢於捨棄那些相對而言不太重要的東西。當然，壯士斷腕，痛徹肺腑，但不割捨，又會影響全局，因此忍得一時之痛，果斷放棄，就成了無奈之中的英明選擇。

讓對的人站在對的崗位上

使人各得其所長。天下事當：鈞其分職。天下事得：皆其所喜。天下事備；強弱有數，天下事具矣。

墨子說：「使人各得其所長。天下事當：鈞其分職。天下事得：皆其所喜。天下事備；強弱有數，天下事具矣。」墨子主張，讓人們各盡所能，天下的事情就能辦妥；各負其責，職責均衡，天下的事情就辦得合理；分派的工作都是各人所愛，天下的事情就完備了；強弱有定數，天下的事情就沒有遺漏了。

墨子認為，世上只有因安置不當而導致沒有被充分利用的人才，沒有任何一無是處的庸人。無論三教九流，只要任用得當，都能找到自己合適的位置。墨子這一「量材而用，各盡其長」的觀點是經得住歷史考驗的。

下面讓我們看看歷史名流曹操是如何把「用人所長」的原則實施到用人之中的。

建安二十年（二一五），魏、吳兩軍在合肥進行了一場激戰，曹操對這次戰役的人事安排充分體現了他「用人所長」的用人能力。曹操在西征張魯前就寫好一封信交給合肥守軍薛梯，信上註明：等吳軍來攻再拆開。曹操葫蘆裡裝的什麼藥，大家誰也不知道。等曹操走遠了，孫權果然親率大軍來攻，危機中大家拆開信，只見信上寥寥數語：「若孫權至，張、李將軍出戰，樂將軍守城。」

第一個明白曹操意圖的是張遼，他說：「曹公的意思是，他遠征在外，如果等他回來解救，我們早就被敵人打敗了，所以我們要在敵人站穩腳跟之前進攻，打敵人個措手不及，才能勝利。是勝是敗，在此一戰。」

張遼率眾歸降了曹操後曾不避大險隻身到敵營威勸昌豨投降成功，又在敗袁紹、攻袁譚、征柳城等大戰中屢建功勳，並多次得到曹操的賞識。曹操把張遼放在合肥的目的就是要發揮他組織和協調守軍的核心作用。張遼果然不負曹操所望。但奇怪的是，曹操為什麼不讓李典守城，樂進出戰？

樂進是個性情如烈火的武將，為此特封他個雅號叫「衝折將軍」。而李典的性格與樂進不大相同，李典是個愛學習，有修養，顧全大局的人。按常理叫李典守城，樂進出戰更加適合。曹操偏偏倒用兩人，這不令人費解嗎？細細分析一下，這正是曹操用人的高明之處。

在曹操看來，大敵當前，張遼置個人得失於度外是沒問題的，李典有「素不與諸將爭功」的品格，如果張遼以大局為重，他配合張遼也沒有問題。有了這兩人的團結和統一，就不愁把樂進帶起來了。如果讓樂進出戰，很難保證不與張遼爭功鬥氣，如果兩人發生爭吵，李典很難協調，那樣三人就不能形成一個整體。這裡還隱藏著一層意思：明明應該樂進出戰而令其守城，又說樂進「將軍」其實是說樂進如果爭著出戰，那麼三個人的凝聚力會更大，這才是曹操希望的第一方案；如果說樂進不明白這個意思，老老實實的守護，也是不錯的第二方案。曹操的一封密信，為三人的團結對敵設了一個「雙重保險」，無論發生什麼情況，都能做到萬無一失。

這件事也充分地體現了曹操「仁者用其仁，智者用其智」的用人之所長的智慧。曹操果然是「超世之傑」。

曹操的「仁者用其仁，智者用其智」其實與墨子的「使人各得其所長」是相通的。

其實墨子的這一用人思想完全可以應用到現代企業管理當中。企業的用人是一項涵蓋內容非常廣泛的課題，它考察的不僅是企業的高層管理者成功駕馭企業組織的能力，更考察企業的高層管理者高瞻遠矚、運籌帷幄、決勝未來的品質和胸懷。

對於管理者來說，企業的用人之道在於知人善任、用人之長。所謂知人善任就是了解和掌握員工的特點，並將其合理地安排到相應崗位上工作，達到人盡其才的目的；所謂用人之長就是在工作中要儘量發揮員工的工作特長，為了能夠實現用人之長必須對員工的特點進行瞭解和掌握，所以從某種意義上來說，知人善任和用人之長是一致的。

用人之長是一個被管理者廣泛重視的問題，但真正執行起來卻又是一個極易被忽視的問題。

在一個人的身上，其才能有長處也有短處，用人就要用其長而不責備其短處。對偏才來說，更應當捨棄他的不足之處而用他的長處。

一個工程師在開發新產品上也許會卓有成就，但他並不一定適合當一名推銷員；反之，一個成功的推銷員在產品促銷上可能會很有一套，但他對於如何開發新產品卻會一籌莫展。如果管理者在決定雇用一個人之前，能詳細地瞭解此人的專長，並確認這一專長確實是公司所需的話，這種用錯人的錯誤就可以避免了。

古人說得好：「事之至難，莫如知人。」辨人才最為難，而辨別偏才的能用可否則更難。這是因為事有似是而非的地方，例如，「剛直開朗似刻薄，柔媚寬軟似忠厚，廉價有節似偏隘，言納識明似無能，辨博無實者似有材，遲鈍無學者似淵深，攻忤謗訕者似端直，一一做比較，似是而非，是非曲直，人才優劣真偽，每混淆莫之能辨也。」所以說，世上最難的事沒有比識人更難了。每一個聰明的領導人都要精於識別偏才造成的假象，而辨別任用他們。

選拔人才的最佳標準是德才兼備，但是事情往往是與自己的心願相違背的，那麼我們退而求其次使用有缺陷的人才時，應該注意些什麼？

有缺陷的可用人才大體可分為兩種：一種是才能不足之人，另一種是德行不足之人。不同的類型，有不同的使用方法。領導者用人時應側重的是「拙誠」之人，用現代的話來說就是埋頭苦幹，多做實際工作，不作表面文章的人，那種只說不做的人，什麼事情都做不成，應當提倡實幹主義態度。

對於才能方面明顯不足的人才，要對他們授以謹慎處事的秘訣，讓他們在日常的人際交往中正視自己的不足，注意虛心學習，同時也可以避免因逞強好勝而引起的是是非非。只有「論功則推於人，論過則引為己責」的人，才能吸引有為之人來到自己的身邊。

一般來說，人的本性是見利不能求，見害不能不避。趨吉避凶是人的本性，商人做買賣，日夜兼程，不遠千里，為的是追求利益；漁民下海，不怕海深萬丈，敢於逆流冒險搏鬥，幾天幾夜不返航，因為利在海中；因此對許多人，只要有利可圖，雖然山高萬丈，人也要攀登；水深無底，人也要潛入。所以，善於管理的人，對人才要順勢引導。

另外，在人才使用上，不僅要用其所長，而且要「短中見長」。不知人之短長，就不能做到善於用人。一個人的優點和缺點，長處和短處，並不是固定不變的。優點擴展了，缺點也就受到限制，發揚長處是克服缺點的重要方法，而且長處和短處是相伴相生的，常見到有些長處比較突出，成就比較大的人，缺點也往往比較明顯，常常「不拘小節」，大智若愚。因此，在選用人才時，要善於發揚人才的長處，以便做到人盡其才，才盡其用。至於那些膽大藝高，才華非凡，但由於某種原因受人歧視、打擊，而有爭議的人物，領導者更要力排眾議，態度鮮明，給予有力的支持。

趨吉避凶，用人所長，這是真正的用人之道，也是墨子給我們的最寶貴的啟示。

【智慧感悟】

人都有優點和缺點，在用人時必須堅持揚長避短的原則。用人，貴在善於發展、發揮人才之長，對其缺點的幫助教育，固然必要，但與前者相比應居於次。而且幫助教育的目的，也是使其短處變為長處。如果只看短處，則無一人可用；反之，若只看人長處，則無不可用之人。因此，在人才選拔上切不可斤斤計較人才的短處，而忽視去挖掘並有效地使用其長處。

言多無益

子禽問曰：「多言有益呼？」墨子曰：「蝦蟆蛙蠅，日夜而鳴，舌乾擗，然而不聽。今鶴雞時夜而鳴，天下振動。多言何益？唯其言之時也。」

一天，子禽問他的老師墨子：「老師，多說話有好處嗎？」

墨子說：「池塘裡的蝦蟆，禾田裡的青蛙，無論白天黑夜，總是叫個不停，可是從來就沒有人注意牠們，但是雄雞在黎明時的報曉啼叫，雖然只有幾次，然而天下全都振動動了。所以，多說話有什麼好處呢？重要的是，說的話要有用處，要說得切合時機。」

墨子用一個最常見也最簡單的事例來說明這個問題，不但是恰到好處，而且還能充分說清楚道理。的確，如果一個人話多的話，就像那些蝦蟆、青蛙一樣，不僅沒人注意，很多時候都只會覺得煩人。

其實，在我們現代生活中，墨子所說的那種人非常多。就是一個人獨處時，話不多；當他與自己的親人相處時，話也很少。一旦與要好的朋友在一起，那話就會說個不停，如果恰好異性朋友也在一起的話，話就更多了，真可謂是標新立異，妙語連珠，語不驚人死不休了。說到得意處，更是手舞足蹈，樂此不疲。

這一切都是因為人這種動物具有一種表現欲，雖說在其他動物界裡面也有表現欲，但那純粹是為了生存和繁殖後代的需要。這種表現欲體現在人身上，表現的是一種氣質，或者是一種才情，或者是一種風度，又或者是一種智慧。總之，就是想表現一種優越感，不排除掩飾自卑的嫌疑。一般來說，一個人若要想表現某一方面的長處，一定有某一方面的短處。

大家應該記住《詩經》中的這句話：「匪言勿言，匪由勿語。」廢話少說，沒有根據的話也要少說。

許多人都不喜歡那些話多的人，總覺得他們說話沒有根據，信口開河，也不考慮這句話說出去，在別人聽來有什麼感受。該你發表意見或建議的時候，最好能做到簡潔明瞭而不拖遝冗長，不能為了表現就讓自己變得像蝦蟆、青蛙那樣，不知休止。

對一個初出茅廬的年輕人來說，最重要的處世經驗是：多看多聽少開口。

這條經驗不僅對年輕人有用，對任何一個指望過得好一點過得開心一點的人都同樣適用。

假如你想在某個領域有所成就，就得把自己的精氣神全部融入其中，弄清各種人和事的現存狀態與變化規律。久而久之，你看待事物的眼光就變得跟局外人大不一樣了，達到「神知神覺」的境界，這樣你就有了一雙慧眼，能隨時發現有利於事業成長的機會。

少開口的兩個理由：第一個理由是，當你急於開口時，就沒有心情去多看多聽了。第二個理由是，一個人說得愈多，他的淺薄無知就暴露得愈多，他就很難得到別人的信任和重視了。一個說話隨便的人，一定沒有責任心。

特別愛說話的人為什麼最不可能受重用呢？

其一，一個人特別愛說話，說明他自制能力不強，易衝動，經常因情緒傷害理智。試想，連自己的嘴巴都管不住，又能管好什麼事？

其二，一個人整天嘰嘰喳喳的，總得有內容。他的生活經歷有限，不知道那麼多趣聞軼事，也沒工夫讀書，不可能天天跟你講世界名著。說來說去，無非東家長西家短，拿別人的隱私、缺點當佐料，煲成一鍋大雜燴。對這樣的人，誰敢跟他交心交底呢？

其三，一個特別愛說話的人，總是不假思索地對任何事發表見解，好的意見與錯誤觀點混雜，泥沙俱下，讓人難以取捨，只好當廢話聽。久之，人們必然認為這個人沒有見識，只會亂說一通。平時是沒人重視他的，想散佈流言蜚語時，才會借用一下他那張關不住的嘴巴。這種人很容易被不懷好意的人利用，社會上的小道消息，主要是靠他們傳播開來的。

【智慧感悟】

話說多了，不僅沒有好處，反而還有許多壞處。所謂言多必失，話說多了，難免有過失。比如，和朋友聊天，你如果滔滔不絕，毫無顧忌，首先會給人沒有內涵的感覺，此外，也難免得罪他人。禍從口出，就是在提醒我們要注意不要多說亂說。

第六章　孫子詭道

上下同心，團結力量大

上下同欲者勝

孫子說：「上下同欲者勝。」對於這句話，這樣解釋說：「君臣同欲。」曹操無疑指出孫子這條謀略的真諦，它是孫子的「先勝」五項原則中最重要的一項原則。這裡的「欲」，強調的不是物欲，而是精神和意志。一個善於帶兵打仗的將軍要善於令官兵同心，上下齊心協力，才可以奪取戰爭的勝利。這是孫子提出的決定戰爭勝負一個最根本的途徑，也是求「先勝」的一個前提條件。

孫子認為，在一個團體內上下同心，團結如一人，以團隊的力量來出擊，以規模的優勢來進行競爭，就能以排山倒海之勢，掃除前進路上的一切障礙，開拓出更廣闊的生存空間。

管理企業，也是同樣的道理。團隊精神突出的企業都是眾志成城、萬眾一心的，不管在什麼情況下，企業上下都能團結如一人，想企業之所想，急企業之所急，為企業的生存和發展殫精竭慮。「團結如一人，天下誰能敵？」這就是團結的力量。一根筷子能夠輕易地被折斷，而數十、數百根筷子捆在一起，就很難被折斷了。團隊的力量是十分強大的，在市場競爭中，以團隊的力量出擊，就會造成很強的衝擊力和競爭力，形成局部的優勢，戰勝對手，搶佔市場的更大空間。

同時，「上下同欲者勝」，也包括「下」對「上」的支持，只有團隊意識強的員工才會自覺地為企業著眼，為企業的發展出謀劃策，貢獻自己的聰明才智。

日本石油公司經過多年的艱苦努力，在全國各地都建起了自己的加油站。二十世紀七〇年代，有一位公司職員向領導者提出一個建議，能不能利用這種得天獨厚的條件，在加油站旁邊開設副業，以增加公司的收入呢？

公司董事會立刻開會討論這一建議，得到了一致通過。過了不久，在全國各地的加油站附近，就很快出現了許多飲食店、小賣部等，為駕駛人提供了不少方便。後來公司又不失時機地推出了「貴賓卡」，持卡的駕駛人可享受優惠油價，受到了駕駛人的熱烈歡迎。

實施了一段時間，公司的高層主管們驚訝地發現，這些依附於加油站的副業竟取得了很好的收益，甚至比銷售石油的利潤還要大。

企業內部「上下同欲」，共同向著同一個目標努力，凝聚成一股強大的力量，就能戰勝前進道路上的一切困難，為企業不斷迎來新的成功。

平時的工作大家共同完成，有了難題大家一起出主意、想辦法，心往一處想，勁往一處使，汗往一處流，一個人的事情就是大家的事情，大家的成就同時也是個人的成就。「上下同欲者勝」有了這般強大的凝聚力，就可以在商業競爭中無往而不勝。

日本有一家玻璃製品公司，公司內部就是相當團結的。有一名職員向老闆提出了一項建議，認為人們拿杯子的時候是靠大拇指用力的，應該把大拇指壓的那塊地方做得凹下去，就能防止拿杯子時從手裡滑脫。

另一名職員受到啟發，向老闆提出了另一個建議，說美國人的鼻子高，銷往美國市場的杯子應該做成前面低的，呈傾斜狀。

第三名職員綜合了前兩人的建議，認為把這兩種方案結合起來，就顯得更加完美。於是，一種新穎別致的玻璃杯就問世了，因為形狀獨特，所以被命名為「酒窩杯」，特別適合美國人的需要，雖說售價相對較高，但在美國市場上卻一直暢銷不衰。

在普通職員中蘊藏著巨大的創造潛力，只有營造出「上下同欲」的和諧工作氛圍，才能把這種創造潛力充分激發出來，轉化成企業不斷進取的精神財富，使企業爆發出無盡的生機和活力。

另外，我們可以把「上下同欲」擴展到同行之間。在強大的競爭對手面前，弱小的企業團結起來，共同抗爭，就能形成強大的力量，令實力雄厚的大企業望而卻步。

【智慧感悟】

商海無情，看不見刀光劍影，都在競爭中優勝劣汰。商海有情，它鍾情於勇於搏擊，胸懷智謀的人。在社會競爭中，誰能把孫子詭道的智謀發揮得淋漓盡致，誰就能成為新時代的佼佼者。

兵不厭詐

詭道——兵以詐立。

孫子說：「兵以詐立」。這句話的意思是說，用兵打仗，依靠詭詐多變取得勝利。孫子也說過：「兵者，詭道也。」這兩句話，表達了孫子關於以欺騙和詭詐的手段造成敵人的錯覺和大意，以便戰勝敵人的作戰指導思想。孫子認為，戰爭是敵我雙方的生死搏鬥，因此，只要有利於戰勝對方，什麼手段都可以採用，對待敵人沒有什麼誠實可言。

孫子正是在這個意義上，吸取了前人「戰陣之間，不厭詐偽」的合理思想，相應地提出了「兵以詐立」的進步口號，認為只有詭詐，才能成功，才能獲勝。

兵不厭詐，古今常理。在互相用詐的戰場上，如果你不能欺騙敵人，那就必然會被敵人所制約；如果你不能識破敵人的詭詐，那就會陷入敵人的圈套而不能自拔。所以杜牧註釋說：「欺騙敵人，使他們不知道我軍的真實意圖，然後才能確立勝局。」張預也注釋說：「以變幻欺詐為根本，使敵人不知道我方的奇正所在，我軍就可以實施自己的作戰計畫並獲得成功。」

製造一種假象，巧使一個障眼法來使對手鬆懈，對自己的行動該會提供多麼有利的幫助啊。精明的人對此早有心得，運用起來得心應手，使不明真相的人們紛紛中了詭計，鑽進了圈套。

保羅·格蒂是美國富商，也是著名的世界石油大王，他以區區五百美元起家，到去世的時候，他的資產卻已達到創紀錄的六十億美元，譜寫了創業史上的一個奇蹟。

從出世的那天起，他就是父母的心肝寶貝，因為那時候父親已經三十七歲，母親已經四十歲了，所以都對他疼愛有加。過度的溺愛使他養成了許多壞毛病，在學校裡成績一直很差，讓父母親很是失望。他二十二歲那年，父親給了他五百美元，對他說這就是他未來創業的資本，他應該自立了。從那天開始，父親每月只給他一百美元生活費，而且規定只供給兩年。

他懷揣這五百美元，隻身一人來到了被稱為「冒險家樂園」的奧克拉荷馬州塔爾薩鎮。這裡盛產石油，許多人蜂擁而來，做著一夜暴富的美夢，到處挖井。

他努力學習有關的地質知識，四處奔走，尋找開採石油的機會。但時間很快過去了一年，他還是一無所獲。

這天，他聽說泰勒農場要被拍賣，而農場的地下很有可能儲藏著石油，他立刻趕赴現場，進行察看。他在農場轉了幾圈，憑著自己的經驗，他估計石油儲量一定很豐富，但眾多石油商早已聞風而動，對這塊地皮虎視眈眈，而他只有區區的五百美元，又怎麼可能把它拍賣到手呢？

他盤算了很久，終於想出一條迷惑競爭對手的妙計。他來到自己存款的銀行，故意不透露誰是真正的買主，要求銀行派一名高級職員為他到拍賣現場喊價。憑著三寸不爛之舌，他終於說服了銀行，於是銀行的一名高級職員和他一同來到了拍賣現場。

拍賣開始了，銀行高級職員率先舉起了喊價牌。參加拍賣會的所有人都極為震驚，紛紛猜測這個買主一定大有來頭。

大部分人和銀行之間有借貸關係，不敢和銀行公開競拍；還有一些人雖說和銀行沒有來往，但在這種氣勢的震懾面前，也不得不謹慎地退避三舍。結果，保羅僅以五百美元，就出人意料地買下了這塊地皮的石油開發權，而這個價錢，僅是報價的三分之一。

三個月後，石油開採出來了，一小時就出油三十桶，一桶油在當時賣二美元，照這樣計算，一天就會有一千四百美元收益入袋。

三天後，他就將這塊地皮轉賣了，淨賺十萬美元。他用這筆收入繼續進行石油交易，錢愈賺愈多。二十四歲那年，他回到家中，向父親報喜，他已經賺夠一百萬美元了。

可見，保羅·格蒂是一個狡猾而精明的商人，他之所能成功地買下油田，完全得益於他製造假象，迷惑對手的詭計。他藉銀行為招牌，迷惑拍賣現場的其他人，完全是一個子虛烏有的圈套。這正應了孫子的「兵者，詭道也」那句話。

【智慧感悟】

商業競爭中的虛虛實實，爾虞我詐，互相鬥智、鬥氣、鬥力，使人眼花撩亂，我們如何充分運用智慧，以贏取勝利呢？孫子為我們提供了最佳選擇——詭道。詭道是以智力取勝之道，是靈活多變之道，是變化莫測之道，是奇詐狡猾之道。誰悟懂了孫子詭道，誰就能縱橫天下無阻。

權力的絕對下放

將能而君不禦者勝。

孫子說：「將能而君不御者勝」，是指將帥指揮能力很強而國君又不加以牽制的，就會取得勝利。對此，杜牧引用《尉繚子》中的話說：「夫將者，上不制乎天，下不制乎地，中不制乎人。」曹操補充說：「戰時用兵的前進與後退，要根據戰機決定，主帥不必請示國君。」

王晳解釋說：「國君駕馭有才幹的將領，不能斷絕疑忌。如果是賢明的國君，必定能夠瞭解他的將領，本當委以重任，責成他做出成效來，那麼，就像幫他推戰車、授武器一類的表示，就是應該的啊！攻戰的事，要求專一，不能從中干預，這才能使軍隊揚威，讓將帥施展才幹。更何況臨敵之際，如何捕捉機遇，絲毫不能耽誤，怎麼能容許在很遠的都城內加以制約呢？」

孫子認為，從這一點可以判斷勝負的情況。所謂「不御」，就是領導者不束縛將領的手腳，讓他們發揮自己才幹，必須信任他們，並給予他們充足的權力。

三國時，魏國大將司馬懿率兵與蜀國丞相諸葛亮在五丈原對峙，曹丕派侍中辛毗拿著符節到魏軍軍門大聲宣佈：「軍中有敢於主張交戰者，馬上斬首。」

諸葛亮得知這件事後嘲笑道：「司馬懿如果能夠對付得了我，怎麼會向遠在千里之外的國主請示該不該出戰！偏偏要藉曹丕的口說不許出戰，以此威嚇將士，真是個無謀的將領。」

戰場空間的廣闊，作戰情況的錯綜複雜，兩軍態勢的瞬息萬變，由於受到資訊傳遞的侷限，戰事處置緊迫的制約，國君很難做到事無鉅細，戰必躬親。所以，孫子對作戰指揮提出了「將能而君不御」的制勝要訣。這也正如《軍勢》中所說：「出軍行師，將在自專；進退內御，則功難成。」也就是說，將帥帶兵打仗，一定要有臨機處置的決斷權。

同樣，在激烈的市場競爭中，面對瞬息萬變的商場，企業的境況如同戰場上的軍隊。如果各項活動的決定權都操之於管理者手上，那麼，企業就會反應遲鈍，事事掣肘，處處被動，後果就可想而知了。

因此，一些明智的企業家從孫子的「將能而君不御者勝」的觀點中得到啟發，放棄「我是負責者，一切都要由我來決策」的陳腐、愚蠢的想法，將權力下放。

在這方面，不少的日本企業家做得很好。他們認為，最高領導人的高明在於讓每一個部下在自己能夠最大限度地發揮作用的

時期和條件下發揮作用。為此，必須善於將決策權分散給部下。決策權下放了，下級就會感到自己是組織與經營的真正參與者，就會產生責任心、主動性和創造欲。如今，日本許多企業內部之所以充滿了活力，和最高管理者善於放權而企業各級經營管理者有職有權有關。

對於敢於授權，讓員工放手大幹的管理方式已被眾多企業所應用，比如瑞士的雀巢公司。

瑞士雀巢公司是瑞士食品工業最大的公司，也是一家頗有聲譽的跨國企業，公司在用人上也體現了「將能而君不御」的特色。該公司成立於一八六六年，經過一百多年的經營，現在已經擴展到有三百多家工廠和七百多家銷售機構，分佈在瑞士國內及世界幾十個國家和地區。年銷售額已超過百億美元，資產總值也將近百億美元。

雀巢食品公司知道自己要發展，就必須走出國門，大力拓展海外業務，所以自二十世紀六〇年代以來，公司非常注重開拓海外業務，在當地市場設廠加工生產該公司經營的幾種名牌食品或在當地設立銷售機構。在拓展海外業務時，公司一律在所在地培養當地幹部，使得這家跨國公司的幹部當地化。

它在國外的幾百家加工廠和七百多家銷售機構，其董事、經理及各部門的負責人都是逐步由當地人擔任的。為什麼要任用當地人呢？該公司總裁認為：當地人非常瞭解當地的政策、風土人情及顧客的消費能力與習慣，任用這些當地人，有助於公司的管理和業務發展。

為此，雀巢公司制訂有系統的招募、訓練及提升計畫，以求每在國外開設一個點就儘快使其幹部當地化。他們對入選者進行系統的培訓。首先對他們講授經營管理課程，並實習三－六個月。

實習結束後，將較有前途的人送往瑞士的總部參加講習，再接受六周的訓練，也可能被送到其他國家的雀巢分公司去實習和培訓。他們經過這樣嚴格的實習和培訓後，先擔任一個部門主管的助手，經過一段時間的考察，證實能夠勝任的，就正式任命他們擔任董事、經理或各部門的負責人。

事實證明，不懂得放權和授權的企業，往往無法激發員工的積極性，而且過於事必躬親，馭下過度，會造成下屬的依賴心理，不利於企業的長足發展。企業只有處理好放權、授權問題，才能使自己永保活力。

【智慧感悟】

俗話說：「雙拳難敵四手」。一個人的能力再大，也有難以企及的地方。這時候，最有效的方法就是尋求幫助。一個領導者也是如此。他不可能事必躬親，任何事都親自參與，這樣做也沒有必要。領導者應該懂得授權，把一些事交給他人去做。授權不是一句話，而是一種許諾。

攻其無備，出其不意

攻其無備，出其不意，此兵之勝，不可先傳也

孫子說：「攻其無備，出其不意，此兵之勝，不可先傳也。」「攻其無備，出其不意」，是指在敵人沒有準備的情況下實施攻擊，在敵人意料不到的情況下採取行動。此一謀略是孫子「兵以詐立」的精髓，也是進攻作戰發起階段謀略運用的關鍵戰術選擇的總體原則。

古今中外的戰爭史表明，在敵人完全喪失戒備之心，或意想不到的時間、地點實施突然襲擊，能在心理上和軍事上取得巨大效果，並且能使敵人在驚慌之中做出錯誤的判斷、制定錯誤的計畫，採取錯誤的行動，以致連遭失敗。

因此，運用此一謀略時，須抓住敵人的思維空隙，並採取各種偽裝佯動，隱蔽行動企圖。如果行動在敵人的意料之中，也就無法做到「出其不意」；敵人有了準備，也就無法實施「攻其無備」。也就是說，只有真正「出其不意」，才能實施「攻其無備」。

用兵打仗，不過就是及時抓住機會迅速行動罷了。孫子所說的「攻其無備，出其不意」，攻擊敵人的要害，搗毀敵人的薄弱地方，能使敵人的前後部隊來不及策應，敵人的大部隊和小股部隊來不及靠近，敵人的將領和士兵來不及互相救援，敵軍的上下級之間來不及互相收容，那就非

得迅速出擊不可了。所以才「微乎微乎，至於無形；神乎神乎，至於無聲」。好像天兵從天而降，又像從地下突然竄出，還像天上的雷電驟然閃爍，令敵人潰敗而倉皇逃竄。

但是，有一點要注意，倘若敵人的虛實還未知，戰場的地勢還不熟悉，敵情還沒有摸清楚，我軍的實力也還未審察，只僅僅是羨慕「迅雷不及掩耳」這個名稱，而以自身輕率，去抵擋有準備的敵人。率領孤軍深入敵人的重地，欲進攻不能，欲後退又不敢，攻打敵人的城池而不得，搶掠俘獲又無望，糧道被敵人斷絕，救援部隊又來不了，這樣即便是韓信、白起也不能斷其後啊。

選擇敵人沒有準備的地方攻擊。這樣的例子，像三國時曹操征伐烏桓，謀士郭嘉獻計說：「這些胡人依仗著他們遠離中原，必定無所防範。正因為他們沒有準備，所以，我們突然打了過去，就可以消滅他們。」曹操的大軍行進到易水時，郭嘉又建議說：「兵貴神速，如今長驅千里去襲擊敵人，帶的輜重又多，就難以佔到便宜；我看不如輕裝抄近道奔襲，攻打對方於毫無準備之中。」於是曹軍秘密離開盧龍塞，直接攻擊烏桓首領所在的地方，雙方交戰，曹軍大獲全勝。

孫子認為用兵是一種詭秘的行為，所以要善於製造種種假象去迷惑敵人，「能而示之不能，用而示之不用，近而示之遠，遠而示之近。」還要巧妙地利用敵人的種種弱點，「利而誘之，亂而取之，實而備之，強而避之，怒而撓之，卑而驕之，佚而勞之，親而離之。」然後，向其發動進攻，以達到「攻其無備，出其不意」，從而贏得戰爭的勝利。

「出其不意，攻其無備」，這不僅是軍戰中弱軍戰勝強軍的一條重要原則，而且也是商戰中己方戰勝彼方的法寶。這其中體現的是鬥智，而不是鬥力。與勁敵鬥智，根本目的在於使敵方解除對你的戒備。你不要示強，而要示弱。示弱要有步驟，逐步表現衰退的跡象，使對方以為你已是強弩之末，自然產生輕視心理。

在競爭中，有些人最善於用「攻其無備」的謀略。他們面對實力雄厚的競爭對手，不從正面競爭，而採用「不敵其力，而消其勢」的方法，然後「攻其無備，出其不意」，往往能夠以弱勝強，出奇制勝！

【智慧感悟】

神與巧的結合，是一種高超的競爭藝術，這種藝術能使我們取得競爭的勝利。隨機應變沒有一定之規，但只要我們記住：「攻其無備，出其不意」這句話，我們就能找出辦法來。孫子的金玉良言，是針對戰爭而言的，但具有廣泛的適用性，可以引用到我們生活的各方面競爭，比如商戰、職戰、人際等等。

知己知彼，百戰百勝

知彼知己者，百戰不殆；不知彼而知己，一勝一負；不知彼，不知己，每戰必殆。

孫子說：「知彼知己者，百戰不殆；不知彼而知己，一勝一負；不知彼，不知己，每戰必殆。」這句話的意思是說，既瞭解敵人，又瞭解自己的，哪怕是打一百次仗，都不會有任何危險；雖然不瞭解敵人，但是瞭解自己，有時能勝利，有時會失敗；既不瞭解敵人，又不瞭解自己，那麼，每次用兵都會有危險。

「知彼知己，百戰不殆」，孫子在這裡用簡明扼要的語言，闡明了戰爭指導者對彼、己情況的瞭解和認知與戰爭勝負之間的關係。所謂「知彼知己」，不僅包括戰略全局上的謀略和計畫，而且還包括作戰的整個過程中的具體情況及其變化。作戰指導，最重要的是正確地認識敵我雙方的各種情況，明於知己暗於知彼，或明於知彼暗於知己，都將招致失敗。「知彼知己，百戰不殆」是孫子兵法中的精華之一，雖經兩千多年的戰爭變遷，但它一直在戰爭中發揮其經久不衰的指導作用。

只有深刻地瞭解對手、瞭解自己，對雙方的情況一目了然，才能捕捉到更佳的商機，針對對方的弱點，開展有針對性的行動，為自己的經營活動找到更合適的突破點。

「知己知彼，百戰百勝」這句名言，最早是由軍事家總結出來的，如今已成了人們的共識，運用到各行各業，尤其是商業競爭中，取得了出人意料的效果。

一方要深刻地瞭解對手、瞭解自己，知道雙方的優劣所在，善於運用自己的優勢，來攻擊對手的短處，才能有效地擊敗對手，在市場中佔據愈來愈大的優勢。

石油大王洛克菲勒為把自己的競爭對手徹底擊垮，使用過許多惡毒的陰謀，進行過多次漂亮的攻擊戰，取得了一個又一個勝利，吞併了一家又一家公司。

洛克菲勒之所以會「百戰不殆」，是因為他對每一個競爭對手都十分熟悉和瞭解，完全摸透了他們的心理需要和人格弱點，真正做到了「知己知彼」，如此便可充分利用他們、聯合他們，繼而打擊、遏制他們，使他們乖乖地聽從自己的調遣。

湖濱鐵路董事長華特森和賓夕法尼亞鐵路董事長斯科特是兩個野心勃勃的傢伙，企圖聯合起來控制鐵路運輸。為爭取有力的外援，華特森代表斯科特前來拜見洛克菲勒，並向他提出了「鐵路大聯盟」的構想。

洛克菲勒頓時喜出望外，他對這兩人早有瞭解，對鐵路運輸也有很濃厚的興趣，現在機會送上門來，他豈有白白放過之理？華特森向斯科特通報後，斯科特又再次登門，進行進一步協商，終於議定了商戰史上一個十分惡毒的陰謀。

他們簽署了秘密協定，然後雙方聯合成立了「南方改良控股公司」。洛克菲勒承諾盡全力支持斯科特「鐵路大聯盟」的構想，把所有運輸石油的鐵路公司聯合在斯科特的旗幟下，共同把其他競爭對手擊垮。斯科特則請洛克菲勒選擇石油公司來加入這個聯盟，以給這些公司提供優惠的運輸條件的方式，把其他拒於門外的石油公司完全摧毀。

隨後，石油的鐵路運費就出現了空前的猛漲，在一夜之間就突然飆升數倍，許多石油企業頓時目瞪口呆，不知所措，因不堪承受高昂的運費而紛紛倒閉。

而加入了聯盟的洛克菲勒及其同夥的石油公司卻享受到優惠一半的鐵路運費，在競爭中明顯佔據了優勢地位，很快他們就把那些倒閉的石油企業吞併了。

洛克菲勒以支持「鐵路大聯盟」的形式與斯科特結成了盟友，滿足了斯科特的野心，但洛克菲勒老奸巨猾，絕不滿足於已有的成果，他早就做好了吞併斯科特的計畫，正在有條不紊地實施之中。

他重新組建了「石油生產者聯盟」，向斯科特宣戰，要求給予更高的優惠。同時他又專程前去拜訪斯科特的老對手范德比爾特和古爾德，結成了三方聯盟，共同對付斯科特。斯科特頓時陷入四面楚歌的境地。

接著，他又千方百計降低自己的生產成本，以低廉的價格向斯科特的大本營匹茲堡進行大規模的傾銷，逼得斯科特走投無路，只得宣佈破產。

洛克菲勒出資三百四十萬美元，買下了斯科特的全部企業。從此，整個大西洋沿岸的原油開採、鐵路運輸和市場價格都被他一手壟斷，他的石油帝國就這樣建立起來了。

在大魚吃小魚、小魚吃蝦式的弱肉強食中，做到了知己知彼，就為自己的勝利提供了可靠的保障。而在經營活動中，掌握了對方的心理，瞭解了對方的喜好，對對方的弱點展開有針對性的經營就會取得卓有成效的成果。

【智慧感悟】

「知己知彼」是「百戰百勝」的前提條件，只有對雙方的情況一目了然，才能捕捉到更佳的時機，為自己的競爭找到更合適的突破點，取得競爭中的更大勝利。歷史的車輪已經駛入資訊時代，資訊是這個時代各個競爭領域爭奪的制高點，誰擁有資訊，誰就擁有制勝的優勢。所以，在當今時代，孫子的「知己知彼」的智慧比以往任何時候更有用武之地。

快魚吃慢魚的時代

「兵貴勝，不貴久」、「其用戰也勝，久則頓兵挫銳」

孫子說：「兵貴勝，不貴久。」孫子又說：「兵之情主速。」這些都是講兵貴神速。孫子認為，在戰爭中效率是非常重要的，必需速戰速決。如果曠日持久，大量地消耗會帶來嚴重的後果。他認為，善於打仗的將領，在一次戰爭中，兵員不徵集兩次，糧食不運輸三回，這樣才能防止因戰爭帶來的消耗拖垮國家。

「兵貴神速」的靈魂在於「速」。如同戰場上的用兵作戰，市場上的商品製造和行銷，也要爭時間，搶速度，才能獲得效益。俄國著名軍事統帥蘇沃洛夫說：「一分鐘決定戰鬥結局，一小時決定戰局勝負，一天決定帝國命運。」

在市場大潮中，情況瞬息萬變，誰能先人一步誰就可能是贏家。商機不等人，市場競爭是講究兵貴神速的。以迅雷不及掩耳之勢迅速出擊，就能在商戰中搶佔先機，先人一步進佔市場，確立自己在市場上的優勢地位。

市場經營是非常講究時間成本的。所謂的時間成本，就是指商家在時間上的投入、產出比。顯而易見，在時間上投入得愈長，時間成本就會相應地愈高。每個人的時間成本都是不一樣的，高素質員工的工作效率很高，他所使用的時間成本會低於普通員工的好幾倍。

「兵貴神速」，是一句戰場上的至理名言，只有用最快的速度來採取行動，才能搶佔先機，首先佔領戰場上的有利地勢，給敵人有力的打擊，取得勝利。

市場競爭風雲變幻，商機稍縱即逝，只有採取神速的行動，才能把握住市場機會，收穫豐厚的利潤。阿曼法·哈默是美國著名企業家，被譽為「萬能博士」，他曾成功地涉足古董業、釀酒業、畜牧業、石油業等多個行業，都取得了傲人的成績；他還曾勇敢地來到人生地不熟的蘇聯，做成了許多生意，被列寧譽為「紅色資本家」，賺得了億萬財富。

哈默天生具有經商才能，十八歲那年，他已成為大學生中的第一個百萬富翁。一九二一年哈默還只有二十三歲，就做出了一個驚天動地的決定，要到蘇聯去經商。

他的決定在當時的美國人看來，無疑是十分瘋狂的，有人善意地規勸他，有人惡意地諷刺他，更有人大膽地斷言他的這一做法相當於「到月球上去探險」。

但哈默堅持自己的原則，毫不動搖。他看到了剛剛建立的蘇聯對各類物資的極度需求，而這正是他遠涉重洋、做成大筆生意的重要前提條件。想到就要做到，兵貴神速，他立刻籌組了一所流動醫院，攜帶大批醫療器械和藥品，浩浩蕩蕩向蘇聯進發。

當時的蘇聯缺糧少藥，瘟疫橫行，餓殍遍野，哈默把他帶來的價值十萬美元的醫療設備無償贈送給蘇聯，用於拯救飽受疾病折磨的蘇聯人民，贏得了蘇聯政府和人民的普遍歡迎，為他在這裡從事商貿活動打下了良好的基礎。

飢荒正在蘇聯大地上蔓延，哈默抓住時機，從美國買來價值一百萬美元的小麥，賒銷給蘇聯政府，頓時成了蘇聯政府的座上賓，列寧親自接見了他，對他大加讚賞，還特別給予他在蘇聯從事工商業活動的特許權，為他做成更大的生意提供了極大的便利。於是，蘇聯那無法估算的自然資源都慷慨地展現在他的面前，任由他進行開採，滾滾財富向他不斷湧來。

他看到蘇聯鉛筆奇缺，供不應求，就很快採取行動，開設了一家鉛筆廠，滿足了蘇聯市場的需要，僅建成投入生產的第一年，他就淨賺一百萬美元。

他看到蘇聯擁有價值獨特的大批古董和藝術品，就掌握時機進行收購，然後再運回美國舉行展覽，獲得了空前的成功。在聖路易斯展銷的第一個星期，平均每天就有兩千餘人光顧，票價收入高達幾十萬美元。而當時的美國正處於經濟大蕭條時期，他的輝煌不能不說是一個奇蹟。

從他所採取的一連串行動中，我們看到了孫子兵法「兵貴神速」計謀的巨大成功。時時刻刻走在別人前面，當別人都還沒有對眼前的商機做出反應的時候，我們已經開始了果敢的行動；當別人也想採取類似行動的時候，我們已經把財富收入囊中了。

【智慧感悟】

一步領先，步步領先，一步落後，步步落後，競爭面前沒有任何理由。我們必須以出人意料的神速出擊，來搶佔市場，就會造成神兵天降的驚人效果，在競爭對手還沒做出反應的時候，已經奇蹟般地把勝利抓在了自己的手中。

虛虛實實，變幻莫測

戰勢不過奇正，奇正之變不可勝窮也。

孫子說：「戰勢不過奇正，奇正之變不可勝窮也。」

孫子所說的奇正之變就是虛實之變的各種手段，如果說虛實是武器，那麼，奇正就是使用這種武器的技巧和方法。

孫子認為兩軍相遇勇者勝。如果敵我雙方都是勇猛者，該怎麼辨呢？龍在潭，虎在穴，硬攻是白費精力，這就需要奇了。有了奇，正面的勇便顯然只是一種蠻幹。

奇正互變思想在戰爭中被廣泛應用，在對手認定你要採取某種行動的時候，你卻出其不意地採取另一種行動，讓對手防不勝防，讓對手真假難辨，這樣就會取得勝利。

商業競爭如同行軍作戰，是特別講究機動靈活的。當敵人誤以為我方將在甲地發動進攻時，我方的進攻目標卻偏偏定在了乙地；當敵人猜測我方將要採取行動時，我方卻偏偏不動聲色，毫無動靜；當敵人鬆懈下來，認為我方不會進攻時，強大的攻勢卻悄無聲息地展開了，如神兵天降，打得敵人措手不及。

真真假假，虛虛實實，令敵人防不勝防。這就是「奇正互變」的軍事思想，是由古代傑出的軍事家孫子在他的軍事名著《孫子兵法》中最早提出來的。他要求「以正合，以奇勝」，認為「善出奇者，無窮如天地，不竭如江海」。

如果先發制人是「正」，那麼遲人半步就是「奇」；如果正面進攻是「正」，那麼聲東擊西、暗渡陳倉就是「奇」；如果弱小者故意大張旗鼓、虛張聲勢是「正」，那麼實力空虛者明目張膽地以空虛的面目示人、大演空城計就是「奇」。

把奇正互變的思想運用於市場競爭中，就能更加機動靈活地展開商業活動，使競爭對手無法摸清自己的底細，從而牢牢地掌握主動權，有效地擊敗對方。

劉鑾雄是香港證券市場的風雲人物，他的公司「愛美高」上市後，曾受到廣泛的關注。當股價高漲之後，他把自己所持有的股份全部拋出，獲利不菲，也同時讓他失去了公司董事局主席的職位。

半年後，股價大跌，他又將原有股份從容購回，重新坐到了董事局主席的寶座上。而在這一賣一買之間，他已有上千萬港元的收益到手了。

他放出風聲，說要收購能達公司，造出了很大的聲勢，並持有能達公司一定數量的股份，還揚言要派人進入能達公司董事局。能達公司慌了，急忙以高價在股市爭搶股份，還願意出鉅資來收購他所持有的股份。他見目的達到，於是見好就收，以高價將自己所持有股份轉讓給能達公司，自己大大賺了一筆。

兩年後，他故技重施，把目光盯上了華置股份。華置股份是一家實力雄厚的大公司，比他的「愛美高」要強大得多，但他硬是擺出一副「蛇吞象」的姿態，要把華置股份一口吞下。

許多人都不相信他這是名副其實的收購行為，誤認為他又在虛張聲勢，目的是在股市製造獲利機會。誰料他竟透過私下交易，一舉持有了華置三十五％的股份，成為華置的第一大股東，最終收購成功，使許多人大為震驚。

不久，他又開始了對中煤股份的吸納，人們頓時猜疑起來。這次是真收購，還是假收購？真收購，就要投入二、三十億港元的鉅資，而他是沒有這麼雄厚實力的。但他偏偏做得不動聲色，不間斷地悄悄吸納。

中煤公司坐不住了，急忙在股市中回購自己的股份，造成股價大漲。他笑了，把自己所持有的股份全部拋出，又獲得了可觀的收入。

劉鑾雄對能達、華置、中煤的三次收購行動，就有真有假，真假難辨。當別人認為他是真收購的時候，他卻虛晃一槍，獲利就走；當別人認為他是假收購、意在套現的時候，他卻真槍實幹，收購成功。難怪人們感嘆說：「劉鑾雄的過人之處，就在於不等到大幕落下，你不知道他要幹什麼。」

孫子的奇正互變的詭道謀略被劉鑾雄運用得如此純熟，難怪他在證券市場上如魚得水、戰無不勝了。讓自己的頭腦時刻充滿奇思異想，出人意料地不斷展開新的行動，人無我有，人有我創，人趕我轉，就能時刻搶佔先機，在市場競爭中獨佔鰲頭。

日本松下公司不像世界上著名的大公司那樣致力於產品的開發，他們認為做技術先驅所要付出的代價太大，因此他們選擇了做技術追隨者的明智做法。

松下公司很少開發新產品，他們寧願花錢購買別人的專利，或是改進別人的產品，變成自己的產品，然後再以低價策略，佔領市場。他們的做法與公認的做法背道而馳，可以算得上是「奇」了。

有一次他們研製出了「國民牌」R131型收音機，不小心做了一回技術先驅，老闆松下幸之助立刻下令部屬把該產品視為競爭對手的產品，繼續研製戰勝它的新產品。過了不久，P48型、R10型、R11型等新產品就相繼問世了。這又是一「奇」，體現了奇正互變的思想在市場競爭中的靈活運用。

「奇正互變」的思想在市場競爭中大有用武之地，但必須提醒大家注意的是，不管如何「出奇」，都是萬變不離其宗，千萬不能忘了產品品質這個「宗」，千萬不能忘了顧客是上帝這個「宗」。否則的話，一味出奇招、出怪招，譁眾取寵，丟了「守正」，即使能得逞一時，也是無法在市場競爭中長久地穩操勝券的。

【智慧感悟】

「以奇制勝」是一步勝棋，也是一步險棋。所謂奇並不是賣弄人的小聰明，而是人生大智慧的結晶。在生活中，誰能運用「奇正之術」，誰就能取得生存和發展的主動權。

施小惠釣大魚

利而誘之，亂而取之。

孫子說：「利而誘之，亂而取之」。孫子的這句話的意思是：對於貪婪的敵人要用小利引誘他，對於混亂的敵人，要趁機攻打他。

「利而誘之」，是指對於貪利的敵人，要用一定的利益或者好處引誘他們，就像用魚餌引誘魚兒上鉤一樣。軍事對壘的雙方，無不是為利而戰，為利而奪。乘隙取利，捕捉戰機，應該說是每個領導者所共有的主觀願望。

但利與害總是緊密相連的，「塞翁失馬，焉知非福。」高明的領導者總是「兩利相衡取其重，兩害相權取其輕」，不因小利而受大害。而那些魯莽的領導者，貪功圖利心切，趨利必急而不知其害，這樣就難免上當受騙。

大凡對敵作戰，敵將愚頑而不知機變，可以用小利來引誘他上鉤；敵人貪圖小利而不曉危害，可以埋設伏兵來襲擊他。這樣，敵人就可以被打敗。誠如孫子所說：「敵人貪婪好利，就用小利引誘他。」這在古代作戰中，是兵家經常採用的克敵制勝的有效戰法。

有些時候，我們為了長遠的利益，要懂得暫時放棄某些「利益」；局部的喪失，是為了全局的獲取；少量的犧牲，是為了換取更大的勝利。將欲取之，必先予之。得與失總是緊緊聯繫在一起的。什麼都捨不得，什麼都不忍心丟掉，其結果必定是一無所得。但是，不能隨意去捨，敢於失並不一定產生得，反之，很有可能產生更大的失。

二十世紀七〇年代時的蘇聯急切地想發展自己的航太事業，但是材料技術的研究水準不夠，怎麼辦呢？

一九七三年當時的蘇聯領導人在美國訪問時放風說，打算挑選美國的一家飛機製造公司為蘇聯建造一家世界上最大的噴氣式客機製造廠。如果美國公司的條件不適合，就和英國或聯邦德國的公司做這筆價值三億美元的生意。

美國的波音飛機公司、洛克希德飛機製造商聞訊後，背著美國政府，分別和蘇聯人員進行私下接觸。

波音公司為了搶到這筆生意，一開始沉不住氣，答應蘇聯方面的要求，讓二十名蘇聯專家到飛機製造廠參觀考察。於是，蘇聯專家到波音的製造廠房拍了成千上萬張照片。不僅在飛機裝配線上仔細考量，還鑽到機密的實驗室探寶，最後帶走了波音公司很多技術資料。最厲害的是蘇聯方面為了這次考察，居然專門製造了一種皮鞋，這種鞋可以吸附金屬材料，以致把加工飛機零件時削下的金屬屑帶出了工廠，因而竊得了製造合金的秘密。

波音公司最後也只能叫苦不迭。

在商場上，誘以小利，取其大利是許多企業普遍重視和採用的方法。

為了實現公司的目的，大部分企業採用請客、送禮、拉關係的手段。據說，美國、日本企業每年單是花在贈品方面的支出就高達百億美元。

日本在對國外市場展開攻勢時，經常採用的方法是先向對手國家提供便宜的進口產品，然後將該國的企業從市場上排擠出去。由於便宜，目標國家的廠家一般不能與之進行長期的競爭，最後，它們要嘛從這一行業中被排擠出去，要嘛放棄這塊市場，除此之外沒有別的路可走。這樣一來，日本就能使自己的產品充斥該國市場，隨後，價格徐徐上漲，恢復原來的價格，即能獲得利潤的價格。這也可說是「利而誘之」的具體寫照。

有獎銷售、優惠券等方法是有效的「利誘」促銷策略。但是有些企業卻設小獎，虛設大獎，擺出的汽車等大件獎品只是充門面，藉此來刺激、欺騙顧客，而大多數人並不知其中奧妙，只好自認手氣不佳，運氣不好。

「誘之以利」與其他策略一樣，不能理解為貶義，而是中性的，無非是要掌握分寸、把握適度。如果你認為現代競爭中不能運用「詭詐」，那麼，你就會被競爭對手徹底擊敗。

【智慧感悟】

「利而誘之」的謀略，實際上就是一種釣魚的哲學。先給對方一點好處，讓他洋洋自得，然後再收拾他。民間有句俗話：「養肥了豬再開刀」，說的也是這種謀略。客觀地說，謀略本身沒有好壞之分，但它卻有神奇的功效。小用小效，大用大效。

置於死地而後生

投之亡地然後存，陷之死地然後生。

孫子說：「投之亡地然後存，陷之死地然後生。」這句話的意思是，傑出的統帥與敵人作戰，會千方百計讓士兵們瞭解戰場形勢如同登到高處的時候被撤掉梯子一樣，只能進不能退。一旦深入戰場後，下令攻敵則要使將士們有破釜沉舟的決心，全力作戰。

通常士兵的心理處於死亡之地必會奮戰求生，因而全軍將士在險惡困境中，求生存的意志轉化為戰鬥力，將會人人奮勇殺敵，爭取勝利。

孫子認為，士兵深隱危險境地時，反而無所畏懼；無路可走，軍心就能穩固；愈是深入敵國軍隊內部就愈團結，迫不得已就會拚死戰鬥。所以，由於不同的戰況，不同的地形，士兵的反應也會不同，領導者必須認識清楚進而利用這一心理，激發士氣。

同樣，在現代競爭中，我們也要有意識地利用這些心理因素來激發自我的潛力。

我們不可有過分的依賴心理或太多的顧慮，否則可能會一事無成。只要有獲勝的把握，則不妨放手一搏，儘量往前衝，少些回頭。

「投之亡地然後存」的目的不是亡而是存。因此，我們處於困境甚至是「亡地」的時候，一定要充分依靠所有資源力量，在「亡地」裡找尋生機。當然，最好別讓自己陷入危機，而要在平時就做好應變措施，預測可能發生的危機。這也可說是「自我救助」的依據。

日本京陶公司的創立者稻盛和夫和松下幸之助一樣，被譽為「優秀的經營者」。京陶公司能夠高速發展，其原因之一是稻盛和夫經常向員工灌輸「飢餓精神」——「有願望，總感到不滿足，這種精神狀態才叫做飢餓精神」。他說：「進取精神只有在被迫無奈的情況下才會產生。人不處在逆境中，便不會產生這種精神。經營狀況一旦穩定下來，進取心也就消失了。」

他還認為，讓全體員工背上精神負擔，並且把他們壓得喘不過氣來，這才是使員工奮起努力的辦法。因此，京陶公司從上到下，全體員工都有了「不更加努力是不行的」認知。我們推而廣之，日本戰後經濟的迅速崛起，恐怕也得力於危機意識和「亡地」求存的意識吧。

孫子說過：「帥與之期，如登高而去其梯；帥與之深入諸侯之地，而發其機。焚舟破釜，若驅群羊，驅而往，驅而來，莫知所之。聚三軍之眾，投之於險，此謂將軍之事也。」「危」有來自外部的，也有來自內部的，甚至有來自自己設法營造出來的危急氛圍。我們把孫子危機意識移入企業管理中，可以產生企業危機是「危」，更是「機」的效果。

我們處於動態環境之中，危機是不可避免的，任何人都蘊藏著爆發危機的可能性。在競爭中，危機就像普通的感冒病毒一樣，種類繁多，令我們防不勝防。每一次危機既包含了導致失敗的根源，又蘊藏著更多成功的種子。發現、培育，進而收穫潛在的成功機會，就是危機管理的精髓；而錯誤地估計形勢，並令事態進一步惡化，則是不良危機管理的典型特徵。先拋開個人不說，我們先談談企業。

對於企業而言，危機管理是一種新型管理範疇，它建立在企業探討危機產生規律、總結處理危機辦法的基礎上。簡而言之，危機管理就是企業對危機的管理和應對的能力。危機管理主要包括：事先對危機的預測和防範、危機發生時的應對策略、危機發生後的善後措施。任何企業都要具備危機管理意識，根據企業的內部環境和外在環境，估計危機爆發的可能性，再制定出完善的預防方案，做到有備無患，即便危機爆發，也能把損失控制在最小的範圍內。

雖然表面上看，危機爆發有一些偶然因素，讓人防不勝防，但是任何危機都是從小的錯誤一點一點演化而成，都有一個從「醞釀期」到「爆發期」的過程，所以在危機爆發之前，一定會有一定的徵兆，所以只要管理者具備足夠敏銳的洞察力，就可以察覺危機爆發前的「蛛絲馬跡」。發現「蛛絲馬跡」，立即行動給予補救措施，抑制危機的發生是可以做到的。

【智慧感悟】

人生當中，有時候，不要給自己留太多的後路，試著讓自己破釜沉舟一回，相信你或許能做出驚人的成就。很多時候，成功和勝利，是被逼出來的。

絕不打沒有把握的仗

合於利而動，不合於利而止。

孫子說：「夫未戰而廟算勝者，得算多也；未戰而廟算不勝者，得算少也。多算勝，少算不勝，而況於無算乎！吾以此觀之，勝負見矣。」

這句話的意思是說，尚未作戰之前，要反覆論證，比較分析並擬定作戰計畫，如果比較敵我雙方各方面的力量，我方有勝算，那麼，獲勝的機會就大。

孫子認為，贏得戰爭，能執牛耳，最為重要的原因之一是「廟算勝」。因而，能做到「動而勝人，成功出於眾者」。

孫子又說：「故其戰勝不忒。不忒者，其所措必勝，勝已敗者也。故善戰者，立於不敗之地，而不失敵之敗也。是故勝兵先勝而後求戰，敗兵先戰而後求勝。善用兵者，修道而保法，故能為勝敗之政。」這段話的意思是：他們取得勝利，是不會有差錯的。其所以不會有差錯，是由於其作戰措施建立在必勝基礎上，能戰勝那些已經處於失敗地位的敵人而已。善於打仗的人，總是確保自己立於不敗之地，同時不放過任何擊敗敵人的機會。所以，勝利的軍隊總是先創造獲勝的條件，爾後再尋求與敵決戰；而失敗的軍隊，卻總是先與敵人交戰，而後祈求僥倖取勝。善於指導戰爭的人，必須修明政治，確保法治，從而能掌握戰爭勝負的決定權。

孫子主張，打就要打有把握之仗，反對打莽撞之仗，打糊塗之仗。孫子是非常重視智戰的。追求勝利，關鍵是做好大量、多方面的戰略情報的偵察工作，能知敵情，避敵之實而攻敵之虛。

企業家須搶先洞察市場變化動態，穩住既有市場，先立於不敗之地，再選擇有利時機，展開積極攻勢，則可提高市場佔有率。只有預知較量可贏，才去較量。在沒有勝利把握的情況下盲目決策，草率從事，極可能造成更大的損失和付出更大的代價。許多企業推崇的目標成本管理，以及盡可能地縮小研究開發、銷售服務、廣告等方面的成本費用，並從勞動組織上給予充分的保障等措施，是符合孫子的「先為不可勝，以待敵之可勝」原理的。

「合於利而動，不合於利而止。」孫子是一個功利主義者，具有強烈的國家利益意識。他說：「故兵以詐立，以利動，以分合為變者也。」「非利不動，非得不用，非危不戰。」「能使敵人自至者，利之也。能使敵人不得至者，害之也。」「故不盡知用兵之害者，則不能盡知用兵之利也。」

在孫子看來，要不要發動一場戰爭，產生決定作用的是符不符合國家利益，是不是能使國家得到實惠，是不是國家利益面臨危急關頭。孫子說「利合於主」，在他的意識裡，君主與國家是統一的。但是他也看到君主意願也會與國家利益發生衝突。這時怎麼辦？孫子鮮明地表示：作為一位「生民之司命，國家安危之主」的將帥，應當抵制君主錯誤的指導，他說：「故戰道必勝，主曰無戰，必戰可也；戰道不勝，主曰必戰，無戰可也。」是「必戰」還是「無戰」，決策不能以君主個人的意願為轉移，而要看是否符合國家利益。

在企業競爭中，「妙算」是非常重要的。經營者每做一件事，如投資建廠、開分公司、推出新產品等，若能詳細評估可能的銷路、競爭者的虛實、成本效益等，則便於選擇，容易成功。如未細加規劃與分析，趕風潮，盲目地經營，則會招致失敗，甚至還會遭受破產倒閉的厄運。

大同企業集團董事長林挺生，說到成功的秘訣時，就曾輕鬆地說：「我是憑藉一部《論語》，一把『算盤』打天下的。」《論語》且不論，「算盤」即是孫子所說的「妙算」。的確，大同企業的每一個大舉措無不是這副「算盤」精心測算的結果，從修火車到轉產電扇，再經產品多元化、企業大型化，使企業一天天地壯大。

在當時執電扇業牛耳的情況下，林挺生預測到家電業必將蓬勃發展，於是大力投資，進行各種家電的研製與生產。一九六〇年推出大同電鍋，一九六一年推出電冰箱，一九六六年開始生產電視和組合音響，一九六八年推出冷風機，每項產品都是走在前端。當別的企業發覺家電業是投資的良好項目時，大同公司已經奠定了在台灣家電業的龍頭地位。

林挺生的目光不僅盯著國內的各同行企業，更注意世界同行的新動向。二十世紀七〇—八〇年代，世界上少數已開發國家開始研製生產錄影機，但一直到七〇年代中後期，也仍然處於試驗和微量生產階段。林挺生注意到這一資訊，意識到在家電業將興起錄影機熱。於是在一九七七年就開始投資開發錄放影機，先後投資達八億台幣，終於在一九七九年領先其他廠家開發成功。

他看準了台灣地區的消費者偏好播放錄影帶，而較少錄製節目的特點，主要生產「只放不錄」的放影機。在市場推出後，一方面是投消費者所好，另一方面價格比錄放影機便宜得多，所以很受消費者歡迎。

林挺生深知科學技術能給產品帶來高附加值，同時也能給企業注入新的活力，所以，他特別注重開拓高技術產業。從一九七三年開始，他就積極從美、日、法等國引進技術，發展高科技的資訊技術產業。其中，他創立的大同中文電腦公司，獲得了以OEM方式供應世界最大的電腦公司——美國IBM公司電腦顯像器的業務。當年，在大同公司開發中文電腦的時候，林挺生邀請IBM公司的人員到大同的開發單位參觀，並按美方要求試製了一批產品，美方對試製品非常滿意。結果IBM公司初步訂下了五萬個顯像器的訂單，後來又日漸擴大。林挺生後來開心地說：「想不到兩年來交貨已突破了一百萬個，美國電腦世界的七家大廠商當中，只有IBM公司開展了對『蘋果』牌個人電腦的反擊，而台灣供應的顯像器，正構成了IBM的競爭力之一！」

可見，正是林挺生在關鍵時刻，對企業的未來做足了「妙算」的分析、預測、考察工作，才使得他做出英明決策，使企業良好地發展下去。

【智慧感悟】

六十算以上為多算，六十算以下為少算。我們只要事前嚴於精算，瞭解自身優勢與劣勢，找出社會環境中的機會和威脅，把握時機，做出最完美的決定方案才能達到「運籌帷幄之中，決勝於千里之外」的境界。競爭就是智慧的較量，誰智高一籌，誰就能獨占鰲頭。

愛的教育，鐵的紀律

厚而不能使，愛而不能令，亂而不能治，譬若驕子，不可用也。

孫子說：「厚而不能使，愛而不能令，亂而不能治，譬若驕子，不可用也。」這句話的意思是：對部屬厚愛而不能派用，溺愛而不能命令，違紀而不能制裁，這樣的部隊就好比慣壞了的孩子，是不能用來打仗的。孫子還認為要獎賞取得軍功的戰士。「故殺敵者，怒也；取敵之利者，貨也。故車戰，得車十乘以上，賞其先得者。」

強調賞罰的作用是比較容易理解的，難得的是孫子還提出了在非常情況下的特殊賞罰藝術——「無法、無政」，即賞罰沒有常法，不按常規。

香餌之下，必有死魚；重賞之下，必有勇夫。賞的目的在於勸善勵勇，如果賞一人而三軍勸者，就應毫不吝嗇地賞賜；罰的目的在於懲奸除惡，如果殺一人而三軍懾者，就可以毫不猶豫地殺掉。千金買馬骨，而千里馬至；賞貴小，罰貴大。不僅位卑職賤的人要賞，而且還要「賞不避仇」。賞罰嚴明，重要的是適當、適度、適時。賞罰不是目的，只是一種手段，目的是提高戰鬥力，振奮士氣。

同樣的道理，部隊要固本強基，增強戰鬥力，除了靠「嚴」字當頭，從嚴管理，做到嚴密組織，嚴肅紀律，嚴格管理，嚴明賞罰等外，還必須「上下同欲」，「視卒如嬰兒」，「視卒如愛子」。

岳飛帶兵雖軍令森嚴，卻能以誠待兵。有一名士兵曾因偷取民家一束麻，而被軍令處死，之後夜晚行軍，雖民家開大門邀軍士入屋住宿，也沒有士兵敢接受民家招待。寧可凍死，也不強佔民宅；寧可餓死，也不搶奪民糧。士兵生病，岳飛都親自照料。如果戍守遠地，岳飛一定要妻子分別到各士兵家，慰問他們家人的生活起居。凡是作戰犧牲者，岳飛不但傷心流淚，而且還撫育他們的孤兒。每建戰功，都歸功所有將士，這就是岳家軍所向披靡的根本原因。

所謂文、武，按曹操注：「文，仁也；武，法也。」和風細雨的思想工作，武以威罰，恩威兼施，必能取得預期的目的。從企業管理上說，可以理解為：愛的教育、鐵的紀律，是高效率管理的有力保障。同時，管理者要以身作則，嚴於律己，只有這樣，全體員工才會口服心服，起而效法。

是行「文」還是用「武」？必須審時度勢，據情而定，否則就會寬嚴皆誤，文武全失。

一個沒有科學的管理制度，沒有適合生產發展的規章制度的企業，是做不好經營管理的。我們要充分激起全體員工的積極性和創造性，必須努力滿足員工的願望和要求，但不是一味遷就。如果部屬只講個人得失，不關心集體利益，只要求企業照顧，不遵守企業紀律，那麼，企業對下屬的一切關心愛護都將失去其積極的意義。

企業的責任之一，是制定和實施必要的紀律、規定，對越軌行為進行約束，對不自覺的人給以告誡，督促集體沿著戰略目標方向前進。

對此，正如孫子所言：「令素行以教其民，則民服；令不素行以教民，則民不服。令素行者，與眾相得也。」這進一步說明了紀律和規章制度能否得以認真貫徹執行，一要靠平時的經常教育，把紀律教育常態化；二是要求領導者與群眾相互信任，以身作則。因此，「令之以文，齊之以武」是貫穿整個企業活動過程的一條紅線，是企業穩定發展的重要保證。

【智慧感悟】

愛的教育離不開鐵的紀律，對人的溺愛無疑是對他的一種扼殺和毀壞。這一點，對企業領導者而言極為重要。

像水一樣應變自如

夫兵形像水，水之形，避高而趨下；兵之形，避實而擊虛；水因地而制流，兵因敵而制勝。故兵無常勢，水無常形。

孫子說：「夫兵形像水，水之形，避高而趨下；兵之形，避實而擊虛；水因地而制流，兵因敵而制勝。故兵無常勢，水無常形。」虛和實，是我們古代兵法中一對重要的範疇，它的含義也很廣，包括構成戰鬥力的各種因素，諸如兵力的優劣、眾寡、強弱、分合，部隊的勞逸、飢飽、治亂、懈備，部署的積疏、堅暇，兵勢的銳鈍，士氣的高低，心理的勇怯，行跡的真偽，處境的安危、險易、利害等。在戰爭中不識虛實，就不能正確選擇作戰目標、作戰方向，不能正確指導部隊的作戰行動，也就不能達到預期目的。

瞭解敵人的虛實是用兵的先決條件。孫子提出：「故策之而知得失之計，作之而知動靜之理，形之而知死生之地，角之而知有餘不足之處。」透過「策之」、「作之」、「形之」、「角之」等手段，弄清敵人的「得失」、「動靜」、「死生」、「有餘不足」等情況，察明敵人的虛實，這樣就能做到避實擊虛。

當然，還要力求轉換虛實。孫子說：「故我欲戰，敵雖高壘深溝，不得不與我戰者，攻其所必救也。我不欲戰，畫地而守之，敵不得與我戰者，乖其所之也。」西元前三五四年齊國孫臏採取的「圍魏救趙」，三國諸葛亮的「空城計」等，就是採取「攻其所必救」、「乖其所之」等手段，達到了轉換虛實的目的。

轉換虛實者，目的是調整敵對雙方的力量對比關係。變虛為實，變實為虛；避實就虛，以實擊虛；亦虛亦實，實實虛虛。兩軍在戰場上相爭，所謂的虛實是相對、可變的，任何部隊都有它實的一面，也有虛的一面。當客觀上不具備己實彼虛的前提條件時，就應透過各種手段，誘敵發生錯覺，做出錯誤的判斷和行動，這樣，虛實的形勢就會發生變化。

要做到避實擊虛，關鍵在於透過主觀指導創造必要的條件。對此，孫子主要論述了三種手段。

第一，示形惑敵，就是「形人而我無形」，虛虛實實，假假真真，又虛又實，又真又假，使敵被迫分散兵力，「無所不備，則無所不寡」，從而達到以眾擊寡的目的。

第二，「出其所不趨，趨其所不意」，把作戰方向和攻擊對象選在敵人意料之外的薄弱部位，實現「攻而必取」、「守而必固」。孫子強調「攻其所不守」、「攻其所必救」，藉以調動敵人，使敵由強變弱，從而達到以逸待勞、以實擊虛的目的。

第三，兵貴神速。孫子說：「兵之情主速，乘人之不及；由不虞之道，攻其所不戒也」，從而達到「攻其無備，出其不意」的目的。

避實擊虛，深受歷代兵家重視。《吳子》說：「用兵必審敵虛實而趨其危。」孫臏講「必攻不守」，並提出了「圍魏救趙」的戰法。這些都包含了這個思想。誠然，兵力的形勢如同水的特性，水是從高處往低處流，兵勢要避開敵人的堅實而攻擊其虛弱部分。「行千里而不勞者，行於無人之地也。進而不可御者，衝其虛也。」但是，避實擊虛，不是逢虛必擊，見實就避，而應是「奪其所愛」。奪取敵人兵力薄弱但對全局有震撼作用的戰略要地，就能調動敵人，人為造成敵之虛處，我方就可以趁虛而入。因此，可以採取「途有所不由，軍有所不擊，城有所不攻，地有所不爭」的態度。

那麼，避實擊虛用於企業決策，避什麼實？擊什麼虛？

避市場飽和之實，避競爭對手長處；擊市場空缺之虛，擊競爭對手短處。

市場或用戶在某一方面有特殊需要和要求，若具備此種條件，能夠滿足其需要，這時的方針就是要想辦法，以我方之實擊彼方之虛。

那麼市場空缺如何發現？這就要取決於企業決策者的素質。往往面對同樣的客觀環境資訊，有的人只當作過眼雲煙，視而不見，聽而不聞；可是「獨具慧眼」的有心人卻能從中發現本企業發展的絕佳機會，從而先人一步採取行動，獨樹一幟，率先佔領市場。

十九世紀中葉，美國加州發現了金礦，於是很快掀起了一股淘金熱。十七歲的亞默爾也抱著發財夢，隨著淘金的人流湧入加州。山谷裡水源奇缺，尋找金礦的人最痛苦的就是沒有水喝，紛紛抱怨。亞默爾認真思考一番，覺得在這裡也許賣水比挖金更能賺錢。於是，他毅然放棄了挖礦，把手頭的鐵鍬掉轉了個方向，由挖掘黃金變成挖掘水渠，終於獲得了清涼可口的水。他把水裝桶裡、壺裡，賣給挖礦的人們。結果，在很短的時間裡，亞默爾賣水賺了不少錢。當許多人因找不到黃金而忍飢挨餓、流落他鄉時，亞默爾已經成了一個不小的富翁了。

《孫子兵法》中指出，衝向敵軍空虛的地方，就能所向無敵，一往無前。當時，亞默爾看到挖金的人已飽和，競爭激烈。他聽到人們的抱怨聲，靈機一動，人們沒水喝正是「虛」處，何不挖水賣水！於是成了一個富翁。

在現代商戰中，誰最早發現市場空檔，誰先鑽進空白點，誰就可以佔領該市場，做獨家生意，得先機之利，掌握爭奪顧客的主動權。不可把時間過多地花費在抱怨競爭對手低廉價格等競爭優勢上，也不應輕易舉起世貿保護條款，最好認清知識經濟時代特徵：知識是「虛」，製造是「實」，透過知識專利保護你的創造。在現代商戰中，不辨虛實，就不能做出正確的決策和引導今後的發展方向，也就不可能取得滿意的收益。當然，想要分清虛實，就需要做好充分的情報搜集。強者生，弱者亡；智者興，愚者衰，永遠是不變的真理。

【智慧感悟】

《水滸傳》中的阮氏兄弟都是水上英雄，如果在陸地上比拳頭，三個人加在一起也不是李逵的對手。可是假如他們把李逵引下水，就像玩小雞一樣輕鬆了。這就叫「避實擊虛」。總之，如果能善於領會孫子的「避實擊虛」的思想精髓，不僅可以治軍勝敵，而且可以治國平天下。對於俗人，也可用以治身應變，永遠立於不敗之地。

第七章　韓非御法

世界上沒有無緣無故的愛

吳起為魏將而攻中山，軍人有病疽者，吳起跪而自吮其膿。傷者之母立泣，人問曰：「將軍於若子如是，尚何為而泣？」對曰：「吳起吮其父之創而父死，今是子又將死也，吾是以泣。」

韓非別有用心地為我們講了這樣一個有趣的故事：

戰國時期有個叫吳起的衛國人，他是法家和兵家的理論家、實踐者，領過兵、打過仗、當過將軍和宰相，他的體恤兵士是出了名的。

吳起在擔任魏軍統帥時，與士卒同甘共苦，深受下層士兵的擁戴。這在韓非看來，吳起這樣做的目的是要讓士兵在戰場上為他賣命，多打勝仗。他的戰功大了，爵祿自然也就高了。

有一次，一名士兵身上長了個膿瘡，作為一軍統帥的吳起，竟然親自用嘴為士兵吸吮膿血，全軍上下無不感動，而這名士兵的母親得知這個消息時卻大哭起來。有人奇怪地問道：「妳的兒子不過是小小的兵卒，將軍親自為他吸膿瘡，妳為什麼大哭呢？妳兒子能得到將軍的厚愛，這是妳家的福分哪！」這位母親哭著說：「他這哪裡是愛我的兒子呀，分明是讓我兒子為他賣命。想當初吳將軍也曾為孩子的父親吸膿血，結果打仗時，他父親格外賣力，衝鋒在前，終於戰死沙場，現在他又這樣對待我的兒子，看來我的兒子也是必死無疑了！」

韓非是一位功利主義者，主張一切有用的東西都拿來使用。在他眼中，道德就是這樣一種工具。

韓非並不一概排斥道德，他只是反對將道德作為治國的根本，在「用」的意義上，他還是給道德留下了餘地。君主用的是人，也是道德。

韓非認為，吳起這麼做是為了謀取功名。他說，吳起背井離鄉，母親死了，他也不還鄉安葬；他本來娶了齊國的女子為妻，為了能當上魯國統帥，竟殺死了自己的妻子，以消除魯國國君的懷疑。所以史書說他是個殘忍之人。但就是這麼一個人，對士兵卻關懷備至，像吸膿吮血之事，父子之間都很難做到，他卻一而再，再而三地去做，難道他真的是獨獨鍾情於士兵，視兵如子嗎？韓非說，自然不是。他這麼做的唯一目的是要讓士兵在戰場上為他賣命。這倒真應了那一句名言：「世界上沒有無緣無故的愛。」

吳起對士兵的恩澤是要他們用生命來回報的，在這裡，仁愛是一種成本最低但卻極為有效的工具。

在這裡，韓非反駁了儒家的觀點，儒家強調仁義道德，是在目的的意義上，是不講條件、非功利的，人按照一整套規範塑造自己，最後成為道德人，也就是儒家所追求的理想的人，如此修身的人才配得上人這個名號，不道德者往往被斥為畜類，是不配稱為人的。法家則不同，道德只是實現利益的手段，是功利性的東西。

那麼，法家的治理之道有什麼實際效果呢？讓我們看看歷史上著名的紅頂商人胡雪巖是怎麼利用仁義的招牌來為自己的黃金大道來鋪路的。

清末，太平軍起事，東南戰事頻起，經濟衰敗，百姓處於水深火熱之中。胡雪巖預測，大戰之後必生病疫，於是便籌資辦了一家藥店，起名「胡慶餘堂」。這家店有些特別，在流行病多發的時節，免費供應清熱解毒的湯草藥；每逢水旱災荒或發生瘟疫，捐獻大批成藥；逢初一和十五，半價銷售；至於對那些買不起藥的貧苦人，則免費贈送。它還為軍隊提供各種特效藥，只收成本，不取絲毫利潤。這就是胡雪巖的仁愛。像這種善舉胡雪巖從前也做過，最大的一次是在左宗棠率清軍收復他的家鄉杭州後，他把冒死採購到的一萬石白米全部捐獻給了官民。當時杭州難民無數，連士兵都沒有糧，幾乎到了人吃人的地步，如果把這批米賣出去的話，收入至少翻倍，這是多大的利潤！

胡慶餘堂的營業廳掛著兩塊大匾，一塊朝向顧客，上書「真不貳價」；另一塊面朝裡，對著店員，上頭的字是胡雪巖自己寫的：「戒欺」。真不貳價是對社會的公示，戒欺是對自己的要求，體現的都是一個「誠」字。這絕不是作秀，胡雪巖真的是這樣去實行的。他制定了兩條措施來保證。一條是嚴把品質關，藥方一定要經多年實踐檢驗，用料一定要實在，炮製一定要精細，配出的藥一定要確有療效。胡雪巖最見不得的就是「說真方，賣假藥」的欺詐行為。另一條是嚴把服務關，門店員工不僅要具備精明強幹的業務能力，更重要的是必須具有誠實、仁慈的道德品質，這樣才能為病人著想。這兩條在今天看來實在很平常，但胡雪巖卻能把它做得很不平常，這大概就是鉅賈與商販的區別。

很快，胡雪巖的「仁義」之舉為他帶了巨大的實惠。

商人歷來被視為「奸」，無商不奸，為富不仁，為什麼胡雪巖卻被稱為「東南大俠」，不是很奇怪嗎？這就是胡雪巖的過人之處。然而，他的本分畢竟是商人，作為商人是要賺錢的，而他卻盡做虧本生意。那麼，他吃虧了嗎？就事論事是這樣，眼前看也是這樣，但要從全盤看、從長遠看就不是這樣了。捐出一萬石白米，救了家鄉數十萬人，送醫贈藥，挽回了無數生命，這是多大的功德和名聲；人安定下來，生產提高了，市面穩定了，經濟繁榮了，這是多大的市場；糧來了，藥來了，軍火來了，這對官軍來說是多大的支援。所以，胡雪巖不僅賺足了民眾人心，還贏得了當權者的信任，搭上了執掌東南軍政大權的左宗棠的順風巨艦，有了這位清末重臣的鼎力支撐，老胡不想發財都難。

同樣，仁義道德，在胡雪巖這樣的人眼裡也是一種工具，被當作一種資本投下去，目的是換取更大的利益，或許這和人們平常所說的感情投資有所類似吧！

【智慧感悟】

感情投資是所有投資當中花費最少，回報率最高的投資，可以說是一本萬利。它利用的是「士為悅己者死」的人性弱點，巧妙地用攻心為上的計謀，來實現目的的「轉」手段。所以，當我們突然面臨一種「愛」時，要看清楚再做抉擇，因為，世上沒有無緣無故的愛。

小心內部人事的內耗

重人也者，無令而擅為，虧法以利私，耗國以便家，力能得其君，此所為重人也。

韓非說：「重人也者，無令而擅為，虧法以利私，耗國以便家，力能得其君，此所為重人也。」這句話的意思是，重人就是那些無視君主的命令而獨斷專行，遊走法律邊緣以謀取私利，損害國家來殷實自己的小家，他的實力強大足以與君主抗衡，這樣的人可以說是重人。重人就是我們所說的重臣。

分析完忠臣之後，韓非也分析了奸臣，也就是所謂的危險份子。韓非把危險的臣子分為三類：重臣、奸臣、幸臣。

重臣的特徵是手握國家大權，不僅本國的臣民要仰其鼻息，就是別國也要巴結他，弄到最後連君主也要看他臉色行事。奸臣有小人的脾性，最顯著的特點就是一切順著君主的意願行事，幹什麼都是偷偷摸摸，在陰暗中進行，以和君主處處保持一致來竊取信任和權力，最後操縱君主。幸臣胸無大志，手段也很無恥，無非是陪君主睡覺、吃飯和玩樂，跟玩物差不多，他們的特點就是費盡心思揣摩君主的想法，千方百計討君主歡心，從而影響君主，目的不過是給自己撈些小恩小利。如果舉大家熟知的例子來說明，王莽屬於重臣，秦檜屬於奸臣，李蓮英屬於幸臣。

這三類臣子之所以危險，就在於他們爭權奪利。這種爭奪若是發生在臣子中間，倒也不是什麼壞事，反而更有利於君主的統治，因為他實行的是分而治之，當然事情不要鬧得太大。譬如一張餅，本來就是分給大家的，但人們你爭我奪，最後還要來請求君主評判。然而，當臣下的爭奪針對的是君主時，性質就變了。重臣與君主分庭抗禮，奸臣控制君主，幸臣影響君主，他們分享的本是君主的權力，佔據君主的利益，他們的所作所為極有可能導致國家滅亡，所以他們是危險份子，是君主防範的重點，必須清理出局。

三類人中，重臣的威脅最大，因為他不光位高權重，而且能力超群，完全具備了統治一個國家的主觀條件，更可怕的是他們的名聲也不壞，掌握了一定的民心。奸臣就不同了，他們人品有問題，缺少號召力，能力也不夠，所以才走討好君主的路子。幸臣的威脅最小，他們之中很少有竊國奪權的野心家。

所以，君主最危險的敵人就是重臣。臣子立了大功，功高震主，聰明的人急流勇退，就像范蠡那樣。否則，君主對這些人下手，就像文種那樣。

如何防範手下掌管大權的人，企業家也要做到心中有數，心中一定要明白，不要把太多的權力集中交給部下，因為這樣做無疑是在培養自己的敵人，也是害了朋友，儘管他非常忠誠，但人是會變的。權力是最大的腐蝕劑。隨著權力的不斷加大，人的野心和自私就會膨脹起來，說不定到後來連他自個兒都不認識自己了。

本著愛護自己也愛護朋友的宗旨，授權一定要適當分散。

對凡事都順著自己的人，管理者一定要保持警覺，因為這種現象不正常，意見永遠完全一樣的人，世界上從來沒有過，人們的不同經歷、背景、教育，決定著認知的差異。如果一個人從來沒有提出過不同意見，他就有可能是別有用心之人。

【智慧感悟】

只要有人的地方就有利害衝突。要想完全避免這樣的情況發生，也是不太可能的。有衝突就有瞭解。我們應該抽出一定的精力放在「重壓」身上，消除你與對方的衝突，防止他逼宮造反，給你溫柔的一刀。

管理是一種嚴肅的愛

畏死遠難，降北之民。

韓非說：「畏死遠難，降北之民。」貪生怕死，逃避危難，投降敵人的人，是奸民。

韓非在談完六種良民之後，也列舉了六種最難管理的人，就是所謂的刁民。與良民相對應，韓非將奸民也分為六種。

第一種人把性命看得比什麼都貴重，絕不會勇赴國難，只要敵人一來，為了活命，必當叛徒。韓非稱之為「降北之民」。第二種人眼中沒有國家法令，一心鑽研異端邪說，總想另立一套，與國家意識形態分庭抗禮。韓非稱之為「離法之民」。第三種人遊手好閒，巧取豪奪，自己不創造財富，專吃別人的。韓非稱之為「牟食之民」。第四種人品行不端，為人不實，對陰謀詭計有濃厚興趣。韓非稱之為「偽詐之民」。第五種，暴戾成性，心存僥倖，常常鋌而走險，為了報私仇不惜殺人。韓非稱之為「暴傲之民」。第六種，是觸犯了死刑的罪人，他們心中根本沒有君主，與壞人壞事同流合污。韓非稱之為「當死之民」。這六種人破壞國家的團結統一和社會的安定和諧，是富國強兵的大敵，不能為君主所用。

為了更清楚地瞭解這幾種人的特點，我們再詳細介紹一下。

第一種人就是極端自私自利者，將自我凌駕於國家、集體、組織之上，一事當前，先替自己打算，絲毫不考慮別人，讓他們為組織或別人做點犧牲，比登天還難；處處把自己跟團體對立起來，根本不懂得只有實現了群體的大利益，才能保障自我的小利益；由於認知不到這一點，他們即使再精明，也就爭個三瓜兩棗，心中難免不平，態度更加敵對。

第二種人是思想混亂製造者，無實事求是之心，有譁眾取寵之意，盡發表一些不負責任的言論；也有可能接受了某種勢力的好處，搖唇鼓舌，顛倒黑白，影響或操縱輿論。

第三種人俗稱「二流子」，這些人屬於寄生階層，好吃懶做，靠敲詐勒索他人過日子。

第四種人屬於偷奸耍滑之徒，頭腦靈活，鬼點子多，口舌伶俐，愛鑽個空子什麼的，讓人防不勝防；他們總想少付多得，幹什麼都要討些便宜，而且總有一套歪理。最糟糕的是他們沒有多少道德意識，做了壞事毫不臉紅，所以會一直做下去。

第五種人可以劃入暴徒行列，有暴力傾向，拿生命和身體不當回事，無論是自己的還是別人的；他們崇尚武力，殘暴兇狠，動輒武力解決問題；其可怕之處在於他們根本就沒有什麼害怕的，規章、法律等約束對他們根本無效。

第六種人是敵對份子，其價值觀念完全顛倒，自覺地站在社會的對立面上，所以凡是社會反對的，他們就支持，壞人壞事自然被其引為同道。

韓非所說的這六種人，是按照君主的需要來劃分的。其實，任何一個社會都是由不同的人組成的，凡是有人群的地方都是如此。就一個企業而言，也可以找到這六種人的影子：一切以個人為軸心，為了謀取私利不惜出賣企業利益的，可謂「降北之民」；無視規章制度，煽風點火，散佈流言蜚語，製造混亂的，可謂「離法之民」；東遊西蕩，四處找便宜的，可謂「牟食之民」；偷奸耍滑，當面一套背後一套，巧舌如簧的，可謂「偽詐之民」；打架鬥毆，好勇鬥狠，天不怕地不怕的，目無法紀，與壞人壞事沆瀣一氣甚至暗中操縱的，可謂「當死之民」，這些人都不好使用，或者根本不能用。

其實，在現代企業中間，也不難找到這些人的影子。先讓我們看看下面這個例子。

美國國際農機商用公司的老闆名叫西洛斯·梅考克，與所有企業家一樣，他也經歷過沉浮起落。在他走楣運的艱難日子裡，多虧一些忠心員工鼎力相助，才度過難關，而大家也成了好朋友，儘管他們之中的大多數仍在普通崗位上，但他們是當之無愧的功臣。

一天，領班來報告，一位老員工不僅是遲到、早退，還醉醺醺地跑到工廠來鬧事，跟領班大吵大鬧。這人就是功臣中的一位，跟梅考克幹了整整十年。這可不是一般的違反規章制度的行為，而是屬於最嚴重的一種，按照規定，應該開除。梅考克經過痛苦的抉擇，終於抓起筆，寫下「立即開除」幾個字。

梅考克本想下班後到這位老員工家瞭解一下，不想那名老員工找來了。他指責老闆薄情寡義，當年公司負債累累，他體諒梅考克的難處，三個月沒領一分錢，現在可好，為了這點兒事就要把他掃地出門，這不是太過分了嗎！

聊了幾句，梅考克才弄清楚老員工鬧事的原因。原來不久前他的妻子過世了，留下兩個孩子，一個孩子跌斷了腿，現在還躺在醫院裡，另一個因為沒有奶吃，餓得哇哇直哭。他一籌莫展，只好借酒消愁。梅考克一把握住他的手，責備他糊塗，然後勸他早點回家去料理妻子的後事，接著將一疊鈔票塞到他手中，寬慰他不必為工作擔心。

老員工非常感動，以為老闆改變了主意，滿懷希望地問：「我可以留下來了吧？」

「你真的願意我這麼做嗎？」梅考克問。

老員工內心矛盾極了，就個人來說，當然不想失去這份工作，但從公司的角度來說，他必須離開。良久，他終於搖搖頭，小聲說：「不，你不能為了我破壞規矩。」老員工就這樣走了。他離開公司來到梅考克的家，那裡是一座牧場，他的新職務是牧場管家。

梅考克有一句名言：「管理是一種嚴肅的愛。」透過以上事例，我們可以看出，企業的老員工是否有點「離法之民」和「暴慠之民」的某些影子呢？這樣的人對企業的管理是不利的，而梅考克既秉公執法又仁至義盡，處理得正確又得當，值得現代企業管理者借鑑。

【智慧感悟】

正如梅考克所說，管理就是一種嚴肅的愛。寬容是一種美德，但在管理中不一定適用，因為你面對的是整個企業，而不是某個人，對某個人寬容或許也就意味著整個企業的破壞。所以，對於壞人壞事，不能心慈手軟，該狠時就得狠一點。

用人才的力量壯大自己

任人者，使有勢也。

韓非說：「任人者，使有勢也。」這句話的意思是，任用人，就給他權力。

在韓非看來，君主無疑應該是國家中最強大的人，然而，他的體力未必是最好的，智力未必是最高的，品德未必是最優秀的，能力未必是最強的，那麼，他的力量是從哪裡來的呢？來自於人和物。

君主之所以不能僅僅依靠自己，可以從兩個方面來說明。

第一個原因是，寡不敵眾。個人的能力是有限的，但君主所治理的是一個國家，事務眾多，他所面對的是廣大臣民，人數眾多，顯然，以一人有限之力不可能對付無限的事和眾多的人。大家都為自己的利益而奮鬥，都有自己的一套，君主以寡敵眾，非失敗不可。只有利用物來制物，利用人來制人，君主才能變寡為眾，例如，用權力來制約權力，用法令來制約社會，用官吏來制約民眾，用官員來制約官員。

第二個原因是，忙亂必然出錯。一個人如果過分使用自己的體力和智力，勢必耗損精神，導致感覺和認知能力遲鈍，終致有一天，看不明，聽不清，認知陷於混亂。譬如，人們總是盯住一個東西看，眼睛就會模糊不清；長時間去傾聽，耳朵就會嗡嗡作響；翻來覆去地想問題，心思就會亂成一團。這個道理用在為政上，也是一樣的，最初君主有活力，慢慢地就變得麻木了，可能會聽偏信，視而不見，喪失判斷能力，因為他整天都陷在具體事務裡面，精力已經不夠用了。所以，只有節省地使用自己的體力和智力，君主才能長久保持執政能力。

那麼，怎樣做才能把天下變成一張大網呢？怎樣做才能節省體力和智力呢？關鍵就是用人，用別人的力量來壯大自己，使自己從有限變為無限，由一變為多，由少變為眾，這樣就可以去管理無限的事務，統治眾多的臣民。

要做到這一點，首要的前提就是，君主遵循無為之道，也就是放棄自己親自去做，讓別人來做，以自己的不做換取別人的做。自己不去報時，安排公雞去打鳴；自己不去捉老鼠，把這個差事分派給貓。這時，大家都處在各自應該處的位置上，君主就從繁忙中擺脫出來了，進入虛靜狀態，可以細心觀察別人做得怎麼樣，在想些什麼，打算幹什麼，這就是以靜制動。這就叫符合天地人間的規律，以無為達到有為。

讓別人去做，就一定要賦予他相應的權力。韓非指出：「用人，就是給他權勢。」說得非常精到，切中用人問題的本質。然而，這也意味著君主權力的分散和減少。所以，用人是一把雙刃劍，用不好，要不就是無效，要不就是培養自己的敵人，最後說不定會發生權力大轉移，出現架空甚至篡權。這是所有領導人都不願意看到的。

而有的人卻不懂授權的價值，捨不得放下手中的權力，總是過多地干涉下屬，這也是走上了一個極端。

美國福特汽車公司成立於一九〇三年，總裁亨利·福特任命卓越的汽車天才詹姆斯·庫茨恩擔任總經理，開發出了T型汽車，在汽車市場縱橫馳騁，所向無敵，到一九一九年就把眾多的競爭對手吞併下來，以雄厚的實力獨自壟斷了汽車市場。

福特成為了億萬富翁，變得不可一世，致使大批身懷絕技的人才無法立足，紛紛棄他而去，就連頭號功臣庫茨恩也不能倖免，抱恨而去。結果，眾叛親離，江河日下，在競爭對手的強大攻勢面前，福特公司連連敗北，到了一九四〇年，市場佔有率僅僅剩下了十八·九％，顯得十分淒慘。

一九四三年，年輕的福特二世從爺爺手裡接過了公司的大權，成為公司的新總裁。面對著異常危難的局勢，他採取了斷然的措施，從通用汽車公司請來奇才奧爾斯特·布里奇，進行大刀闊斧的改革。一九四六年，改革舉措剛剛實施一年，就收到了明顯的成效，公司成功地實現了轉虧為盈。

「野馬」牌汽車的研製成功，更為公司的發展插上了翅膀。銷售奇才布里奇連出妙招，使「野馬」汽車在全世界掀起了一股搶購的狂潮，第一年就銷出了四百七十九萬輛，在隨後的幾年裡，更保持著旺盛的銷售勢頭。福特汽車公司以令人吃驚的速度，神奇般地東山再起。

然而好景不常，福特二世又開始重犯爺爺當年的錯誤，他在一九六〇年把頭號功臣布里奇解雇，許多當初為他立下過汗馬功勞的人才緊跟著絕望離去。到了一九七八年，他又對功績卓著的艾柯卡心存疑忌，將他一腳踢開。於是公司又重新走上了老福特當年的道路，江河日下，一落千丈，到了一九八一年，市場佔有率竟創出了歷史最低紀錄，僅剩下十六·六％。

福特二世回天乏術，只好於一九八〇年三月將公司轉讓給管理專家菲力浦·卡德威爾，從此，延續了七十七年之久的「福特王朝」徹底結束。一九八二年，福特二世正式宣告退休，他再也不是老闆，不是員工，不過還擁有公司四十％的股權，見證著他昔日的輝煌。

天才般的卡德威爾大顯身手，重新使公司煥發了青春，又一次在汽車市場神奇般地崛起，市場佔有率僅次於通用汽車公司。

可見，用人得當與否是關乎企業生死存亡的大計，企業管理者萬萬不可輕視授權的用人藝術。

【智慧感悟】

精明的人善於借助他人的力量壯大自己，正所謂「東風憑藉力，送我上青雲」。智慧的人表面上悠閒自得，但實際上他早已把事情讓別人為他辦妥了，這正是他高明之處。明確授權，是一位好管理者必須要做到的。

察人在先，善用在後

觀聽不參則誠不聞，聽有門戶則雍塞。

《韓非子》中說：「觀聽不參則誠不聞，聽有門戶則雍塞。」韓非子認為，君主考察和聽取臣子的言行，如果不能從多方面加以驗證，真實的情況就不能瞭解。要是聽取意見只有一條管道，臣子就會蒙蔽君主。

韓非子講述君王考察臣子的理由，是從君臣關係入手的。韓非子曾經這樣概括臣子和君主：他們之間的交往出於各自的盤算，是在算計的前提下結合起來的，他們之間權衡的是計謀。所以，臣子就會費盡心機地刺探君主的心思和喜好，以迎合君主的需要，為自己謀利。這樣一來，君主就難免受到蒙蔽，搞不清臣子到底是怎樣的人。結果，有些君主就稀裡糊塗地用錯了人，無異於引狼入室，引火焚身。

這時候，即使君主有預防措施，大權獨攬，也是很難進行控制的，因為奸臣可以利用自己的特殊地位暗中網羅黨羽，安插親信，向要害部門滲透，將君主的權力一點一點地拿過來。待到君主察覺，為時已晚，自己已被架空了，等著他的將是江山易主，龍椅換人。

所以，君主對臣子的考察是絕對不可缺少的，可以為安全、正確、有效地用人提供保障。韓非主張，考察不是一時一世的，用今天的話來說，它是全時段全方位的，從時間上看，貫穿著用人的全部過程，選拔任用前要進行考察，任用中也要進行考察，工作結束後還要進行考察；從空間上看，分佈於各個方面，不僅要考察公務，就是私人生活也要瞭解一些。

韓非總結的考察方式多種多樣，其中不乏古怪招式，充滿了詐術的味道，其中最有名的就是言、行、效果三對照的考察法。從中可以看出，韓非的設計相當苛刻，說大話吹牛皮，名實不相符不行，要罰；話說得謙虛，留有餘地也不行，也要受罰。這裡除了要對工作能力、判斷能力等業務方面進行考察外，對道德、性格等方面也要進行考察。這種對照反映了一個人是否忠誠、守信、慎重，膽量如何，目的是否純正，等等。說大話，是想得到官職和辦事權，說話打埋伏是為了增加政績，撈到更多的好處，二者考慮的都是自己，反映出來的是對君主不忠，為人不誠，說話的形式雖然不同，但本質是一樣的，所以都要受到懲罰。

掌權者如果被類似的假象所迷惑，就容易看錯人、用錯人，「草螢為火，荷露為珠」，而遺棄和傷害了真正的賢能之人。

雍正帝一向以猜疑忌刻、寡恩薄情而著稱，懲治政敵、朋黨也確實異常殘酷。但他對於持有不同政策見解、與自己意見相左的人，也不是一律無情打擊，只要與政治鬥爭或朋黨沒有關聯，也能照舊信任使用，而且有的還破格提拔，加意保護，這也成為雍正執政期間察人用人的一個特點。

雍正元年春，翰林院檢討孫嘉淦上了一個條陳，請求雍正帝寬宏大量一些，永遠地停止戰爭，讓國內的百姓消除內心的恐懼，使外部憂患不再產生。這個條陳的內容，也就是史書所稱之「嘉淦上疏陳三事：請親骨肉，停捐納，罷西兵」。

在奪位的鬥爭餘波尚未平息的情勢下，要求新君「弘寬容之量」、「親骨肉」，這無疑是逆鱗犯諱的事。果然，雍正帝看後大怒，寫了「粗率」、「不好」的批示，讓朝內大臣們傳閱，並厲聲責問道：「翰林院怎麼有這樣狂妄的書生？」

左都御史朱軾慢慢地回答說：「嘉淦這個人確是狂妄了一些，但我很佩服他的膽量。」雍正帝沉思了很久，也情不自禁地大笑說：「我也佩服這個人的膽量。」不僅未加怪罪，還於四月命其任順天鄉試分校，議敘擢升國子監司業。

此後，孫嘉淦屢上條陳，雍正帝說：「我自從即位以來，孫嘉淦每次陳奏，可謂直言極諫，朕不但沒有惱怒，反而提升他，你們要向他學習啊。」

雍正五年，孫嘉淦以國子監祭酒出任順天學政期間，因經費問題與署直隸總督宜兆熊等發生爭執，雍正帝完全支持孫嘉淦，指責宜兆熊說：「孫嘉淦絕不是什麼騷擾地方圖利之人，你們為什麼這樣草率就下結論呢！」不久，即用孫嘉淦為順天府尹、工部侍郎。

對孫嘉淦的任用，可見雍正察人用人的眼光。

任何一個人，其思想境界、性格作風、學識水準、專業能力等，都在不斷發展變化。有的愈變愈好，小才可以變大才，歪才可以變正才；有的則由好變差，或由才華橫溢變為江郎才盡。

管理者不能以個人的好惡來評定人才的優劣。人和人的興趣愛好和價值取向各有差異，僅憑管理者人格的喜好來評定人才，是很危險的。某個下屬對管理者百般順從，百般討好，管理者從個人感情上喜歡他，就說這個人很能幹；某個下屬沒有對管理者刻意討好，只是認真工作，管理者個人不喜歡他，就認為這個人不能幹。這樣的管理者是用不好人的。

【智慧感悟】

一個精明的管理者必須求賢才，用人才，而在此之前，首先必須知人、知賢。知人在前，善用在後，這其中突顯了用人之道的邏輯內涵。複雜的現實要求我們對人須仔細觀察、認真辨析，不為表象所迷惑。

只有人守法，沒有法依人

明主之國，令者，言最貴者也，法者，事最適者也。言無二貴，法不兩適，故言行而不軌於法令者必禁。

韓非說：「明主之國，令者，言最貴者也，法者，事最適者也。言無二貴，法不兩適，故言行而不軌於法令者必禁。」這句話的意思是，在君主較為英明的國家裡，命令是最高貴的言辭，法律是處理政事的最高準則。除了命令以外，再沒有比它尊貴的了；除法律外，再沒有比它更威嚴的了。所以，凡是違背法令的行為舉止都必須禁止。

韓非的理論向來是非常注重法令功能的。他認為法令是治理國家的根本依據，所以從本質上說，它適用的是所有的人，維護的是整個國家的利益，這就是法的為公的性質。這就決定了法令與個人的私自打算和行為是相互排斥的。

每個人都有自己的利益，也都要去實現和維護自己的利益，這就不可避免地與法令相衝突，所以，韓非說：私家活動是對法制的擾亂，是造成國家混亂的原因，而法令的實施，則是對私家活動的廢止，也就是說，要把個人的活動納入法令的軌道。

按照韓非的思想推論，既然法令與私是格格不入的，那麼就不能由私家立法，無論是臣子還是百姓，都沒有立法權，因為他們每一個人代表的都是自己的利益，都有自己的打算，是不可能制定出為公的法令的。退一步說，即使將民眾整體作為立法主體，也是不可能制定出維護國家的法令的，因為他們目光短淺，惰性十足，計較的只是個人小利而根本無視國家大利。所以，立法權只能在君主，他是所有臣民共同的主人，是國家的代表，超出了私家的狹隘界限。韓非主張，君主的命令是獨一無二的最高權威，君主的法律是獨一無二的最高行事準則，除此之外再不能有別的行為準則了。

當然，韓非的法系主張在今天政治生活領域中已經不適用了，它與民主原則公然對立，但是還可以給我們帶來一些有益的啟示。

規章制度、指令、決策一定要由企業領導者制定、提出，而不能把這個權力交給某個人，因為這裡也有利益問題，不管有意還是無意，個人總會摻雜自己的利益，顧及自己的方便，強調自己的重要性，也就是加進去私的東西，因此很難做到從全局出發。就像當初紹興女兒紅釀酒有限公司那樣，每年創造的五百多萬元利潤在個別人的表決下年年被分光吃盡，當企業發展因資金投入不足而陷入困境時，董事長企圖出面阻止這種敗家的分配方式，但在表決中由於他是少數而遭到否決，最後好端端的企業終於垮掉。

按照韓非的主張，立法權、決策權一定要掌握在管理者手裡，不要讓個別人的態度而改變決策的實施。不是讓企業的「法規」適應員工，而是讓員工適應企業的「法規」，這個關係是不能顛倒的。

除了立法的這一原則外，韓非提出的另外兩個原則，即法令要明確和可行，在今天仍有價值。法令不明確，員工難以執行，即使勉強去做了，也可能不符合要求，影響效率，甚至造成損失。法令不可行，就要重新修訂，否則，不僅貽誤時機，還會降低領導者的威信和權威。

這樣的例子也不少見。紅極一時的大陸飛龍集團曾被譽為東北大地的創業典範，用了不到六年時間，在總裁姜偉的帶領下，便創造了輝煌業績。然而，隨著企業的迅速擴張，管理上的先天不足也日益顯現出來，其中最致命的就是企業「內部法」薄弱，各部門自行其是。

飛龍集團不是缺少規章制度，反之，姜偉還是相當重視制度建立的，制定了一系列規章制度。但由於規章制度不明確，內容空泛，缺乏具體落實，又沒有督促檢查，制度如同虛設，規章成了牆上的擺設，沒有誰去自覺執行。正規的不起作用，潛在的就會趁虛而入，於是各種「潛規則」在企業內部大行其道，各部門和分公司成了事實上的立法者。

管理混亂至此，企業怎能辦好？飛龍集團這條飛龍剛剛沖上雲天，便迅速跌落下來，最後消失在人們的視野之中。

【智慧感悟】

沒有規矩，不成方圓。同樣，一個企業必須建立健全、明確的法規制度，才能確保企業決策的順利執行。

「誅大為威」的威力

將以誅大為威，以賞小為明；以罰審為禁止而令行。故殺一人而三軍震者，殺之；賞一人而萬人說者，賞之；殺貴大，賞貴小。殺及當路貴重之臣，是刑上極也；賞及牛豎、馬洗、廄養之徒，是賞下通也。刑上極，賞下通，是將威之所行也。

韓非說：「法不阿貴，繩不撓曲。」這句話的意思是，法律不偏袒地位高貴的人，墨線不遷就彎曲的東西。

韓非認為，法是最高的也是普遍的準則，是糾偏正斜的手段，是統一國民行動的規範，它不偏袒地位高貴的人，正如木匠使用的墨線不遷就彎曲的木料一樣。所以，人人都必須遵守法制，誰也不能例外。君主不守法，國家就可能滅亡；臣子不守法，就會犯上作亂；民眾不守法，國家就不能富強。

在韓非所處的時期，要確保君主守法是最難的，他是一國的最高統治者，是法律的制定者，沒人能管得了他。所以君主要做到守法，首先要保持「無為」的心態，只管法律範圍之內的事，對法律範圍外的活動不做干涉；同時，要特別注意控制自己，不要總想著別出心裁，一鳴驚人，撇開法律，做些其他勾當，這對多才多藝、頭腦靈活的君主尤為重要。其次就是要做到一視同仁，眼中只有法律而沒有貴賤親疏，也就是「法不阿貴，繩不撓曲」。

這兩點對今天的企業法規制度的建立也是非常重要的。首先，管理者一定要以身作則。管理是制定規章制度和做出決策的人，自己一定要帶頭執行，不能有絲毫含糊，因為這不僅是一個人的形象問題，更重要的是它還關係到企業的執行力。任何一個管理者都要求下屬執行自己的決定，如果自己都滿不在乎，那麼別人也就不會把它當回事。用不了多久，管理者的決定在員工中就會大打折扣，一旦形成風氣，企業的執行力就會大大降低。其次，要以規章制度為準繩，不管遠近親疏，一律平等對待，不能網開一面。

韓非認為，在守法問題上，百姓的管理問題好解決，只要做到「重」就行，有功的實行重獎，有罪的實行重罰，老百姓就會做到守法。對君主而言，最危險的莫過於臣子不守法。一般說來，臣子沒有法律約束，必定胡作非為，下害百姓，上害國家，官愈大危害也就愈大，如果官大到手握重權，就會危及君主。韓非指出：「君主昏庸沒有法度，官吏就會獨斷專行」。對違法的臣子，特別是那些有特殊地位的人，君主一定不能手軟，必須堅決懲處。

在企業管理中，遵守規章制度等企業「內部法」，重點要約束的是管理階層。只要抓住了這個關鍵環節，決策的貫徹往往能暢通無阻。「誅大為威」的意思是處罰地位高的人才能更顯威嚴。

日本的一家企業在執法上借鑑了「誅大為威」的思想，才使企業法規暢通地貫徹下去。

日本伊藤洋貨行把飲食業的奇才岸信一雄招聘進來，委以重任，推動了公司業務的飛速發展，尤其是飲食部門，在他的直接領導下，更是取得了非凡的業績，在短短十年時間裡，業績就激增數十倍，令業內人士震撼不已。

但隨著公司業務的不斷發展，岸信一雄卻與公司董事長伊藤雅俊的分歧愈來愈嚴重。伊藤雅俊是一個傳統型的商人，他強調誠信為本、顧客至上，要求公司以嚴密的組織形式來保障經營的順利進行，但岸信一雄卻恰恰反之，他個性粗獷，行事豪爽，對部下比較放縱，更注重於開拓市場，大膽擴張。

隨著時日的增加，兩人的分歧愈來愈嚴重，以至於到了水火不容的地步。岸信一雄有超人一等的業績做後盾，顯得愈來愈強硬，對伊藤的批評和指責不屑一顧，我行我素，儼然成了公司裡的一個獨立國。

伊藤再也無法容忍了，就狠下心來，將岸信一雄斷然解雇了。對於人們的非議，伊藤辯解說：「紀律和秩序是我企業的生命，不守紀律的人一定要處以重罰，即使會因此減低戰鬥力也在所不惜。」

如果企業內部出現幾個岸信一雄式的人物，那麼對企業的負面影響必將是十分可怕的。將這樣的人物清除出去，是正確、及時的，也是可以理解的。但是由於這樣的人物確曾對企業做出過卓越的貢獻，因此在進行這種處罰的時候，一定要慎之又慎。

伊藤解雇岸信一雄，就曾招致過相當強烈的批評，被人指責為濫殺功臣、容不下人才，似乎他成了小肚雞腸、心狠手辣的暴君。可見，要想避免這樣的事情發生，就應該事先制定一系列科學的規章制度，確保公司的正常秩序，使全體員工和部門領導者既各負其責，又互相合作，具有較強的凝聚力。

如果已經發展到了伊藤洋貨行的那種局面，作為老闆，就必須早下決心，及早除去對企業構成嚴重威脅的心腹大患，以免衝突進一步發展下去，對企業帶來更嚴重的災難。

這就是伊藤所採取的「誅大為威」，它體現了法律面前人人平等的原則，正因這一原則的認真貫徹，伊藤洋貨行的企業規章制度才得以真正的發揮效力。

【智慧感悟】

在企業管理中，遵守規章制度等企業「內部法」，重點要約束的是管理階層。只要抓住了這個關鍵環節，決策的貫徹往往能暢通無阻。「誅大為威」的意思是處罰地位高的人才能更顯威嚴。

防人之心不可無

術者，藏之於胸中，以偶眾端而潛御群臣者也。故法莫如顯，而術不欲見。

韓非說：「術者，藏之於胸中，以偶眾端而潛御群臣者也。故法莫如顯，而術不欲見。」這句話的意思是，術是隱藏在君主心裡，用來比較驗證各種事情從而暗中防備群臣的東西。因此法愈是公開愈好，術則不能顯露出來。

現在，我們都把法術當作一個詞語。其實，在古代，法和術是不同的兩個概念。法，大家都知道，不必多說，我們詳細地介紹一下術。術是任用、要求、考察、獎懲官吏的方法，是從君主的角度來說的。術與法的對象不同，法是對全體國民的，百姓、官吏、君主都包括在內，無一例外；而術只是對付官吏的，君主不直接與百姓打交道，術用不到他們身上。

韓非說，與法相比，術的最大特點就是隱秘性。法是公開的，知道的人愈多愈好，它以文字的形式明確下來，頒佈於官府，紮根於民眾；而術正好反之，它只存在於君主心中，秘而不宣，就連君主最親近、最信任的人也不能讓他知道，是暗地裡施行的東西，當然也就不能以文字的形式加以明確。用今天的話來說，術是無法擺上台面的，只能進行黑箱操作，帶有陰謀的味道。

然而，君主不是掌握了最高權力，能夠操縱臣子的命運嗎，為什麼還要靠陰謀手段進行統治呢？理由很簡單，因為臣子耍陰謀，這也叫以其人之道還治其人之身吧！

臣子與君主各有自己的利益，臣子與臣子也各有各的利益，為實現自己的利益，一定會出現相互侵犯。臣子獲得了利益，君主就失去了利益；這個臣子獲得了利益，其他的臣子就失去了利益，反過來也是如此。臣子處於弱勢，不敢公開與君主爭鬥，就在暗中進行活動；同時，臣子也會利用君主的權勢，打擊別的臣子。

面對著自私而狡詐的臣子以及不懷好意而詭詐的敵國，君主如果不懂得運用術，哪怕手腕再高明，都會被人玩弄於股掌之中。

總之，術沒有原則，沒有一定之規，完全根據君主的需要和實際情況來運用，透過這種方式，君主將手中的權力用活。

術在今天被歸入謀略一類，是我們應該瞭解和掌握的一種本領。

戰場是個使用陰謀詭計的地方，不僅中國如此，外國也是如此。一位歐洲哲學家在談到古希臘文化時說過，希臘的英雄們從不撒謊，只有兩個場合例外，一個是情場，另一個是戰場。人們之所以把商場視為戰場，除了它的殘酷性外，多半還因為商不厭詐。這就是說，身在商場，身不由己，你可能是個光明正大的君子，但別人，包括你的競爭對手、你的合作夥伴，也許並沒有道德底線，甚至連遊戲規則都不遵守，在這種情況下，你該怎麼辦？

下面的例子足以說明「術」的重要性，如果管理者不懂用「術」之道，也是巨大的隱患。

鼎澤洲環保產業有限公司是一家機械製造企業，產品是磚塊成形機，在建築業高速發展的形勢下，這是一種相當有市場前景的產品。公司董事長名叫王永昌，為人寬厚重義，愛才如命。他招聘了一位行銷專家任銷售部經理，這人叫郭瑛。郭瑛不負眾望，上任沒多久就把產品推向了全國。

王永昌非常信任和器重郭瑛，除了按規定給予業績獎金外，把他的年薪提高到兩百萬元，還把自己的豪華座車讓給他使用，又給他買了一間別墅供他安家。

按常理而言，郭瑛受人如此的恩寵，應該「湧泉相報」，努力工作，然而這個人非常貪婪，他的算盤撥得很精明，想藉用在公司積攢的經驗和人脈關係，打出自己的天地。於是，他另立山頭，新身分是王永昌的競爭對手，要和昔日的老東家爭奪天下。

郭瑛想得太簡單了，結果，他的磚塊成形機沒有做出來。他又心生一計，做出一副浪子回頭的樣子來找老東家，其實他是想竊取製造技術。王永昌太老實，也太仁義了，竟然沒有察覺到其險惡用心，收留了他。郭瑛提出，他擔任銷售部經理是屈才，應該當公司副總經理，王永昌滿足了他的要求。

副總是一個參與管理全局的職位。有了這個職務，郭瑛可以實現他的陰謀了。他把銷售人員全部換成了自己的親信，還把銷售專線號碼換成了自己的手機號，然後又在技術部門安插進自己人。

機會終於來了。王永昌出國考察，委託郭瑛主持工作。他安插在技術部門的人將磚塊成形機的所有技術資料拷貝下來，連同設計圖統統帶走，然後將電腦中的資料全部刪除，事情做得如此之絕，真是世界少有。

郭瑛再一次另立門戶，成立了新公司。技術在他手裡，客戶也在他手裡，佔盡了優勢。「鼎澤洲」被釜底抽薪，什麼都沒留下，不要說競爭了，就是連生存都很難。王永昌以郭瑛侵犯商業機密為名向有關當局報案。

郭瑛的無恥行為，當然不會被法律姑息。他的罪名成立，被批准逮捕。像郭瑛這樣的陰謀家並不多，像王永昌這樣沒有城府的企業家也很少，這個實例只是提醒我們，一定要警惕身邊的陰謀，而要做到這一點，學一些謀略是大有益處的。有句話說得很好：和狼在一起，就得學會狼叫，與狼打交道，就要用狼的手段，希望大家引以為戒。

【智慧感悟】

常言說，害人之心不可有，防人之心不可無，企業家要想在複雜的利益糾紛和人際關係中不被利用，不上當，不吃虧，就要有謀略，能識破他人的伎倆，阻止和控制陰謀的發生。

管理是門高深的藝術

任人以事，存亡治亂之機也。無術以任人，無所任而不敗。

韓非說：「任人以事，存亡治亂之機也。無術以任人，無所任而不敗。」

韓非的意思是說，君主把政事交給什麼樣的人，是關係到國家存亡的關鍵。不掌握用人的方法，不管任用什麼樣的人都會造成危害。

韓非指出，沒有術，即便君主任用的官吏在智慧上或者德行上都是頂尖的，國家也治理不好，君主往往被欺騙，所以君主一定要掌握用人之「術」。這就是說，用什麼樣的人是次要的，是否能夠用手段管住人才才是最重要的。

韓非認為，以「術」制人可以概括為三個方面，即權力、關係和任職。

權力是治吏術的核心問題。韓非將國家最高權力比喻為駕馭馬車和彈琴，王良和造父這兩個天下駕車高手如果共同駕駛一輛車，連十里地也跑不到；田連、成竅這兩位天下彈琴高手如果共同彈奏一張琴，連一首曲子也奏不成，因此，君主絕不能允許臣子染指大權，大權必須牢牢地掌握在君主一人手中。這是權力問題上的第一層含義。

然而，用人就是賦予人權力，所以，權力問題上的第二層含義就是臣子要嚴格恪守君主交付的權力，不僅要把權用好，更重要的是絕不能越權，越權就是死罪，因為這會因職權不清導致政事混亂，發展下去還會侵犯君主的大權。

在君臣關係上，君主應該特別注意兩點。

第一，不要與臣子走得太近，既要與近臣保持距離也要與重臣保持距離。倒不是因為他們中間有小人或奸佞，而是因為如果與他們太接近，君主就可能被蒙蔽而失去公正和英明。與近臣過於親密，君主就不再有機密可言，觀察和聽言就會受到操縱；與重臣過於親密，就會打破政局平衡，重臣會藉此擴大自己勢力，控制君主，這兩種情況最後都會危及君主的權位。

第二，要對臣子負責，不能私下洩露臣子的言論。君主有時候喜歡與寵愛的人在背後議論臣子的意見，這是很危險的，話傳出去會對臣子造成麻煩，還會造成決策失密。

韓非提出，任職問題上也有兩個基本要求。一是把官職和獎賞嚴格分開。官是要做事的，做官的標準是能力，所以一個人的功勞再大，如果能力不夠，也不能升他的官職，可以給他爵位和增加俸祿。另一個是，一人不兼二官，一官不兼二事。這不僅可以減少衝突，加強團結合作，發揮各自專長優勢，還可以避免臣子權力膨脹。

當然，以上這些原則要讓君主全部做到是很困難的，就拿君主與臣子保持距離來說，就連韓非也信心不足，把近臣比喻成老鼠，煙燻、水灌都可能傷及君主這根樹幹，再說，除掉了他們，君主也會感到不方便、不習慣。至於君主與重臣的關係，則被韓非進一步比喻為石頭的質地和顏色的兩重屬性以及人的左腿和右腿，更是難以分開。然而再難，君主也必須去做，否則就駕馭不了臣子。

同樣，這也是當今企業家遇到的難題。企業家在創業之初，都有一批鼎力相助的合作夥伴和死心塌地的追隨者，他們為企業的發展壯大立下了汗馬功勞，沒有他們也就沒有企業的今天。他們就是被人們稱為「開國元勳」的那些人，因為經過一番拚搏而獲得了成功，不免生出一些暮氣，開拓精神已然消退，但仍舊處在重要的領導崗位上。

中國人是十分看重人情的，他們過去與老闆共患難，老闆今天自然要與他們同富貴。這在道德上是無可非議的，但在企業管理上就會帶來許多麻煩，韓非所說的君主與近臣、重臣關係的種種弊端都會表現出來。譬如，他們擔任部門領導主要不是憑著繼續努力而是功勞或苦勞，要是換了別人也許會做得更努力，但企業家不好意思也不忍心更換，別人也不好說什麼，這就是失控，嚴重的會影響整個企業的正常運轉。

【智慧感悟】

很多時候，政治家、企業家需要割捨情誼。這是大義，小義是不能相比的。「狡兔死，走狗烹；飛鳥盡，良弓藏」，在有些時候，不能單從道義上去衡量。

重賞重罰才能立見效果

賞譽薄而謾者下不用也；賞譽厚而信者下輕死。

韓非說：「賞譽薄而謾者下不用也；賞譽厚而信者下輕死。」韓非認為，如果獎賞表彰太輕微而又不能兌現，臣民就不能為君主所用，如果獎賞表彰厚重而能夠兌現，那麼臣民也會為君主去死。

賞罰是治國的利器，運用得好，能發揮極大作用，運用不好，說不定會傷及自己，那麼，進行賞罰應該遵循什麼原則呢？韓非認為，賞罰的五條原則可以概括為三個方面，即守信、法治和從重。

韓非總結了當時的經驗，主張應該突出一個「重」字，商鞅為秦國制定的告發揭密方面的法令就是這樣做的，它體現了對觸犯刑律的人進行從重懲罰、對告發他們的人實行從重獎賞的精神，所以，作奸犯科的人沒有漏網的，以致到後來誰都不敢犯法，重賞嚴刑反而用不上了。

從理論上說，從重有著人性方面的根據：趨吉避凶是人的本能，利益愈大，人靠得也就愈近；禍害愈大，人離得也就愈遠。比如，一丈長的布，人拿在手中不放，是因為有利益沒危險；熔化了的一百鎰重的黃金，就是連最貪心的強盜也不敢染指，因為儘管有利益但害處更大。總之，不管是從實踐上說還是從理論上說，賞罰都應該貫徹從重的原則。俗話說得好，重賞之下必有勇夫，重罰之下必有良民，就是這個道理。

從重精神是韓非賞罰思想中最具特色的觀點之一，對今天的企業管理也有一定的指導意義。按照這種觀點，毛毛雨式的獎懲辦法，零零散散，往往達不到預期的目的。

有一種更好的做法是：不獎則已，獎則重金；不罰則已，罰則重處。什麼是「重」，要視具體情況而定。重獎應該考慮兩點，一是獎勵數額與其所帶來的經濟效益和社會效益成比例，二是獎勵數額能否足以刺激員工的積極性。重罰應該著重考慮的是，讓被罰的人所付出的代價遠遠超過其所獲得的利益。

韓非子的這一管理思想，被很多企業應用到管理當中。比如，某集團就實施重賞的措施，他們對有過巨大貢獻的員工，給予鉅額獎勵，要嘛是房子，要嘛是名牌轎車，價值都是百萬、千萬以上。很多同行對此表示不理解，對此，該集團董事長解釋說：「對於為公司做出巨大貢獻的員工，應該得到獎勵，希望透過這次的獎勵，能夠留住人才，同時也能吸引更多的人才。」

這家只有三百萬元資本的小公司，發展到如今擁有九家分公司、七家工廠、近三千名員工的產業集團，這其中，離不開成功的人才激勵制度的作用。

管理道理似乎每個企業都非常明白，但是具體執行起來，往往做不到。大多管理者往往忽視員工的力量，每當企業取得成績，就大言不慚地把功勞攬到自己身上，而忽視了員工的力量。在分享企業經營成果時，也是如此，他們只想到了自己，把員工忘得一乾二淨。這樣的管理行為只能極大地傷害員工的感情，進而使企業喪失凝聚力。

人才是企業的根本。營造良好的人文環境，建立有效的激勵機制，不僅能為員工提供一個更廣闊的天地，還能贏得人心，留住人才。讓員工有一種濃厚的歸屬感，讓員工們有一種「家」的感覺，員工才能熱情十足地投入到工作當中。這就是重賞之下產生的「熱效應」，也是企業興旺發達的不竭動力，值得我們思考和借鑑。

【智慧感悟】

賞罰嚴明，是很多人都知道的道理，但是韓非的重賞重罰就少為人知了。賞罰的目的是對員工做有效的激勵和管治，但是如果因賞得太微薄或罰得太輕，則不會產生預期的目的，甚至會讓人出現失望和不滿情緒，這無疑是不利於企業管理的。

多想、多看、多聽聽

視強，則目不明；聽甚，則耳不聰；思慮過度，則智識亂。

韓非說：「視強，則目不明；聽甚，則耳不聰；思慮過度，則智識亂。」韓非子的這句話所要指出的就是一個「過」字。如果一個人看得多了，眼睛就會看不清；聽得多了，也就會聽不清；思考過度，那麼思想意識就會紊亂。所以說，不管做什麼都不能「過」。

韓非是在君主與臣子的相互對立的關係中來分析聽言術的，所以其中充滿了你來我往，鬥智鬥勇。臣子總是千方百計地哄騙、蒙蔽君主，以保護自己，從中謀取私利。

比如，發生了一件事，君臣商量對策，臣子都不說話，他們是在等。一是等君主開口，以揣摩君主的態度，給自己定個調，然後再發表意見；另一是等權臣開口，以估量形勢，決定自己站在哪一邊。君主一定要讓臣子先開口，這時候往往會出現三種基本情況：一是夸夸其談，引經據典，離題萬里，不著邊際，其用意無非是兩個，或隱蔽自己真實的想法或賣弄學問、譁眾取寵，另一是花言巧語，看起來堂堂正正，其實其中隱藏著不可告人的目的，完全是從自己的私利出發。再一個就是不前不後，站到多數意見的隊伍中去，以提高保險係數。

韓非指出，君主的對策有四種：

第一，不准說空話，規定說話一定要切合實際；

第二，不准隨聲附和，要有自己的見解；

第三，不准提出兩種意見，模稜兩可；

第四，臣子所說的話一概記錄在案，讓每個人都小心點兒，對自己的言論負責，萬萬不可掉以輕心，因為這是要算後帳的。

韓非最反對的就是說話沒有實際內容，一味追求巧辯，這是亡國的徵兆。

韓非主張，君主最好不要參與群臣的爭論，他的任務是聽，姿態應該是高一等的，照韓非的說法，就是像喝多了酒一樣，看上去傻乎乎的。這樣，臣子才能放開了說，他們爭得愈厲害，說得愈熱烈，君主愈像是局外人。他當然不是局外人，而是最終裁決者，所以他一刻也沒閒著，而是分析、判斷各種意見，然後從中選取一種。

這樣的好處是，從近處說，群臣的智慧都發揮出來了，真面目也暴露了，給君主設置的陷阱也看清楚了；從遠處說，成敗的責任也有人承擔了，決策實施成功，是君主的英明選擇，決策失敗，出主意的臣子就是罪人。不單如此，君主還要根據臣子說的和他實際做的兩相對照，這不僅可以加深對臣子的認知，還可抓住他的把柄，讓他提心吊膽，不敢亂說亂動，說不定哪天就翻出來，重重地治他的罪。

韓非還談到了聽言的程序，這就是先個別聽取，然後再召開討論會，走的是從個別到一般的路子。單獨聽取臣子的意見除了能瞭解臣子的觀點外，還有兩個好處：一是以這種方式促進臣子的責任感，發揮督促行動的作用；另一個是可以觀察臣子在個別場合說的和公開場合說的是否一致，以深入認識臣子的人品和本領。

在聽取意見而進行決策問題上，一般人最容易出現的偏差有兩個：一個是不願意或者想不到去徵求、聽取下屬和員工的意見；另一個是盲目相信大多數，以為多數一定正確可靠。這是完全相反的兩種極端，前者是過分地相信自己，後者是過分地相信別人，但就認知層面來說，兩者都是有害的，都是僅僅把聽言理解為單純地聽取意見，而沒有看到其中隱藏著的人際關係因素。

其實，從全局來看，一般說來，透過聽言把握人際關係比聽取業務上的建議更有價值。所以，我們應該重視聽取員工意見，這是深入瞭解下屬、發現人才的重要途徑。我們在聽取意見時也要多想一想，人們為什麼這樣說？這裡的利害關係有哪些？這樣，多數意見和少數意見的關係也就容易擺正了。

聽言術在上下溝通中十分重要，是企業內部發展必不可少的一環。下面就有一個很好的例子。

智利有一家著名的李弗公司，負責許多美國產品在南美的經銷，其中包括了著名的派索登牙膏廠。該公司的負責人馬基托有一次欣然接受了一位作業員的建議，因為他覺得這位作業員的建議實在是棒，起因是他發現生產流程常常因為鋼槽需要清洗而中斷。他說：「我們只有一個鋼槽，而這位作業員建議我們應該安裝第二鋼槽。清洗第一鋼槽時，我們可以用第二鋼槽，這樣就再也不必因為清洗而中途停頓了。這邊加裝一個螺栓，那邊加裝一個鋼槽，就幫我們節省了百分之七十的轉換時間，效率也因此提高了。」

馬基托得到第二個有關生產牙膏的點子，也是在生產線上誕生的，並且同樣重要。一直以來，工廠在牙膏輸送帶下裝設精密昂貴的儀表，它的功能是為確定每個牙膏紙盒中均裝入了一管牙膏。不過，這樣高科技的儀器也偶爾會發生故障。馬基托說：「我們有時候還是會把空紙盒封起來送進去。」

「又是那位作業員。」他的意見是把這些昂貴的機器換掉，只要在輸送帶旁裝一個小型的空氣噴射器。把氣壓設定好，一定噴到空紙盒上，就足以把空紙盒吹到輸送帶之外。

為了一家牙膏廠的發展，公司的員工能夠提出這樣既有價值又方便快捷的建議，是值得公司領導者採用的，這樣，既節省了時間又節省了原料，而且還提高了生產效率。

試想，如果李弗公司在員工建議面前不能分辨是好是壞，反而指責員工「現在用得著改嗎？」這樣，員工的積極性就受到了打擊，公司內部也就不可能團結一致，當然效率也不可能提高。所以，除了一個善於提出意見或建議的人，還需要一個眼明心亮的傾聽者，更需要傾聽者以完美的決策力做出正確判斷。兩者同樣重要，缺一不可。

【智慧感悟】

韓非給我們的啟示是：作為一個管理者，不僅要具備善於傾聽的態度，更要有善於觀察和分析對方的心理以及話語的真實意圖的能力。在聽的同時，要做到看，只有把對方的心理讀懂，才能有效地做出自己的決策——採取或反對。

私怨不入公門

內舉不避親，外舉不避仇。

韓非說：「內舉不避親，外舉不避仇。」這句話的意思是，從內部選拔官員，不因為親緣關係而迴避；從外部選拔官員，不因為有私仇而迴避。

韓非認為，君主之間的區別很大程度上取決於會不會用人。會用人的君主，事業有成，國家迅速強盛，不會用人的君主，事業敗落，國家前途暗淡。那麼，怎樣才能做到會用人呢？首先必須要解決的就是用人的出發點問題。即選用人才是出於公心還是出於偏私。英明的君主實行的是內舉不避親，外舉不避仇，完全從國家利益出發，根據職位的要求和本人的實際情況選拔和任用人才，這就是公。

公的含義很大，韓非說：「與私相背的就叫做公」。反映在用人上，以個人的好惡為取捨，是不公；計較別人對自己的態度，是不公；抓住過去別人說過的某一句話、做過的某一件事死死不放，也是不公。因為這缺少客觀公正，公正也是公。要做到公正或許比做到公心更難。後者克服的是私心，前者克服的是私習，心是有意識的，而習慣則是下意識，難以察覺。

正是出發點問題沒解決好，君主選拔任用了壞人。一些奸佞之臣都是利用了君主的偏私而得到重用的。他們或者專挑君主喜歡聽的話去說，專挑君主想做的事去做，或者極力去迎合、滿足君主的欲望，總之，千方百計地討君主歡心。結果是人死、家破、國亡，責任當然要算在奸人的帳上，但君主也有不可推卸的責任。

由於用人的出發點不同，造成了君主之間差異，從而導致了國家不同的命運。

有一句話叫作「私怨不入公門」，就是很清楚地把公與私區別開來，而更重要的是，這樣做能讓自己更徹底地為「公」做事。下面這個故事很好地說明了這一點。

晉綽公執政時期，有個叫解（解 ㄒㄧㄝ）狐的大夫，是名將解揚的兒子。他為人耿直，公私分明，晉國有個叫趙簡子的大夫和他十分要好。

解狐有個愛妾叫芝英，生得貌美體嬌，如花似玉，深得解狐的喜愛。可是有一次有人告訴解狐說，他的家僕刑伯柳和芝英私通。解狐不信，因為刑伯柳這人很忠厚老實。於是，此人決定用計使刑伯柳和芝英暴露原形。

第二天，解狐突然接到晉君旨意，要到邊境巡視幾個月。由於任務緊急，解狐連親近的幕僚刑伯柳都沒帶，就匆匆出發了。

真是天賜良機，芝英不由心中竊喜。可是前兩天她還不敢去找刑伯柳，到了第三天，她實在熬不住了，就偷偷地溜進了刑柏柳的房間，正在兩人卿卿我我、如膠似漆的時候，房門突然大開，解狐滿面怒容，帶著侍衛站在那裡。原來，他根本沒接到命令要去巡視，而是就在附近躲了起來，一接到報告，就馬上回府，果然把兩人逮了個正著。

解狐把兩人吊起來拷打細審，得知原來芝英因為愛慕刑伯柳年輕英俊，就找機會勾搭成姦。知道真情後，解狐怒火更大，他把兩人痛打一頓，雙雙趕出了解府。

後來，趙簡子領地的國相職位空缺了。趙簡子就請解狐幫他推薦一位精明能幹、忠誠可靠的國相。解狐想了想，覺得只有他原來的家臣刑伯柳比較適合，於是就向趙簡子推薦了他。

趙簡子找到刑伯柳後，就任命他為自己的國相，刑伯柳果然把趙簡子的領地治理得井井有條。趙簡子十分滿意，誇獎他說：「你真是一位好國相，解將軍沒有看錯人啊！」刑伯柳這才知道是解狐推薦了自己。他是自己的仇人，為什麼卻要舉薦自己呢？也許他這是表明要主動與自己和解吧？於是刑伯柳決定拜訪解狐，感謝他不計前嫌而舉薦了自己。

刑伯柳回到國都，去訪解狐。通報上去後，解狐叫僕人問他：「你來，是因為公事還是因為私事？」刑伯柳向著府中解狐住的房間遙遙作揖說：「我今天赴府，是特地負荊請罪來了。刑伯柳早年投靠解將軍，蒙將軍晨昏教誨，像再生父母一樣。伯柳做了對不起將軍的事情，心中本就萬分慚愧；現在將軍又不計前嫌，秉公舉薦，更教我感激涕零。」

僕人又為刑伯柳通報上去。刑伯柳站在府門前等候，卻久久不見回音。他正在疑惑難解的時候，解狐突然出現在門前台階上，手中張弓搭箭，向他狠狠射出一箭。他還來不及躲閃，那箭擦耳飛過。刑伯柳嚇出了一身冷汗。解狐接著又一次張弓搭箭瞄準他，說：「我推薦你，那是為公，因為你能勝任；可是你我之間卻只有奪妻之恨，你還敢上我的家門來嗎？再不走，我就射死你！」刑伯柳這才明白解狐依然對自己恨之入骨，他慌忙遠施一禮，轉身就逃走了。

故事中，解狐向趙簡子推薦刑伯柳，完全是出於公心，而不是私心，否則也不會做出這樣的舉動。這與韓非子「外舉不避仇」是相同的。「內舉不避親，外舉不避仇」在現代管理當中也是值得提倡的，只有抱著為「公」的態度看待問題，才能把真正的有才之人招進自己的企業之內，才能為自己的事業發展增添新的活力。

【智慧感悟】

我們從「內舉不避親，外舉不避仇」這句話，可以得出這樣的結論：人才的選拔不能以個人的好惡親仇為原則，而要以「唯才是舉」為標準，在管理中，我們不能從「私」出發，而是要「為公」做事。另外，我們做事一定要有分寸，公私分明，不能將兩者混為一談。私怨不入公門，在很多時候，是一種難能可貴的高風亮節，值得我們提倡。

第八章 鬼谷子詭道

摸清對方的底牌

釣語合事，得人實也。其猶張置網而取獸也，多張其會而司之。道合其事，彼自出之，此釣人之網也。

鬼谷子說：「釣語合事，得人實也。其猶張置網而取獸也，多張其會而司之。道合其事，彼自出之，此釣人之網也。」

他的意思是說，這就像設置魚餌釣魚那樣，張網捕獵一樣，你要摸到別人的底牌，偵察敵人的情況，就要使用手段，投其所好而引誘他，從而達到目的。

鬼谷子在此講解了反應術，並講到說話在反應術中的重要地位，怎樣才能從對方的言談中窺測對方的真實意圖，從而說服對方，讓對方順從自己。這種方法的關鍵在於掌握「反」的訣竅。

下面我們例舉說明。

北宋時，陳襄曾任蒲城（今陝西城蒲）縣令。有一天，陳襄的轄區內一家店鋪失竊。捕快根據線索，抓了幾個嫌疑犯。可是，陳襄無論怎樣審訊，他們就是沒人招認。陳襄心生一計，告訴他們：「城隍廟裡的大鐘最靈，如果有誰犯了罪不能判明，它就可以幫人判案。你若沒犯罪，去摸它，它不響。你若犯了罪去摸它，它就會響。我先去祈禱神靈降臨，你們都去摸一下。」

於是，他先趕到那廟中，命人用墨汁將那大鐘塗黑，然後遮上門窗，設香案祈禱。待香火燃盡，廟內一片漆黑時，把那夥嫌疑犯逐個放進去，讓他們去摸大鐘，待眾人出來，逐一檢查他們的手。眾人滿手通黑，唯有一個人手上是乾淨的。陳襄命人將其餘人放掉，帶那個手乾淨的人回去審問、用刑。那人終於招出了偷盜實情。

這裡，陳襄先設下一張「網」，利用人們信奉「神靈無所不知」的心理，假說讓他們聽憑神靈判決。做壞事的人做賊心虛，不敢讓神靈檢驗，結果落入陳襄的「網」，露出了真相。

同樣，在現代談判中，常常要透過對方的言語，看出其言辭背後潛藏的真實意圖和目的，即投石問路，以觀回應，也就是我們平常所說的採取對策。「反應」術是一個優秀的談判家首先必須具備的素質。

荷伯·科恩先生的上司決定派他到日本去談筆生意。他太高興了，曾興奮地對自己說：「這可是展現自己才華的一次好機會。命運在召喚我，我要掃清日本人，然後向國際進軍。」

一週後，荷伯·科恩搭上去日本的飛機，參加為期十四天的談判。他帶了所有關於日本人精神和心理的書籍，一直對自己說：「我一定要做成、做好、做出色。」

飛機在日本著陸了，荷伯·科恩小跑步到舷梯。下面有兩名日本人在迎接他，向他客氣地躬身行禮。

兩名日本人幫他通過海關，然後陪同他坐上一輛大型豪華臥車。他舒服地倚在棉絨座背上，他們則筆直地坐在兩張椅上。荷伯·科恩大大咧咧地說：「你們為什麼不跟我一樣，後面有的是地方。」

「噢，您是重要人物，經過長時間旅程顯然您需要休息。」兩位日本人對荷伯．科恩說。

在行駛途中，其中一位主人問荷伯．科恩：「請問您懂日語嗎？」

「不懂，不過我打算學幾句，我還帶來了字典。」荷伯．科恩若無其事地說。

他的同伴又問他：「您是否關心您返國的乘機時間？我可以安排車子去送您。」

荷伯．科恩心裡想，多麼體諒呀。

荷伯．科恩從口袋裡掏出返程機票給他們看，好讓他們知道什麼時候送他回機場。當時他並不知道他們就此知道了他的回程日期，而他卻不知道他們的回程日期。

在之後的日子裡，他們沒有立即開始談判，而是先讓荷伯．科恩領略了一下日本人的文化。他們的旅遊花了整整一週的時間。

每當荷伯．科恩要求談判時，他們就說：「有的是時間，有的是時間。」每晚有四個小時，他們讓荷伯．科恩坐在榻榻米上進行晚餐和欣賞民俗表演。而當荷伯．科恩要求談判時，他們就說：「不急，以後有的是時間。」

到了第十二天，談判總算開始了，但又提前結束了，只是為了打高爾夫球。第十三天又開始了，又提前結束，因為要舉行告別宴會。最後一天，他們恢復了認真的談判。正當他們深入到問題的核心時，車子開來接荷伯．科恩去機場。他們全部擠入車裡，繼續談判。

荷伯．科恩最終以慘敗而告終。因為日本商人知道了他談判的截止時間，先做好公共關係，真正的意圖是摸清荷伯·科恩的所有底細，而把正式談判的時間只壓縮到一天時間，給他造成很大的時間壓力，而荷伯·科恩為完成上司的任務不得不草草簽訂協議。荷伯·科恩對此的評價是：「這次交易是日本人的又一次大勝利！」

在這個案例中，精明的日本商人在談判前已經瞭解對方的真實底細，然後針對對方的底細而採取了有利於自己的策略，從而取得了這場談判的勝利。

【智慧感悟】

在現實生活中競爭時，我們如果能透過對方的言談舉止、喜怒哀樂，瞭解其內心的真實想法，就會使自己佔據主動位置。採用「釣語合事，得人實」的反莊術，是很有必要的。然而，有一點需要多加注意，那就是要讓自己盡可能地鎮定自如，這樣才能在摸清對方底牌的同時，也不至於被對方掌握自己的底細。

先有「捨」然後才能有「得」

欲高反下，欲取反予。

鬼谷子說：「欲高反下，欲取反予。」鬼谷子的意思是，你要想從對方那裡得到點什麼就要先給他點什麼。就像種莊稼一樣，要想從地裡面收穫糧食，你就需要給土地施肥。

同樣，做事也是這樣的道理，你要從某人那裡得到點什麼，就要給予他什麼，別人才會答應你。不過，聰明的人所給予別人的和從別人那裡得到的價值是不一樣的，這樣才不是「虧本」的買賣。這就像捕魚一樣，你必須先投放魚餌，魚餌成本是非常小的，釣到的卻是價值相對來說要大得多的魚。但是對方卻也是精明的，他是否同意與你做「不等價交換」，就看你的智謀和手段如何了。

欲取反與是人們最常用的謀略之一，下面我們舉例說明。

明朝翰林學士嚴訥官居吏部尚書、武英殿大學士。某年，嚴訥想在城中建造新府邸，地基已籌畫好了，只是有座豆腐坊卡在中間。工程監管人幾次去與那作坊主商量，但作坊主覺得這是祖上傳下的家產，說什麼也不賣。工程監管人無奈，氣憤地來告訴嚴訥，請他採取強硬措施。嚴訥聽後，淡然一笑，說：「何必如此！你們先去造那三面的房子，到時候自然會有辦法。」

開工後，嚴訥命人將工程中每天所需的豆腐，全部從這作坊購買，而且預先訂購、交款。那夫婦倆因此生意愈做愈大，請了不少幫工，添置了不少生產工具，覺得那作坊愈來愈小，不夠用了。又感激嚴訥扶助之恩，於是十分後悔當初與嚴訥的抵觸。想來想去，便把房契給了嚴訥。嚴訥在附近購買了一間稍大點的房子送他，自己的府邸也就按原計劃建造好了。

這種解決問題的方式雖有點儒家的道德人情味，實質上卻是「欲取反與」的鬼谷子的詭道的應用。嚴訥為了取得這塊地皮，先給予對方好處和甜頭，以此感化他，讓他最終自動使嚴訥「取」到盼望的東西，達到了目的。

在現實中，對於利益我們當然要敢於爭取，但並不意味只進不出。人生謀利，不讓小利，怎獲大利，沒有捨，哪有得？捨得，捨得，有捨才有得。

大多經商者都深諳此道，下面讓我們看看日本繩索大王島村芳雄是怎樣先捨後取，從中謀利的。

日本繩索大王島村芳雄當年到東京一家包裝材料店當店員時，薪水只有一萬八千日圓，還要養活母親和三個弟妹。因此他時常囊空如洗。有一天，他在街上漫無目的地散步時，注意到女人們無論是花枝招展的小姐，還是徐娘半老的婦人，除了帶著自己的皮包之外，都還提著一個紙袋，這是買東西時商店送給她們裝東西用的。他自言自語：「嗯！提紙袋的人最近愈來愈多了。」島村頓時看到了希望。

兩天後，島村芳雄到一家跟商店有來往的紙袋工廠參觀。果然，正如他所料，工廠的生意非常好。參觀之後，他怦然心動，果斷決定要大幹一番。他想：將來紙袋一定會風行全國，做紙袋繩索的生意肯定也錯不了。

島村芳雄雖然雄心勃勃，但自己身無分文，資金問題一直困擾著他，最後他決定到各銀行試一試。一到銀行，他就對紙袋的使用前景，紙袋繩索製作上的技巧及這項事業的展望等說得頭頭是道，但每一家銀行聽了他的計劃之後，都對他非常冷淡，甚至有的銀行還以為他是瘋子。島村芳雄決定把三井銀行作為目標，連續幾次前去展開遊說。然而他的熱情，在三井銀行也沒有得到同情，起初三井銀行根本不願意聽他的話，過了幾天，銀行職員對他的蔑視態度就逐漸表面化，終於耐不住厭煩地大發脾氣，一看到他就怒目而視。

有時他一來，大家就發出一陣哄笑來取笑他，有時乾脆把他趕了出去。皇天不負苦心人，前後經過三個月，到了第六十九次時，對方竟被他那煞費苦心、百折不撓的精神所感動，答應貸給他一百萬日圓。當朋友和熟人知道他獲得銀行貸款一百萬日圓後，紛紛借給他資金，就這樣他很快就籌集了二百萬日圓的資金。

於是島村芳雄辭去了店員的工作，設立凡芳商會，開始繩索販賣業務。他深信，雖然他的條件比別人差，但用自己新創的「原價銷售商法」做下去，一定能在競爭激烈的商界站穩腳跟。首先，他前往產麻地岡山的麻繩廠，將該廠生產的每條四十五公分長的麻繩以五角錢大量買進，然後按原價轉賣東京一帶的紙袋工廠。這種完全無利潤反賠本的生意做了一年之後，因為島村芳雄的繩索確實便宜被人們所接受，成百上千的訂單就從各地源源而來。接著，島村芳雄按部就班地採取他的行動。

他拿著購物收據前去訂貨客戶那裡說：「到目前為止，我是沒賺你們一分錢，如果這樣讓我繼續為你們服務的話，我便只有破產這條路可走了。」客戶為他的誠實所感動，心甘情願地把交貨價格提高為五角五分錢。

同時，島村芳雄又到岡山找麻繩廠的廠商接洽：「您賣給我每條五角錢，我是一直照原價賣給別人的，因此才得到現在這麼多的訂貨。如果這樣無利而賠本的生意讓我繼續下去的話，我只有等關門倒閉了。」

岡山的廠商一看他開給客戶的收據存根，大吃一驚，像這樣自願不賺錢做生意的人，他們生平頭一次遇到，於是就不加考慮，一口答應供給他的麻繩每條只收四角五分錢。如此每條賺五分錢，每天的利潤就很可觀。創業兩年後，他就名滿天下，同時把凡芳商會改為公司組織，創業十三年後，他每天的交貨量至少有五千萬條，其利潤實在難以計算。現在的袋子繩索更是講究，有塑膠帶、緞帶、絹帶等，每條賣價五日圓左右。有些高級品的利潤更為可觀。

市場謀利之道何在？從島村芳雄的成功中我們可以發現：第一，要有先見之明，要善於捕捉時機。島村芳雄早就預料到紙袋流行的時代一定會到來；第二，「吃虧就是佔便宜」。

島村芳雄的原價推銷法只賠不賺，虧了自己，「肥」了他的客戶，使客戶從他那兒嘗到了「甜頭」。於是，島村芳雄獲得了大批的訂單。而吃虧經營感動了為島村芳雄供貨的廠商，使他們主動壓低供價；也感動了客戶，使他們主動要求抬高購買價格。他的原價銷售法使他得到了商業界的信任，顧客自動替他宣傳，使他無往而不利，在幾年間就從一個窮光蛋，搖身一變成為日本繩索大王。

島村芳雄用的是「欲取先予」的老方法，但他們將這種謀略注入了新內容，以適應環境和消費者心理，於是銷路暢通。

【智慧感悟】

在現代競爭社會，我們每個人都要面對競爭，所以掌握一些有關競爭之術是非常重要的。在這裡，鬼谷子為我們提供了一條競爭之術——欲取先予。欲取先予的關鍵是要能不計較當前得失，要著眼長遠利益，吃小虧佔大便宜，所有的「捨」都是為了將來的「得」作鋪墊的。我們只有掌握這些環節，才能牢牢地把握「欲取先予」的謀略精髓。

以己度人，從知己到知彼

知之始己，自知而後知人也。其相知也，若比目之魚；其見形也，若光之與影。

鬼谷子說：「知之始己，自知而後知人也。其相知也，若比目之魚；其見形也，若光之與影。」鬼谷子認為，人是有共性的，由於處在相同的社會環境中，受到相同文化的影響，所以有著共同的欲望，有著相似的追求，有著模式大致相近的心機和計謀。

所以，我們要想瞭解別人的時候，要從瞭解自己開始，以己度人，由己推人。這樣做目的是由自己的欲望而看出對方在相似情況下的欲望，從自己的做法而預測出別人在相似的環境中的措施。這樣去推知，去瞭解別人，就像古人所說的比目魚相並而行那樣，絲毫不差。又像只要光一亮，影子就會出現一樣，一看便知道。

所以說，我們生活在這個世界上，必須與人打交道，要利用人，拉攏人，打擊人，說服人，都要先瞭解人，瞭解對方的心理和秉性，品格性質，能力大小。瞭解別人，就要從瞭解自己開始。所以，鬼谷子的知人知己之術，對我們而言，是一條非常重要的處世法則，你掌握別人的真實情況，才會有目的、有針對性地去著手制定謀略，才能在社會競爭中取勝。

「由己推人」是一種非常明智的謀略之術。在古代政治博弈中被人們紛紛效仿。

春秋初年，齊襄公昏庸無道，淫行亂倫，搞得天怒人怨，被手下的人殺死。消息傳到國外，在外國避難的公子小白和公子糾都爭著回國繼承君位。冤家路窄，兩人在齊國邊境上撞個正著。雙方都明白對方在幹什麼，也都明白除掉對手自己就可以從容即位。

保護公子糾的管仲心狠手快，搭弓上箭，向對面的公子小白射去，正射中小白的帶鉤。

小白心想：「我回國爭位，與公子糾競爭，一定要搶在他前頭，先入為主。對方肯定也這麼想，想把我除掉，便沒了競爭對手，那麼，他必會小心行事，步步精心策劃。我為什麼不順勢來個欺瞞手段？」想到這裡，假意大叫一聲，咬破舌頭，口吐血沫，一仰身倒在車中。

管仲一見，哈哈大笑，回頭對公子糾說：「公子可以放心了！小白已被射死，無人與您爭位了。」於是他們便心中不急，慢慢行進。

為公子小白駕車的是鮑叔牙，他知道小白是詐死，便將計就計，裝出十分悲痛的樣子，大哭起來，同時抄小路快馬加鞭，急忙向臨淄趕去，搶在公子糾之前進了國都，繼承了君位。公子小白善於用己欲推人欲，用己心比人心，因對方之情而隨機設謀，最後大功告成。

「以己度人，由己推人」的競爭之術，在現代社會中也被廣泛的應用。下面我們以經商為例加以說明。

一九九八年十二月一日，美國最大的石油公司埃克森公司和位居其次的美孚公司在紐約宣佈達成合併協定，成立規模超過殼牌公司的全球最大的石油公司。

兩家如此龐大的上市公司，經營風格又大相逕庭，卻在這麼短時間內完成了如此精妙絕倫的合併，無疑是一個奇蹟。華爾街人士說，在這宗巨型併購案的背後，是一位取得了巨大成功的投資銀行家運作的結果。

這位幕後功臣就是羅德．皮科克。他是J．P．摩根公司一位沉默寡言但衝勁十足的銀行家。他跨越大西洋就像大多數人過馬路那樣頻繁。四十七歲的他酷愛跑步，曾在牛津大學的馬格達倫學院獲得工程學和經濟學學位。

在兩家公司合併之前，皮科克對全球石油的現狀進行了深刻的分析。他認為，儘管兩家公司經營狀況一直不錯，但一九九八年以來亞洲國家受金融危機影響石油需求減少，西方主要石油消費國庫存充足，世界石油市場供大於求的嚴重狀況導致油價持續低落。而石油輸出國組織也未能就限產問題達成任何新的協定以刺激油價回升。在這種情況下，即使像埃克森和美孚這樣實力雄厚的石油公司也面臨著嚴重的挑戰。

皮科克分析，在亞洲金融危機的衝擊下，埃克森公司一九九八年的收益將下降三十二％，美孚降幅可能更大。面對這種形勢，石油公司只得透過降低成本來擺脫困境，而併購通常被視為重要途徑之一。根據皮科克的預測，合併後的新公司每年將可節省二十八億美元的開支；員工將減少九千名，約佔其員工總數的七％；合併後的第一年，公司的利潤將維持原來水準，第二年公司的經營狀況將會得到很大改善。

在皮科克的幫助下，埃克森公司制定了詳細的併購計畫，包括併購的時間、方式、併購資金數目及併購後的消化吸收工作。此外，在法規、稅務、現金流量管理等方面，他也進行了精妙設計。

合併價格的確定是合併能否成功的關鍵。以皮科克為首的顧問團對兩家公司的價值評估讓所有人心服口服。合併結構分兩步實施：第一步，兩家公司被註銷，成立埃克森—美孚公司；第二步，新公司向美孚公司股東發出換股要約。合併後的新公司將由兩邊原來的管理層共同管理。雷蒙德執掌新公司的董事長和首席執行長的大印，美孚公司董事長盧喬·諾托出任新公司副董事長。這種管理職位的精心安排，同樣又是皮科克的主意。難怪這起交易如此容易地獲得了所有方面的批准。

皮科克之所以能夠順利地完成併購計畫，完全得益於他的知己知人之術——對雙方真實情況的認真分析，以及準確的預測，從而準確地把握了雙方的心理，掌握了局勢的發展，讓局勢按照自己的意願發展，才達到了最終目的。

總之，鬼谷子所說的「自知而後知人」的反應之術，與《孫子兵法》中的知己知彼是大同小異的，皮科克就是成功地運用「知己知彼」的戰略，才使併購計畫順利完成。

【智慧感悟】

鬼谷子認為，要想全面地掌握情況就必須先從自己開始，只有瞭解了自己，然後才能瞭解別人。所以說，在社會中，我們務必要做到知己知彼，只有這樣我們才能把事做好。有許多計謀都體現了這一精髓，諸葛亮的空城計就是經典一例。

施放煙霧，迷惑對方

若欲去之，因危與之。環轉因化，莫知所為，退為大儀。

鬼谷子說：「若欲去之，因危與之。環轉因化，莫知所為，退為大儀。」鬼谷子認為，要想到某種境地而去，並不是落荒而逃，而是要憑藉詭計，謀劃離開，要善於運用計謀，做出撲朔迷離的假象，讓外人看似這樣，又像那樣，看似進攻，又像退卻，讓對手無法做出正確的判斷，不知道你是困獸猶鬥，還是以退為進，摸不清你的真實意圖，這就是鬼谷子提倡的內楗的陰陽之術。

在三國紛爭中，有一件事能有力地說明鬼谷子內楗術的威力所在。

西元二三四年，孫權親自率兵十萬，去攻魏國的合肥新城（今安徽合肥西北），派陸遜、諸葛瑾領一小部分兵馬去打魏國的襄陽（今湖北襄樊）。但圍攻不久，吳兵卻多染時疾，魏明帝又親率大兵增援合肥，所以孫權無奈撤兵而回，同時派使者通知陸遜、諸葛瑾。哪知使者半路上被魏兵擄去。諸葛瑾聞知大驚，忙派人告訴陸遜，趕緊撤兵。

陸遜接到信後，毫無動靜，依舊催促手下種植生長週期短的蔓菁以供軍隊食用，依舊和手下眾將下棋玩樂。

諸葛瑾不知其中緣由，忙親自來見陸遜。陸遜說：「要退，也得用計撤退。魏兵知大軍退去，必全力對付我們。我們若落荒而逃，必被全殲。」當下，陸遜命諸葛瑾率人督管戰船，陸遜不但沒撤，反而率兵拔營，向襄陽進逼。

魏兵本來就十分懼怕這位曾出奇謀火燒劉備陣營七百里的大將，見吳軍逼來，不知玩什麼花招，忙退守城裡。這時，諸葛瑾已派人沿江排開戰船，吳軍有秩序地登上戰船，安全撤走了。

這就是「環轉退卻」之術，實要退，表面上卻在進攻，讓敵人摸不清真實意圖，不敢貿然圍擊。吳帥陸遜就是這樣憑藉了陰陽計謀才得以安全撤兵的。

同樣，在競爭中，我們有時候需要製造一種假象，巧使一個障眼法，來造成對手的鬆懈，會對自己的行動十分有利。精明的謀略家對此早有心得，運用起來更是得心應手，使不明競爭對手紛紛中了陰陽詭計，鑽進了圈套。

「環轉因化，以退為進」的確不失為一種成功辦事的謀略，而在現代經商領域，這種謀略也被某些精明的商家經常運用。

幾年前，松下通信工業公司突然宣佈不再生產大型電腦。這個消息，使大家都感到震驚。松下已經花費了五年的時間去研究開發，投下了十多億元的鉅額研究費用，眼看著就要進入最後階段。而且，松下通信工業公司的經營也很順利，不可能發生財務上的困難，現在卻突然全盤放棄，實在令人費解。

然而，松下幸之助之所以會這樣斷然地做出決定，是有其考量的。他認為當時大型電腦的市場競爭相當激烈，萬一不慎而有差錯，將對松下通信工業公司產生不利影響，到那時撤退，就為時已晚了，不如趁現在一切尚有可為時撤退，才是最好的選擇。

事實上，像西門子、RCA這種世界性的公司，都陸續從大型電腦的生產中撤退下來，廣大的美國市場，幾乎全被IBM獨攬。像美國這樣的市場，有一家強有力的公司獨佔就綽綽有餘了。更何況在日本這麼一個小市場，就有富士通、日立等七家公司搶灘，他們也都投入了相當多的資金，等於是賭下了整個公司的命運。

在這樣激烈的競爭中，松下考慮到，競爭結果是公司可能會元氣大傷地生存下來，但也有可能就此消退。權衡利弊，松下最後終於決定退出這場競爭。

商戰時，撤退是最難的，如果無法掌握時機，勇敢撤退，或許就會受到致命的打擊。松下看透了這一點，在競爭中勇敢地實行一般人都難以理解的「以退為進」的行動，足見其眼光高人一等，不愧是日本商界首屈一指的商人。

一般來說，與強敵決戰，出路只有三條：或者投降，或者講和，或者退走。投降是徹底失敗，講和是一半失敗，退走則可以轉敗為勝。可以稱得上是「以退為進」。

美國惠普電腦公司一直堅持一個原則：即產品優質可靠與技術創新完全是兩回事。所以市場上出現新產品時，他們總是甘拜下風，落後二—三年，再推廣到顧客中。

惠普公司絕少在市場上第一個推出新產品，該公司常採取反擊式的行銷策略。這就是，當競爭廠家新產品上市後，惠普就會發動大批工程師去對購買新產品的客戶做服務性的拜訪，頻頻探聽他們對該產品的意見。例如他們喜歡產品的哪些特色、性能，哪些是他們所不喜歡的。這些工程師把用戶的意見帶回公司，進行總結、研究，然後根據用戶的意見，對新產品進行改造。

不久，他們就生產出完全符合顧客要求的新產品來。於是惠普公司的產品就以絕對優勢壓倒了那些競爭廠家的新產品，真正做到了後來居上。

惠普公司的甘拜下風，故意落後於市場，實際上就是一種「環轉因化，以退為進」的經商策略。

所以說，在商場中打拚，一味地進攻並不是唯一的法則，畢竟在很多時候，當情況並不盡如己意之時，採取「環轉因化，以退為進」的策略適當地退一退，也是一種不錯的經商法則。

【智慧感悟】

在古代，君臣關係是很難處的。君主應該怎麼去明鑑，臣子應如何保持本位，進退有度，則是一門大學問。當代的人際關係中也應借鑑於此。在以上關係之中，在經商過程中，進退有度，巧用虛實之術，進而創造理想的生存環境，是非常必要的。

深隱待時，趁機而起

世無可抵，則深隱而待時。時有可抵，則為之謀。

《鬼谷子．抵巇篇》中說：「世無可抵，則深隱而待時。世有可抵，則為之謀。」抵巇之術也是尋找事物的「縫隙」，以便趁虛而入，從內部突破的計謀。但是，在某些時候，這種可以利用的「縫隙」還沒有出現的時候，鬼谷子主張，不要強攻硬打，而是先要把自己隱藏起來，等待時機，等到有「縫隙」的時候，再動手。

在政治博弈，「深隱而待時」和「抵巇術」應用最為廣泛。這就是我們平常所說的韜光養晦，伺機而動。歷史上李淵就是權善此術的人物。

隋末各地農民起義風起雲湧，許多官員也紛紛倒戈，轉向農民起義軍，因此，隋煬帝的疑心很重，對朝中大臣，尤其是外藩重臣，更是易起疑心。唐國公李淵（即唐太祖）曾多次擔任中央和地方官，所到之處，悉心結納當地的英雄豪傑，多方樹立恩德，因而聲望很高，許多人都來歸附。由此，大家都替他擔心，怕遭到隋煬帝的猜忌。

正在這時，隋煬帝下詔讓李淵到他的行宮去晉見。李淵因病未能前往，隋煬帝很不高興，多少有點猜疑之心。

當時，李淵的外甥女王氏是隋煬帝的妃子，隋煬帝向她問起李淵未來朝見的原因，王氏回答說是因為生病了，隋煬帝又問道：「會死嗎？」

王氏把這消息傳給了李淵，李淵更加謹慎起來，他知道遲早為隋煬帝所不容，但過早起事又力量不足，只好縮頭隱忍，等待時機。

於是，他故意廣納賄賂，敗壞自己的名聲，整天沉湎於聲色犬馬之中，而且大肆張揚。隋煬帝聽到這些，果然放鬆了對他的警惕。試想，如果當初李淵不低頭，或者頭低得稍微有點勉強，很可能就被正猜疑他的隋煬帝楊廣送上了斷頭台，哪裡還會有後來的太原起兵和大唐帝國的建立。

同樣，在商業競爭中，深隱待時的謀略在關鍵時刻能夠發揮非常重要的作用，一方面可以減少競爭對手對自己的圍攻，另一方面又可以藉機調整自己，積蓄實力，時機一到立刻出手，往往效果要好得多。

所以，我們做任何事，都要懂得深隱待時的道理，我們對混亂局面泰然處之，靜觀其變化，直到事情發展到有利於自己的地步，才趁機採取行動，從中取利。

【智慧感悟】

有些時候，不管是做事還是經商，為了取得成功，需要我們「深隱待時」，在關鍵時刻要能耐得住寂寞，善於等待，這是一種主動積極的等待，對於我們而言，是現實的必要。

投其所要，騙死人不償命

以飛箝之辭鉤其所好，以箝求之。

鬼谷子說：「以飛箝之辭鉤其所好，以箝求之。」這句話的意思是：先用「飛」的方法，滲出對方所愛之處，最後用「箝」的方法控制對方。「飛」是飛揚、讚揚，「箝」是箝制、控制。飛箝之術是研究他人的好惡，待其情志暴露無遺時，再去箝制對方。說簡單點，飛箝之術就是利用褒揚之辭來達到箝制對方心理的一種詭術。俗話說，哄死人不償人，善於用出色的言辭哄著對方為你做事，也算是一種本事。

鬼谷子主張，實施飛箝術的技巧，在於正搔到對方的癢處，愈搔愈癢，愈搔愈舒服，從而把對方控制住。其實，連野獸都懂得這種戰術。

據說，有一種似猴樣的動物，專吃猛虎的腦漿。這種動物並無尖牙利齒、竄跳技能，而是善於搔癢。老虎吃飽了在打盹時，牠便湊上前去，用爪子悄悄搔老虎的前額。老虎感到很癢很舒服，睜眼看一下，牠便做出順從奉承的媚態。老虎便任憑牠搔。直搔到血出骨露，老虎還直覺得酥癢好受。等到把老虎的頭蓋搔穿，牠就冷不防一下子把老虎的腦子掏出來，幾口吞下，老虎便蹬腿氣絕了。這雖是一則寓言故事，卻傳神地描繪了先順從對方心意再從而制之的飛箝術的可怕效力。

鬼谷子指出，實施飛箝術成功的關鍵在於所「飛」事項和所「箝」事項有某些必然關聯，使對方在美滋滋地接受了「飛」之後無法拒絕後邊的「箝」，否則便自相衝突，陷入尷尬境地。

「飛箝術」有很多形式，最主要的有三種。

第一種是故弄玄虛「飛揚」己威以「箝制」他人。

明憲宗時，韓雍以左副都御史提督兩廣軍務。初到兩廣，當地人都不知道他的威風。於是韓雍應用了「飛箝術」。有一次，他與幾名親信在院中踢球，而讓召喚來的手下眾將在門外等候。眾將只聽得院內喝采連聲，不知出了什麼事情。一會兒，韓雍讓親信開門放人進來。親信指著放在院中的鐵鑄炮筒說：「剛才韓大人在踢著這東西玩。」眾將一聽，驚得直吐舌頭，都認為韓雍力大過人。

韓雍每次騎馬出行，都讓人在遮陽傘蓋內藏一塊磁鐵，然後把自己的眉毛、鬍鬚塗上鐵末。於是，眉毛、鬍鬚便隨著遮陽傘上下晃動而翕張不止。見到的人大驚，以為韓雍有神仙附體。久而久之，一傳十，十傳百，人們都懼怕這位韓提督，故而令行禁止，境內安定。韓雍設詐術「飛揚」自己的威風，從而「箝制」住手下眾將和境內百姓。

第二種是藉人之力「飛揚」己威以「箝制」別人。

在宋神宗時期，王韶以龍圖閣待制任西部重鎮熙州（今甘肅臨洮）知州，有一次，西陲羌人想攻襲熙州，預先派一名暗探前來刺探軍情。出城時，暗探被捉，從他的靴縫裡搜出熙州城內兵馬糧草數字。王韶手下將官都主張殺掉暗探示眾，王韶卻判打他二十大板，在臉上刻上「番賊判畢放歸」的字樣，仍讓他帶情報出城。賊頭見到情報後，知道熙州城內兵精糧足，又早有準備，因而放棄了攻襲熙州的打算。這便是藉敵之手揚我威以制敵。

第三種就是倒用「飛揚」箝制術，先「箝制」而後「飛揚」之，讓對方順從我意行事而又被「揚」得心中癢酥酥，不勝滿意，對付比自己地位高的人，用此變式效果最佳，既達到了目的，也不致得罪上司。

後唐莊宗喜歡看戲，他不但看戲聽戲，還常常自己扮演角色，與宮內伶人同台演唱，搞得宮中烏煙瘴氣，但莊宗性情暴烈，無人敢諫。

有一次，莊宗上了妝，與那幫宮廷藝人在演戲胡鬧，口中大呼：「李天下？天下在哪裡？」敬新磨走上前來，照準莊宗面頰「啪」地就是一巴掌，直打得眾伶人大驚失色，連莊宗也被打愣了。敬新磨假裝忿忿地對莊宗道：「李天下就是您！只有一個人可以稱李天下！您在喊誰？慫恿人篡位嗎？」莊宗聞聽大喜，不但沒有怪罪，反而嘉許敬新磨的「忠心」，賞了他不少財物。這是「先抑後揚」，活用「飛箝術」的例子。

【智慧感悟】

在辦事時，我們儘量多使用鬼谷子的「飛箝」之術，要儘量地讚美別人，引起對方發言的興趣，把話說到對方的心坎裡，搔到對方的癢處。俗話說，巴掌不打笑臉人，只要你把話說得動聽一點，激發對方心理上的滿足感，對方心滿意足了才會對你百依百順。

正確地分析局勢

古之善用天下者，必量天下之權，而揣諸侯之情。量權不審，不知強弱輕重之稱；揣情不審，不知隱匿變化之動靜。

鬼谷子說：「古之善用天下者，必量天下之權，而揣諸侯之情。量權不審，不知強弱輕重之稱；揣情不審，不知隱匿變化之動靜。」鬼谷子的意思是，古代那些善於處理天下的人，善於把握天下局勢的變化，並且善於揣測諸侯國形勢的發展趨向。如果不能細密地瞭解天下政治局勢的變化，就不能明確地知道哪個諸侯國真正強大，哪個諸侯國卻是弱小，不知道他們左右天下局勢的能量大小。如果不能準確地把握每個諸侯國形勢的發展趨向，就不能真正瞭解明裡暗裡的世情變化和諸侯國的內部趨勢，由此而論，我們做事的時候，必須先瞭解自己所處的具體環境，掌握與對手的真實情況、想法和底細，量權揣勢，依據實際情況去制定解決措施。

鬼谷子認為，只有正確地分析面臨的局勢，依據敵我雙方力量的實際對比去制定策略，才能奪取勝利。下面我們以孫臏為例加以說明。

孫臏佯狂詐瘋，躲過龐涓的殘害，被齊使者偷偷載到齊國後，在齊大夫田忌家中養息。

齊威王喜歡養馬，更喜歡賽馬賭博。他常跟宗族諸子賽馬，賭注下得挺大。田忌雖也養著一群好馬，但與齊威王比賽時老是輸，弄得再也不敢下大注。

孫臏被邀去看了幾次馬賽後，對田忌說：「下次我保證您能勝過大王，您到時就大膽下注吧！」田忌信服孫臏的智力，於是去約齊威王賭馬，並表示自己將下大注。

威王素知田忌的馬力，便一口答允，準備贏大錢。

比賽那天，孫臏對田忌說：「我仔細觀察過了，您和大王的馬都可以分上、中、下三等，而三個級次的馬分開比較，您的馬都比大王的馬差些。現在您這麼辦，用您的下等馬去和大王的上等馬比賽，用您的上等馬去和大王的中等馬比賽，用您的中等馬去和大王的下等馬比賽。」田忌依計而行，三場比賽下來，二贏一輸，奪得勝利，贏得了賭注。

威王怎麼也想不通自己這麼好的馬為何輸給田忌的馬，田忌便把孫臏的計畫告訴他。威王聽後十分高興，拜孫臏為軍師。

商業競爭更是風雲變幻，「揣情」者應該超越人們的認知，根據市場需求，摸透顧客的心理，再做出相應的措施，這就是經商的「量權揣勢」。善於從事商業競爭的人，總是會及時地把握市場的脈動，根據顧客的愛好和市場的要求調整策略，從而贏得利潤。

一九六〇年，日本豐田公司在對美國汽車市場調查後發現，美國人把汽車作為地位和性別象徵的傳統傾向正在改變，對汽車的要求更趨向實用化，許多人僅僅把汽車看作交通工具而已。對於汽車，美國人喜歡腳部活動空間大、操作簡便、行駛平穩，但同時又希望較少費用。因此，他們更傾向於購買停車方便、操控靈活、油耗低、維修方便的小型汽車。

然而，美國汽車製造商恰恰忽視了美國人的這一需求趨向，繼續生產大型豪華轎車，在消費者中引起逆反心理。日本豐田公司分析到美國人心理轉變的這一情況後，抓住機會，設計製造了大量小巧靈活、性能高、油耗低、價格廉的小型轎車，一舉打入美國市場。豐田同時展開售後服務工作，展開了聲勢浩大的廣告宣傳，從而擊敗了美國對手，摘取了美國小型汽車市場銷售的桂冠。

揣術引申到現代經商領域，就是要對商場上的客觀形勢有一個充分的瞭解，然後再根據這些資訊採取切實可行的措施。日本豐田公司正是借助於自己對美國汽車市場的趨勢和消費者心理特點，進行了合理的決策，才能超越同行，在競爭中取勝。這就是「量權、揣勢」的功能。

【智慧感悟】

在社會競爭之中，我們如果不善於量權揣勢是很難勝出的。許多時候，我們要擦亮眼睛，不放過任何的變化，遇到異象就應立即提高警惕，不能粗枝大葉，不看趨勢和時機的變化，從而讓自己處於被動的局面，對自己的事業和生活造成不必要的損失。

留條後路給別人，也為自己留條路

聖人之制道，在隱與匿。

鬼谷子說：「聖人之制道，在隱與匿。」

鬼谷子認為，聰明的人處世，要在暗中做手腳，看到對方喜歡什麼，我們就順從他喜歡的話去說，順著他喜歡的事去做；看到對方厭煩什麼，忌諱什麼，我們就要避開對方的忌諱不說，避開他討厭的事不去做。只有這樣，對方才會覺得我們是他的知心人，便把我們當成知己，碰到事情就會多為我們出力，我們便多了一個朋友，在社會上多一條路，這就叫暗裡用功夫，明裡得到答案。

鬼谷子認為，在使用計謀時，應該做到「陰道陽取」。其道理非常明顯，那就是號召用計者要善於「暗裡用功夫」。

明武帝正德年間，甯王朱宸濠謀反，很快就被王守仁擒獲。但明武宗本有意親自征伐，以顯示武功，名垂青史，所以對王守仁此舉並不高興；再加上明武宗的寵臣江彬、張忠等人對王守仁心懷成見，不時進幾句讒言，所以王守仁的處境十分危險。事過不久，武宗有兩名心腹太監到王守仁駐地浙江公幹，王守仁親自出面招待兩人，並在有名的鎮海樓設宴款待兩位太監。

酒至半酣，王守仁讓手下人撤去上下樓的木梯，令退左右，然後取出兩箱書信給兩位太監看。太監們一翻，原來是繳獲的宮中太監、包括他們兩人與朱宸濠的來往信件，其中不乏通風報信的辭句。兩人見後大驚，心想：我們非掉腦袋不可，王守仁若把這些呈給皇上，我們還有命嗎？於是兩人臉色蠟黃，看著王守仁。

王守仁卻哈哈大笑，把兩箱書信全部送給了兩位太監。兩位太監當然感激不盡，自此回宮後，明裡暗裡在明武宗面前替王守仁說好話。後來，王守仁終於逃脫江彬、張忠等政敵的陷害和明武宗的猜忌，全靠這兩位太監從中斡旋維護。這就是「陰道陽取」權謀術的效力。

王守仁非常聰明，他運用了明助暗幫的策略，沒有花費任何代價，就達到了目的，而他這種「順勢而為，暗做手腳」的計謀在當時的情況下也是最佳選擇。

在現代競爭中，這種「暗中用功」的計謀往往具有巨大的功能。下面我們舉例加以說明：

默克多是澳大利亞富商，二十一歲的時候，他從父親那裡繼承了一個出版集團，然後他花費畢生的心血，把這個出版集團發展壯大，在世界許多國家都設立了自己的出版公司、電視網、廣播網，成為在全世界都有廣泛影響的著名傳媒大亨。

在二十世紀六〇年代前，他的業務還主要集中在澳大利亞國內，一九六八年十月，他得到消息，英國著名的《世界新聞報》發生了變故，給他提供了進軍英國的大好機會。

《世界新聞報》是由世界新聞公司完全控股的，總裁威廉．卡爾持有二十七％的股份，第二大股東德雷克．傑克遜持有二十五％的股份。由於對公司的經營策略產生了嚴重分歧，傑克遜決定把自己持有的股份轉讓給富豪羅伯特・麥斯威韋。得知此事，卡爾十分震驚，他深知麥斯威爾如海盜般不擇手段，如果讓麥斯威爾進入董事會，那麼要不了多久，這家由他父親一手創辦的報業就將斷送在他的手裡。他本就身體不佳，這一來，更是又氣又急，躺倒在醫院的病床上了。

默克多瞭解到事情的經過，立刻心情振奮，天賜的良機就在眼前，他是絕對不會放過的。他馬上詳細瞭解了世界新聞公司的所有情況，然後悄悄飛抵倫敦，前來拜會卡爾。在最初的會面中，他表現得十分誠懇，時時處處替卡爾著想，很快博得了卡爾的好感，他在倫敦停留了一段時間，與卡爾進一步接觸，完全摸清了卡爾的底細，以便採取更恰當的行動。透過接觸，默克多斷定卡爾無力阻擋麥斯威爾進入董事會，於是默克多決定向卡爾攤牌，直接提出由他本人來擔任董事長。卡爾沒想到前門打虎，後門進狼，聽到默克多的要求，立刻斷然拒絕。默克多明白自己操之過急了，於是就改口由他與卡爾的侄子克利弗一起來擔任聯合執行董事長。卡爾只好同意了。

默克多與卡爾商定了共同抵禦麥斯威爾的策略，決定由公司發行更多的股票，以便讓默克多在短時間內控制公司四十%的股票，與威廉一起持有半數以上的股權使麥斯威爾無機可乘。

這個消息公諸於世後，麥斯威爾大為惱怒，對默克多進行了嚴厲抨擊，但默克多毫不示弱，堅決給予了還擊。

很快，公司四十%的股權就落到了默克多的手裡。默克多看到時機成熟，就向卡爾再次提出要擔任公司唯一的董事長，否則他就以退出相要脅。事已至此，卡爾再也沒有辦法拒絕，只好很不情願地同意了。一九六九年一月二日，默克多收購事宜經公司股東大會表決通過，他志得意滿地把公司的經營大權牢牢抓到了手裡，取得了進軍英國的決定性勝利。

俗話說：「明槍易躲，暗箭難防。」有些時候，精明的人都是非常注重詭計的作用的，他們以神出鬼沒的手段，先取得競爭對手的信任，得到下手的良機。這就是「笑裡藏刀放暗箭」的運用，只有笑得愈迷人，才愈能把對手引入圈套，變成自己的獵物。

【智慧感悟】

在現實生活中，雖然放「暗箭」常常被認為是一種不道德的行為，但是在競爭當中我們處於弱勢或困境的時候，有計劃地放一放「暗箭」也未嘗不可。不過要強調的是，我們必須是為了正當、合理的目的，否則必會自作自受。

國家圖書館出版品預行編目資料

讀諸子百家悟人生大智慧 / 秦漢唐 作--
一版. -- 臺北市：廣達文化, 2016.5
面 ; 公分. -- （典藏中國：43）（文經閣）
ISBN 978-957-713-579-7(平裝)
1.先秦哲學 2.人生哲學

121　　105006955

書山有路勤為徑
學海無涯苦作舟

讀諸子百家悟人生大智慧

作　者：秦漢唐
叢書別：典藏中國：43
出版者：廣達文化事業有限公司

文經閣企畫出版
Quanta Association Cultural Enterprises Co. Ltd
編輯執行總監：秦漢唐

編輯所：臺北市信義區中坡南路 287 號 5 樓
通訊：南港福德郵政 7-49 號
電話：27283588　傳真：27264126

E-mail：siraviko@seed.net.tw
www.quantabooks.com.tw

製　版：卡樂製版有限公司
印　刷：大裕印刷排版公司
裝　訂：秉成裝訂有限公司

代理行銷：創智文化有限公司
23674 新北市土城區忠承路 89 號 6 樓
電話：02-2268-3489　傳真：02-2269-6560

CVS 代理：美璟文化有限公司
電話：02-27239968　傳真：27239668

一版一刷：2016 年 5 月
定 價：320 元

書山有路勤為徑

學海無崖苦作舟

文經閣

書山有路勤為徑
學海無崖苦作舟

文經閣